幼児教育
知の探究 8

遊びのフォークロア

青木久子＋河邉貴子

萌文書林

はしがき

　明治の近代国家建設を目指して学制を敷いた第一の教育改革，第二次世界大戦後の民主国家建設を目指した第二の教育改革は，教育によって国の未来を再建するという国家目的が明確にあったが，1980年以降，紆余曲折しながら模索している第三の教育改革は，今なお混沌とした状況にある。すでに四半世紀が経過しているが，過去の国家に依存してきた教育改革から，民意が改革を推進するだけの活力を有するようになるには，物質的・上昇的な価値から"人間の生"に基本をおいた問いへと価値の転換を図り，人々が志向する文化そのものの本質に光を当てていくことが必要であろう。

　しかし学校が社会から遊離し，子どもたちに合わなくなっていても民意が建設的に動いてこない。また行政が民意と対話し，民意を支えて施策化し，それを推進する機能が働かない。小学校の生活科や総合学習の導入，教育のプロセス・アプローチに対する第三者評価の導入等は，敗戦直後の民主化への教育が目指したものであったはずである。また，幼稚園・保育所・総合施設等の制度的見直しも，戦前からの就学前教育の課題がそのまま積み残されてきた結果といえよう。それは家族の時間やコミュニティの人々のつながり，豊かな地域文化の醸成，そこに生きる人間の本質の発展という方向より，少子化対策，経済の維持といった国の施策が先行するものとなっている。これは，半世紀の間に国家依存，体制依存の体質が招いた混沌であり，今まさに教育理念そのものの問い直しが求められている時が来ているといえよう。

　国による民主化から，民による民主化成熟への道のりには，人間が生きることの意味への問い，生きる価値のおきどころ，世代循環するトポスの文化の見直しが必要である。それは，幼稚園・保育所・小学校といった分断された施設区分から，コミュニティの中での就学前から学童期を経て生涯にわたって展開される学習を構成していく視点でもある。地域の子どもたちの生きる場としての総体を受け止め，地域社会の環境・文化と共生する教育への

転換は，学校化された知の限界を超えて知の在り所や知を構築する関係のありようを転換し，知そのものへの問いを新たにするだろう。

　生の根源にまでさかのぼろうとする本企画は，人間・学び・学校・社会という共同体のトポスに焦点を当てて，従来の就学前教育が子どもたちに当てた光を再考しつつ，あわせて抱えてきた課題も浮き彫りにして，これからの知を構築する視座を掘り起こしたいと思う。

　なお20巻にわたる本企画は，次の三つの特長をもっている。一つは，幼児教育界が混沌としている現状を踏まえ，3歳児から低学年までを見据えた就学前教育に光を当てて"人間の教育"の根源に迫る。二つに，従来の幼児教育に関連した書籍の感覚としては，難しいという批判を浴びることを覚悟の上で，専門性を高めることを願う幼児教育者養成大学やキャリアアップを図る現職者だけでなく，広く一般の人々にも読んでいただけるような知の在り所を考える。三つに，現在の幼稚園教員養成カリキュラムの内容を基本におきつつ，今後の教員養成で必要とされる内容を加える。

　本シリーズ刊行に当たっては，萌文書林の故服部雅生社長の大英断をいただいた。教員・保育士養成課程の教科書内容の重複を避け，教師・保育士の専門性を高めるとともに，就学前教育の意義を再確認するために一石を投じたいという，長年，幼児教育界の出版に携わってきた服部氏だからこその決断だったと思う。その遺志を現社長の服部直人氏が引き継いでくださり，なかなか進まない出版を温かく見守ってくださっていることに深く感謝する。

　進捗の遅い本シリーズの難しさは，知の根源への探究とともに，現代の社会現象を踏まえて不易の内容とは何かを探り，それらを就学前教育に関係する人々の糧としてもらえるよう吟味するところにある。いつになっても，これで完成ということはない。多くの方々から忌憚のない意見を寄せていただき，次の時代への知の橋渡しができることを願っている。

2013年4月

　　　　　　　　　　　　　　　シリーズ編者　青木久子・磯部裕子

本書まえがき

　第 8 巻『遊びのフォークロア』に取りかかり始めて，長い年月が過ぎた。第 1 部，第 3 部の原稿ができた段階で，事例に登場いただく園に内容の了解をいただいたのが 6 年前，機会があり会うたびに，いつでき上がるのかと催促されながら返答できない自分がいた。編集者にも何回か校正紙を打ち出していただきながら，一向に進まなかった責任はひとえに筆者にある。関係各位に，まずはお詫びをしたい。

　就学前教育がその中心的活動とする遊びについて語るのが，なぜ，難しいのか。日本では 1876 年の幼稚園開設以来，遊びは常に研究の対象となってきた。これほどに就学前教育における遊びの指導にこだわる国があるのだろうか。今日でも就学前教育を語るためには遊びを語るというほどに，遊びが重要な位置づけにあり，学会等の主要なテーマになっている。それにもかかわらず，保育界は一向に新たなイノベーションを興すことができずに狭い囲いの中で混沌としている。そして子どもの生命現象はその発露する場所を失って汲々としている。

　「天地の間は真の保育室なり」。遊びを語る以上，保育の場所(トポス)を語ることが先決である。それを忘れてしまうと，実践共同体が生まれにくく遊びの伝承性も失われるので，結果として遊びの指導を語らなければならなくなる。そうした意味で遊びの重要性を広報するのは社会に向かうはずであるが，保育界内部で遊び派，知育派と区分し，違いを排斥する風潮がある。また高等教育機関ですら遊びを強調するあまり，体育や英語講師を導入している園を批判するといった珍現象が発生している。遊びが大事という言葉だけは知っているが，本質がわからないまま手段としての遊びを実践しているところも多い。日本の保育の質の研究は遊びに偏っており，筆者には世界の就学前教育研究から取り残されていくのではないかとさえみえる。遊びが大事であればあるほど，関連する分野だけでなく，異なる様々な分野の研究が必要だと思

うのである。人間の生命現象や保育の場所(トポス)を研究する必要もあろう。また場所(トポス)にみる生活行動や発達年齢に即した教授内容の伝承も合わせ研究していくことであろう。遊びという木は見えても全体というつながりの森が見えなければ，遊びは生成しないどころか通時性，共時性の伝承を失う。そんな問題意識で全体を構成している。

　第1部第1章は，人間の本性である知の総体に迫っている。20世紀は言語論的転回が優勢になり，ロゴスの知が優先して生命現象を忘れたと言われるが，特にパトスの知といわれる知に先人はどんな知見を見いだしてきたのか，人間が生きること，己を形成することとパトスの知はどんなつながりがあるのか，遊事生命と知の構造を洋の東西を含めて検討している。特に西田幾多郎の言には，深い人間洞察があり，日本人の生命観の原点を捉えることができる。

　第2章は，人々の生活にみる遊びの始原と歴史的変遷に焦点を当てている。『古事記』，『日本書紀』の時代から人々は生活に遊びをみてきた。家族，地域という共同体が伝承を生みだす母体として，歴史的身体を今日につないできた。その"かたち"がリズムと共振して伝承される知恵を，生活から捉えている。

　第3章では，教育施設に遊びを取り入れる論理を探っている。身を滅ぼす悪として位置づけられてきた遊びを，教育に取り込むためにはその効用が必要である。一方，教育は子どもの本性を無視したのでは成り立たない。この二つの相克が，純粋経験としての遊びを取り扱う難しさを生んでいることを見る。

　第2部第1章では，遊びの枠組みを狭める理由を述べた上で，第2部では保育における遊びをとりあげることの必要性を述べている。保育における遊びの現状を踏まえ，教育に遊びを位置づける重要性を考える。

　第2章では，子どもにとって遊びは重要な学びであることをレイヴらの状況的学習理論に依拠して説明し，実践共同体としての遊びに主体的に参加し，その過程において「見て学ぶ」ことがいかに大切であるかを述べている。

第 3 章では，子どもが「見て学ぶ」ことを保障するためには質の高い遊びが必要であり「遊びを育てる」という観点から遊びの環境と保育者の役割について考える。

　第 3 部第 1 章では，自然界のつながり＝エコロジー・トートロジーを中心に，遊びの場所の歴史的変遷，生活の流れがつくりだす遊びの位置づけと遊びの発達過程を捉えている。第 2 章では，実践共同体に支えられた場所（トポス）での遊ぶ子どもの姿を通して，生命現象としての遊びを保障することは，園単独では実現が困難なことを考える。そして，遊び回復のために今後に求められる共同体の＜崇高＞という高い理念について捉えている。

　ほんとうに難産であった。青木の奇想天外な発想につき合っていただいた共著者の河邉貴子氏には，たいへんな心労をおかけした。実践現場の教員集団の悩みにつき合い，一緒に考え，「遊びを中心とした保育」を進めるために奔走している河邉氏にとっては，こうしたアプローチは位相が違いすぎ，無意味に見えたかもしれない。机を並べて共同研究し，同じ釜の飯を食べた時代もあったことに免じてご容赦いただきたい。

　編集者，服部直人氏には，長きにわたり原稿を抱えたままという状態で，ご苦労いただいた。本巻が日の目を見ることができたのも，服部氏のご尽力のおかげである。深く感謝申し上げたい。

2015 年 9 月
青木久子，河邉貴子

目　次

第1部　遊びの知の考究と教育の位相

第1章　遊びを伝承する場所(トポス)の知の位相 …………… 2
§1　場所(トポス)の遊事生命と知の構造 ………………………… 2
　1．受苦を伴う遊びの知 ……………………………………… 2
　　（1）遊びの面白さと世界観 ………………………………… 3
　　（2）ロゴスの知からの逸脱 ………………………………… 7
　2．知の系の大きな枠組み …………………………………… 8
　　（1）ハイデガーの存在と現象 ……………………………… 9
　　（2）直観の覚醒と判断中止(エポケー) …………………………………… 11
　　（3）三木の経験とパトロギー ……………………………… 15
　　（4）メルロ＝ポンティの遠近法的(パースペクティヴ)展望 …………………… 17
　　（5）身分けの過程から身知りへ …………………………… 20
　3．パトスの知の包摂作用 …………………………………… 23
　　（1）パトスの知を形成する遊び …………………………… 23
　　（2）広大な関係の網を包摂する暗黙知 …………………… 25
　　（3）かたちとリズムの共振 ………………………………… 27
§2　経験の諸相と知の構成 ……………………………………… 31
　1．知を織りなす経験 ………………………………………… 31
　　（1）遊びによって感得する経験の成熟 …………………… 31
　　（2）身体が悟る経験の成熟 ………………………………… 33
　　（3）西田幾多郎の経験の差異相と思惟 …………………… 35

第2章　遊びの始原と暮らしの変化―歴史的変遷を軸に― ……… 40
§1　古代の人々の生きることと遊ぶこと ……………………… 40
　1．歌や舞いと祭祀 …………………………………………… 40

		(1) 旋舞(セーマー)にみる大宇宙とのかかわり ……………………… 40
		(2) 聖域に残るインカの伝統 ……………………………………… 41
		(3) 日本の歌舞いにみる神遊び …………………………………… 43
	2. 人々の飛躍への欲求………………………………………………… 47
§2	中世から近世の人々の生活を遊ぶ知恵……………………………… 48
	1. 仮の世を遊ぶ中世の人々…………………………………………… 48
		(1) 遊びから生まれた生活暦 ……………………………………… 49
		(2) 生活や営み事を遊ぶ …………………………………………… 51
	2. 遊びの形・型から道への意味生成………………………………… 56
		(1) 歌舞いの道としての能 ………………………………………… 56
		(2) 茶の道 …………………………………………………………… 58
		(3) 国技としての相撲 ……………………………………………… 60

第3章　遊びの伝承と就学前教育 ……………………………………… 63

§1　遊びの意味作用と構造の伝承 ……………………………………… 63
　1. 遊びと暮らし………………………………………………………… 63
　　(1) 3項関係による遊びの構造構成 ……………………………… 64
　　(2) 集団の結びつきの中にある遊び ……………………………… 66
　　(3) わらべうたと鬼ごっこの構造 ………………………………… 70
　　(4) ごっこの構造…………………………………………………… 73
　　(5) 異次元世界にも広がる遊びの崇高さ ………………………… 78
　2. 家族がもつ物語の時空……………………………………………… 80
　　(1) 自然の運行とともにある行事と暮らし ……………………… 81
　　(2) 兄弟姉妹の遊びの伝承 ………………………………………… 84
　　(3) 家族の物語と情報ツール ……………………………………… 89

§2　遊びと就学前教育の位相 …………………………………………… 91
　1. 目的発展としての遊びの位相……………………………………… 91
　　(1) 遊びを教育が担うに当たっての国の判断 …………………… 92
　　(2) 国家的な遊び研究の意味 ……………………………………… 93

2．生の衝動発展を教育に位置づける困難………………………… 94
　　　(1) 幼児教育における遊び論 ………………………………… 95
　　　(2) 使われ方が意味を生成する玩具の価値 ………………… 101
　　　(3) 遊戯の本質と教育における遊戯の指導法 ……………… 103
　　3．幼稚園教育における遊びの位置づけとアポリア…………… 105
　　　(1) 生活本位の真髄とは ……………………………………… 105
　　　(2) 忘れられた倉橋の玩具研究 ……………………………… 108

第2部　保育と遊び

第1章　「遊びを中心とした保育」の今日的意義……………… 112
§1　なぜ「保育」の中の「遊び」か …………………………… 112
　1．はじめに……………………………………………………… 112
　　(1) 第2部における問題設定 ………………………………… 112
　　(2) 第2部の目的 ……………………………………………… 115
　2．遊びにおける伝承性の衰退………………………………… 116
　3．失われた遊びの伝承性を再生するためには……………… 118
§2　「保育」の中の「遊び」の特長 …………………………… 121
　1．「園」という環境要因 ……………………………………… 121
　2．保育における遊びの位置づけ……………………………… 122
　　(1) 歴史的な位置づけ ………………………………………… 122
　　(2) 現在の傾向 ………………………………………………… 124
　3．発達に必要な体験と遊び…………………………………… 128

第2章　遊びにおける学びの捉え方 …………………………… 131
§1　遊びはなぜ大切か …………………………………………… 131
　1．遊びから学ぶ権利の保障…………………………………… 131
　2．「遊び」の有用性をどう説明するか ……………………… 134
§2　状況論的アプローチと遊び ………………………………… 136

1．正統的周辺参加論の考え方……………………………………… 136
　　　2．遊びにおける観察学習…………………………………………… 139
第3章　遊びを育てる ………………………………………………………… 145
　§1　「遊びを育てる」という視点 ………………………………………… 145
　　　1．「遊びを育てる」という意味 …………………………………… 145
　　　2．「遊びの質」とは何か …………………………………………… 147
　§2　遊びの展開の動因 ……………………………………………………… 150
　　　1．「面白さ」の追究 ………………………………………………… 150
　　　2．新奇性の取り込み………………………………………………… 153
　§3　モノ・コト，人とのかかわりの深化 ………………………………… 158
　　　1．遊びの成立を支える二つの軸…………………………………… 158
　　　2．遊びの質を捉える視点…………………………………………… 159
　　　3．参加の深まりを促す遊びのテーマ……………………………… 161
　　　4．協同的な活動としての遊び……………………………………… 165
　　　　（1）　個の課題追求と他者とのかかわり ………………………… 165
　　　　（2）　協同的活動における自己課題の多重性 …………………… 167
　§4　遊びを育てる保育者 …………………………………………………… 172
　　　1．子ども理解が起点………………………………………………… 172
　　　2．子ども理解における空間俯瞰的視点…………………………… 175

第3部　遊びと場所(トポス)のエコロジー

第1章　遊びから生まれる物語の場所(トポス) ……………………………… 182
　§1　子どもの物語の舞台 …………………………………………………… 182
　　　1．生の物語が生まれる場所(トポス)……………………………… 182
　　　　（1）　場所と時間と想起的記憶 …………………………………… 183
　　　　（2）　想起的記憶の物語 …………………………………………… 187
　　　　（3）　生きる時間の概念 …………………………………………… 189

2．集団教育施設の場所(トポス)の位相 ……………………………………… *191*
　　　(1)　「天地は真の保育室なり」 ……………………………………… *192*
　　　(2)　大自然の場所(トポス) ………………………………………………… *193*
　　　(3)　自由遊びと誘導・課業の場所(トポス) ………………………… *200*
　　　(4)　『保育要領』『幼稚園教育要領』にみる遊びの場所(トポス) … *204*
　　　(5)　遊びを中心とした保育の場所(トポス) ………………………… *209*
　　　(6)　平成の遊び空間の設計 ……………………………………… *212*
　§2　遊びを規定する要因 …………………………………………………… *214*
　　1．生活の流れと遊びの内容 ……………………………………………… *214*
　　　(1)　一日の生活 …………………………………………………… *215*
　　　(2)　生活時間に占める遊びの割合 ……………………………… *216*
　　2．遊びの発達過程 ………………………………………………………… *220*

第2章　エコロジカルな場所(トポス)の風景 ……………………………………… *225*
　§1　生存態様とエコロジカルな共同体 ……………………………………… *225*
　　1．知の系の大小深淵をもたらす場所(トポス) …………………………… *225*
　　　(1)　大自然がもたらす受苦の位相 ……………………………… *226*
　　　(2)　エコロジー・トートロジーとは ………………………………… *227*
　　2．つながりあう共同体づくりへの挑戦 ………………………………… *231*
　　　(1)　冒険遊び場づくり …………………………………………… *231*
　　　(2)　大自然に生きる教育共同体 ………………………………… *235*
　　　(3)　園内に自然環境を構成する保育実践共同体 ……………… *241*
　　　(4)　地域社会を生きる子どもたち ………………………………… *247*
　§2　生命の居場所の回復 …………………………………………………… *250*
　　1．生命の居場所 …………………………………………………………… *250*
　　　(1)　園環境がもたらす受苦の位相 ……………………………… *251*
　　　(2)　センス・オブ・ワンダーの意味 ………………………………… *254*
　　2．パトスの知を形成する場所(トポス)の復活 …………………………… *259*
　　　(1)　幼児教育等の場所(トポス)が担う責任とは何か ……………… *259*

(2)　日本人の美風の回復 …………………………………… *260*
　　(3)　地域社会が学校を包摂する崇高な理念 ……………… *263*

【引用・参考文献】……………………………………………… *267*
【索引】…………………………………………………………… *281*

第1部

遊びの知の考究と教育の位相

　科学技術が発展し，学校教育が隆盛した20世紀から21世紀の始まりは，遊びの喪失による様々な病理を抱えた現象に見舞われ，生きることが厳しくなっているといえよう。
　第1部では，遊びによって獲得する知とは何かを問い，その知が20世紀を風靡した科学知とどのような関係にあるのか，また人々はその知を生みだし，類につないでいくためにどのように実存を確認してきたのかに視点を当てる。
　第1章では，遊びによって形成する知がロゴスの知を包摂するパトスの知であり，一人ひとりの人間を規定する知であることを先人の哲学に照らして考える。
　第2章は，遊びの本源を探るために，太古の時代から中世の生活即遊びの歴史的変遷を捉え，遊びから文化が創出される過程を見る。
　また，第3章では，遊びが伝承・創造される条件は何かを考えるために，遊びの構造と伝承の構造を考える。そして，就学前教育に押し込まれた遊びの限界とこれからの課題についても触れている。

第1章

遊びを伝承する場所(トポス)の知の位相

§1 場所(トポス)の遊事生命と知の構造

1．受苦を伴う遊びの知

　従来，遊びによって育つ知・力は主体性や創造性，思考力，社会性，情緒，そして身体活動による体力などすべての分野にわたって説明されてきた。ではなぜ遊びによって主体性や創造性，体力が育つのかと問われると，多くの人々が遊びは自ら選択し，自己決定し，自己活動する自由があることを説明の論拠としてきた。それは，一見明晰であるようでいて曖昧な論拠で，ふたたび自己選択，自己決定，自己活動が自由にできれば主体性が育つのか，創造性が育つのかを問いたくなる。パソコンゲームを自己選択・決定し，自己活動する自由があれば，主体性が育つのかという証明はできない。遊びのフォークロアを考えるためには，その根元にある人間の知の形成に迫ることが必要なのではなかろうか。ここでいうフォークロアとは，過去の文化伝承ではなく，共時的な身体性と共感性を基盤に置いた知の形成過程において伝承されていくものをいう。人間の身体は，歴史的時間・空間を生き，類が類の身体に歴史的に棲み込み，歴史的身体として現在を生きる。身体は通時的

でありながら共時的であり，また未来にも開かれている。そこにある情念を秘めたフォークロアの身体知に迫ろうとするものである。

　どんなに科学が進歩発展しようと，私たちは生きている以上，情念に捉われ，痛みや苦しみを避けては通れない。自然の雄大さ，恵み，荒れ狂う凶暴さなど大自然の神秘に比し，宇宙内存在としての己の弱さを知る者は，科学知では解決できないこうしたパトス（身体知としてある受苦的）の知を暗黙のうちに形成し，外界に身を晒すことを受け入れてきた。生きるということは，パトスの知によって自らを復活させる現象である。私たちはパトスの知をどのように形成しているのだろうか。その知の形成こそ，文字言語を使用してロゴス（悟性，理性による言語的・論理的）の知と統合し"一_{いち}"とする知の枠組みの系が形成される乳幼児期の生活や遊びに深く関係していると考える。

（1）　遊びの面白さと世界観

　遊びの面白さとは何だろう。ホイジンガは「自然は我々に遊びをその緊張感と喜びと『面白さ』と一緒に与えてくれた」として，感じる自己に言及し，「面白さはどんな分析も論理的解釈も寄せ付けない」[1]非理性的，超論理的なもので，人間を単なる理性的存在以上のものにする。つまり，人間が理性的存在としてあるだけでは，面白さを感じる自己は生みだされない。自然が与えてくれた感じる自己，欲する自己に潜んでいる，面白さを感じる本性そのものが人間の豊かさをつくっていくのである。遊びの面白さは危険と裏腹であり，負けと五分五分であり，飛翔と堕落との境目もなく，身体的にも受苦を伴う。

　誰かに勧められるわけではない。この危険と裏腹であり，負けと五分五分であり，飛翔と堕落の境地に踏ん張っている自分を感じるのが面白いのである。もてる感覚のすべてを使って空間や物，自然の事象や現象と自分との"生命現象が共振する関係"を身体化する。それは，視覚障害児や聴覚障害児にとっても同じである。否，感覚器官に障害があるからこそ，もてる感覚を鋭敏にして外界の情報を体性感覚として得ていくことを本能が求めていく。生

得的な"生の範疇"として取り扱うべき遊びの非理性的なこの知を，パトスの知と呼ぶことができよう。換言すれば，外界からもたらされる受苦を自得し身体内に刻印しつつ遊ぶことを面白く思う感覚が，パトスの知を形成し知能を構造化する本能の表れではないかと考えるのである。

① パトスの知とは

遊ぶという述語は，身体行為を主体とする。身体が対象とかかわり行為して快の崇高性を求めないかぎり遊びにならない。この遊びを面白く思う感覚が苦難や激情に遭遇しても我が身を没頭させる。そのパトスの知とは何だろう。また，その知の系を子どもはどのように形成していくのであろうか。

中村雄二郎は「近代科学の三つの原理，つまり〈普遍性〉と〈論理性〉と〈客観性〉が無視し排除した〈現実〉の側面を捉えなおす重要な原理」[2]としてパトスの知（臨床の知）は〈固有世界〉〈事物の多義性〉〈身体性をそなえた行為〉の3つを体現しているとする。「ギリシャ語のパトスとは一般に他からの働きかけをうけること，つまり受動のことだが，それは狭い意味での受動態を示すだけではなく，働きかけによって物事に生じた限定，物事の属性（性質），様態（在り様）までも含んでいる」[3]とし，アリストテレスの『形而上学』の形相と質量にみるパトスの知を次のようにまとめている。

- 白さ，甘さ，重さなど，それが加わることで物事が変化するような物事の性質。
- そのような性質の現実態。
- とくに，これを被るものに害を与えるような，様々な変化や動き。苦悩という意味がここから生じる。（情熱や激情はこれに属する）
- さらに転じて，大きな不幸やひどい苦痛を伴う受苦，受難。

キリスト受難の生涯が「パッション」であるように，今日では多くの場合，④の意味に使われるが，本来，パトスの知とはたいへん広い意味，広い位相をもつ言葉であったことがわかる。

科学知は人間が操作できる知で因果律に即して成り立っているのに対して，パトスの知は環境や世界が我々に示すものを読みとり，意味づける方向で成り立っている身体的，体性感覚的な知，中村のいう「すべての物事の兆候，徴し，表現について，それらのうちにひそむ重層的な意味を問い，私たちの身に襲いかかるさまざまな危険に対処しつつ，濃密な意味をもった空間をつくり出す知である」[4]ということになる。私たちが大地や自然や社会とつながっている感覚は，この濃密な意味をもった空間を生きているからであって，科学の知だけでは取り巻く全世界とのつながりを感じることはできない。それは類に埋め込まれた生命現象，つまり身体リズムの共振であり，他者との共感という歴史的・文化的な類が関係の相互性をつくりだす知であり，パトスの知は，そうしたつながりが生じる受動，すなわち「他から働きかけをうけること」「それによって強く刻印されること」の意味をつくりだす広い領野をもつ知である。

　対モノ，対人とつながることによる受苦は，遊びの面白さと裏腹で身体の痛みや激情を伴う。身体が痛みや激情を感じるからこそ，畏敬，怖れ，苦渋，後悔，歓喜や憧れといった感情や，痛みなどに耐えられる限界を拡大していく。換言すれば，受苦によって知の系の土壌を形成するとともに科学知によって受苦を避ける知識を身につけ，統一体としての身体の構造を形成するといえよう。

② 乳児期から始まる生の現象と関係の相互性

　首が座りがらがらやおしゃぶりを把持し振ったり投げたりして遊ぶ頃からすでに，乳児は自分が行為することでまわりにどんな現象が発生するのか，その行為が周囲の大人にどう受けとめられるのか，自分の行為のもたらす時間，空間を感じ取る構造を形成している。それは，自分の身体と手と玩具の関係，それを操作する身体の動き，他者が自分に向ける目や顔，音の反響など，時間の経過に伴う現象全体であって部分ではない。人見知りによって特定の人を確定した8，9か月頃になると，窓ガラスや本棚のガラスを叩いて音を出すことを遊ぶ。そのとき，周囲の大人が「危ない」とか「だめだめ」

と慌てる様は，ガラスを叩く行為によって自分の存在に注目を集めることができる興奮をもたらし，反応する人との関係で時間・空間に繰り返される現象をつくりだす面白さがある。時間・空間の現象に参加すること，それも積極的に他者を巻き込んで参加する方法を〈固有世界〉〈事物の多義性〉〈身体性をそなえた行為〉であるパトスの知として確定した乳児は，いないいないばあやかくれんぼ，あるいは追いかけっこなどの同類の遊びによるパトスの知の応用として，その構造を拡大していく。12か月を過ぎ，立位歩行が完成すると固有世界は屋外に広がりをもち，事物の多義性は豊富になり，身体性をそなえた行為は意志の赴く方向に一層の動きをみせる。しかし，人や場や状況によって反応が違い，生起する現象が違うことも多く経験するようになり，それらは差異としてパトスの知の中に蓄えられる。かくれんぼが成立しない相手と遊ばないのも，電車の中でかくれんぼをしないのも，かくれんぼの差異化によってパトスの知の位相を形成しているからである。

　乳幼児の飛躍への衝動，自己拡大を図る衝動はこの生の現象をつくりだす相互の関係性によって，杞憂，苦悩，煩悶などの悲哀を発生させ，満足－不満足，快－不快，軽蔑－畏敬，正義－邪悪などパトスの知の位相として次々に身体化していく。ベルグソンは，感覚＝運動機構と純粋記憶の全体との間には無数の反復があり，正常な自我は両者の間を動き，中間的断面に位置をとる。そして行動に役立つイメージと観念をその表象に与えるという精神生活の本質的な現象を中間的認識[5]とした。つまり，人間は身体をもつ以上，直接経験される意識は純粋持続であるが，身体は精神（記憶）と物質という二つの概念が共通の国境で互いに触れあっている。概念とは，この物質と意識，つまり量と質との中間的認識であるとするものである。このように，認識は関係の一形態であって主体と主体の相互作用から生まれ，系の位相を心象の層として形成する。ベルグソンがいう中間的認識としての位相を，遊びによって拡大していくことが乳幼児期の子どもにとっては食事や排泄，睡眠などの生理的欲求を忘れさせるほどに面白い，つまりその生成する"さなか"に没頭するのである。私たちはパトスの知の構造を形成する旺盛な本能を，

そこにみることができる。

(2) ロゴスの知からの逸脱

　ロゴスとは，一般的には概念・意味・説明・理由・理論・思想あるいは理性，実体化された世界を支配する理法といった捉え方がされている。本来，プラトンの問答法にみるような対話を意味するが，「ことばや言説を意味すると同時に，問題になっている事柄の真理や真相」[6]を意味する。真理や真相についての"対話の術はロゴスそのものによって相手を説得する"という弁論術によるものであり，自己対話にしろ他者との対話にしろ，思考・哲学的思考という知を伴う。中村はロゴス的な原理は，「対話を支える働きをする場所としてのコロス」と「愛－知（フィロソフィア）としての哲学の活動を促すエロス」の原理を自覚的に取り入れつつ，ロゴスの働きを活性化するところにあるとしている。この「愛－知」は感性的，情念的なものに基礎があり，それを超えたところにエロスの知があるのだが，それを人々は忘れてロゴスの知を優位に置きやすい。

　パトスの知によって統合される全体知は，ときにロゴスの知からの逸脱を求める。人間の志向性は全体知に沈殿してあり，ロゴスの知が自分の可能性を囲い込んで限界をもたらしてしまうとき，本能は逸脱することによって限界を突破しようとするからである。カイヨワが遊びを競争，機会，模擬，眩暈と4分類したように，己のロゴスの知に対峙することを遊ぶ。

　例えば，眩暈の感覚を求めて人は自らに混乱状態を引き起こすことを遊びとする。太古の昔，旋舞によって陶酔感を味わったように幼児も身体を回旋させて自ら眩暈をつくりだす。それは大きな喜びで何回も繰り返し倒れる限界にまで及ぶ。またぶらんこで遊ぶ子どもは揺れによって味わう眩暈に興じる。強烈な刺激を求める人間の衝動は，バンジー・ジャンプやジェットコースター，あるいは酒や麻薬などをつくりだし，眩暈を求める人々の衝動を満たしていく。パトスの知がロゴスの知より低いものとしての地位を与えられてきたのは，情熱や激情が行き過ぎれば我が身をも滅ぼしてしまう競争や機

図表1-1-1　遊びの配分

	アゴーン（競争）	アレア（機会）	ミミクリー（模擬）	イリンクス（眩暈）
パイディア 喧騒 混乱 哄笑 凧揚げ 穴送り ペイジェンス クロスワード・パズル ルドゥス	ルールのない ┐競争 　　　　　　├闘争 　　　　　　┘など 陸上競技 ボクシング, ビリヤード フェンシング, チェッカー サッカー, チェス スポーツ競技一般	番決め唄 表か裏か 賭け ルーレット 宝籤 （単式, 複式, 繰越式）	子供の物真似 幻想の遊び 人形遊び 玩具の武具 仮面, 変装 演劇 一般のスペクタクル芸術	子供のくるくるまわり 回転木馬 ブランコ ワルツ ボラドレス, 祭りの見世物 スキー 登山 綱渡り

カイヨワ著／清水幾太郎・霧生和夫訳『遊びと人間』岩波書店, p.55[7]
注意－どの欄においても, いろいろな遊びは, 大体のところ, 上から下へ, パイディアの要素が減り, ルドゥスの要素が増す順序に従って並べてある。

会, 模擬, 眩暈といった遊びの本能の働きに怖れをなしたからではなかろうか。しかし, ロゴスの知からの逸脱（差違化）を求める本能は, 自己拡大を図る生命体の最大の活力源であり, 自己統一を図る必須の条件である。

　古代の場所(トポス)に生きる人々の神遊び（第2章参照）が, 自然への恐れ, 畏敬, 感謝, 神との合一という「生命現象」であり共同体を生きる知恵としての「関係の相互性」を築く現象であったように, 遊びは知を形成する宝庫である。そこにはさながらの生態系の一員として恵みをいただき, 感謝を返す営み事がある。当時の人々にとって生態系の破壊や変化は, 神を冒瀆した人間への警鐘であり, 生態系と共存することを遊び事として最重要視してきた意味も, このパトスの知を鎮めるところにあったといえよう。

2．知の系の大きな枠組み

　こうした不可思議な現象に注目したのは, フッサールを始めとした現象学に関心をもった人々である。彼の弟子たちやメルロ＝ポンティらがゲシュタルト（形態・現象）として捉える総体は,「個々の場所や時間のなかで, 対象の多義性を十分考慮に入れながら, それとの交流のなかで事象を捉える方法」[8]によって, 科学知が無視し排除した知に光が当てられた。そうして捉

えた現実は「生命現象」であり「関係の相互性がもたらす現象」である。

　フッサールの弟子であったハイデガーが，師に捧げた『存在と時間』で師を批判することによってカントとフッサールの位相を鮮明にしたのを始めとして，カント以来の哲学界に新しい思想展開をもたらす契機となった。この現象学的還元は日本の哲学者にも大きな影響を及ぼし，日本人のもつ東洋的思想を表現する内奥にあるものを刺激しその手立てを与えている。ここでは，パトスの知とロゴスの知を語る上で避けて通れない現象学的還元を取り上げていく。

(1) ハイデガーの存在と現象

　ハイデガーは，存在者の存在それ自体は，存在者であるのではなく，「〈存在〉とか〈ある〉というのは一つの働きであり，その働きによって，ありとしあらゆるものが〈あるもの〉として見えてくる」[9]とする。そして存在としてある一つの働き，現象について，「現象学とは，いくつかの哲学的な学の一つではなく，また他の諸々の学のための先立つ学でもなく，『現象学』という表現は，学的な哲学一般の方法に対する名称である」[10]と主張する。ドイツ観念論を批判しつつ「学的な哲学」とカント以後の「世界観の哲学」との違いを浮き彫りにすることによって「現象学」を説明しようとしたハイデガーは次のようにいう。唯一絶対の「学的な哲学」は観念的であるが，「世界観の哲学」は，単に理論的な学であってはならず「実践的に諸々の物及びそれらの連関についての見解と諸々に対する態度とを導き，現有と現有の意味との解義を規制し，指導する」[11]。つまり，哲学は世界知に対して人生知であり，哲学は世界観を与えるべき「世界観の哲学」でなければならないとする。アリストテレスが学とは必然的・永続的なもので普遍的なものへの帰納であるが，論証できる状態，経験に裏づけられた確信として認識されている状態[12]でなければ学とはいわないとした「世界観の哲学」である。

① 「学的な哲学」と「世界観の哲学」

　「世界観」は，哲学の内部でつくられたドイツ的造語でカントが"感性界

の考察＝自然についての素朴な見解"として使用したことに始まる。そしてゲーテ，フンボルトからシェリングに至って「世界観」として使用されている。ハイデガーはシェリングを引用して「『叡智者は，盲目で無意識的であるか，あるいは自由で意識的に生産的であるかという，二重の仕方で有る。世界観においては，無意識的に生産的に，理念的世界の創造においては意識的に。』ここでは，世界観は無造作に感性的な考察をすることに割り当てられるのではなく，無意識的なそれではある」[13]として，叡智者に割り当てられていると説明する。「世界観は，つねに人生観を自らの内に含んでいる。世界観は，世界と人間的現有への省察の全体から生じる。—（中略）—ひとは，或る一つの世界観の内で成長し，その世界観に馴染んで暮らしている。世界観は，民族，人種，地位，文化の発展段階といった，周囲のものによって規定されている」[14]ので，哲学においては自然的世界観と固有に形成された世界観は区別する必要があるとする。

　哲学的な世界観は，世界と現有とに関する理論的な思弁によって形成され，世界観の形成は哲学の本来の目的となる関係にある。哲学が，学的な世界観の形成であるならば，本来「学的な哲学」と「世界観の哲学」は一つになるものである。しかし，カントはこの二つの哲学の概念を認識しつつも根源的な根拠へと基礎づける地盤をみていないため，"学としての哲学"を知っていたということになる。この根源的な根拠の地盤こそ，現象学的還元に関係する。カントは学としての哲学においての論理を展開したが，生きる存在の世界観，生きる現象との関係性には深入りしていないからである。

　ハイデガーは，「有は哲学の真正でかつ唯一の主題」であるが「哲学は有るものの学ではない」として，「有」と「有るもの」とを区分する。現象学が照射する有るもの，「今日は土曜日である」「太陽が昇ってしまってい（有）る」の〈ist〉を人は理解していてもそれは概念ではない。有るものを超越した有とは何かという哲学的な問いにこそ，哲学の根本命題があると考え，現象学が哲学になり得ないこと，またカントが"学としての哲学"を極めた違いを浮き彫りにしている。

② ハイデガーの現象学的還元

　ハイデガーは，世界観は事実的・歴史的に規定され，そのつどこれこれである現有のうちに根ざしていて，有る世界や有る現有に関係づけられるため，哲学の課題ではないとした。そこに現象学の根本要素がある。つまり有るものより先に有るアプリオリ性（時間的順序ではなく転倒した世界，有を後から解釈する先行性）に現象学的還元があるという。「素朴に捉えられた有るものから有へと研究の眼差しを連れ戻すという意味における現象学的方法の根本的要素を，われわれは現象学的還元と呼ぶ」[15)]とするのである。フッサールが浮き彫りにしたこの現象学的還元をハイデガーは，現象学的方法の唯一の根本的要素でもなく，中心的な根本要素でもないとしつつ，この現象学的還元という言葉は継承している。有るものから有へと眼差しを連れ戻すことは，同時に有それ自身へと積極的に自らを赴かせることを必要とするのに，フッサールのいう純然たる向け換えは消極的に方法的にかかわることに過ぎないと考えるからである。「人間とは何であるか」を哲学する有は，有るもののようには近づきやすくないのである。ハイデガーは対象や目的への志向性をもつ「人間」の存在を「現存在（Da-sein）」と言い表し，「本質上〈世界・内・存在〉によって構成されている存在者は，みずからそのつど自分の「現」で〔そこに，現に，現われて〕」[16)]在るものとし，了解され，場所を決定するものとした。場所の「〈そこ〉とは，内世界的に出会う存在するものが規定されてある」ことで，現存在は世界の「現」＝「存在」と一つになって開かれているとする。こうして「世界・内・存在」の意味を現象学的方法で解明しようとしたのである。

　「学としての哲学」から「世界観としての哲学」を主張し，「現象学的還元」を言葉として継承したハイデガーであるが，哲学を高みに置いた自負は，師に対して厳しい眼差しを向けたことになる。

(2) 直観の覚醒と判断中止（エポケー）

　ハイデガーが批判したフッサールの超越論的現象学は，従来とは異なる視

点からの哲学への思索である。フッサールは，ヨーロッパ諸学が生に対する意識を喪失したことによって迎えた危機を，理性に基づき，理性の自己実現としての哲学とはいったい何だったのかと，生きることから離れた学自体を問いとしている。その問いを解決するために，彼の師ブレンターノが心理学改造の試みとした「志向性」（心的現象と物的現象に分けて，心的現象の根本特徴を志向的内在とした）に注目した。しかし，心理学は単なる現象を研究しても偶然的な認識しか得られない。心理学が役に立たなかったのは科学という先入見に捉われ「『内的知覚』ないし『自己知覚』によって探究し反省している自我に与えられる固有の自己内存在」[17]という本質に迫れなかったためと考えた。

① 学問の究極の基礎づけをなす生活世界

フッサールは，まず哲学とはいったい何だったのかの問いを説明するためにガリレイの数学的自然科学を例示する。そして数学は"発見であるとともに隠蔽である"ことを次のように説明する。「『数学と数学的自然科学』という理念の衣——あるいはその代わりに，記号の衣，記号的，数学的理論の衣と言ってもよいが——は，科学者と教養人にとっては，『客観的に現実的で真の』自然として，生活世界の代理をし，それを蔽い隠すようなすべてのものを包含することになる。この理念の衣は，一つの方法にすぎないものを真の存在だとわれわれに思い込ませる。—（中略）—こうして理念の衣を着せたおかげで，方法，式，『理論』の本来の意味が理解されないままになってしまった」[18]と。科学とその方法の正しい操作は誰でも学ぶことができるが，そうした作動の内的可能性や必然性は理解できない機械（パソコン）のように，数学的・科学的方法が根本的問題を覆い隠してしまったということである。

「われわれが経験的に直観する環境は，ある経験的な全体的様式をもっている」[19]。空想の中で思い描いたり，未来の可能性を思い描いたりする際にも私たちは現世界をもち，これまでもってきたような様式でそれを表象する。「この直観的世界が全体的経験の流れのなかで変わらずにもっている不変な一般的様式を主題化することができる」[20]。その直観的世界は，不変の形式

によって「アプリオリ」に拘束されていること，換言すれば"世界のうちに共存しているものはすべて，普遍的で因果的な規制によって，直接的にせよ，間接的にせよ，一般的な共属性をもっており，その共属性という点からみて，世界は単に一つの総体であるだけではなく，統一をもった総体であり，一個の全体なのだ"ということは誰でも知っている。その「直観的環境のもつこのような普遍的因果様式は，現在，過去，未来の未知な点に関して，その環境のなかで仮説を立てたり，帰納したり，予見したりすることを可能にしてくれる」[21]とする。ガリレイの自然の数学化は，「われわれの日常的な生活世界に，すなわちそれだけがただ一つ現実的な世界であり，現実の知覚によって与えられ，そのつど経験され，また経験されうる世界であるところの生活世界に，すりかえられていた」[22]。つまり，自然科学の究極の目的が，生活世界に結びついているという目的にまで問いを深めることがなかったために，学問が生の現象から遊離したのである。

　フッサールは「生活世界」を「われわれの具体的な世俗生活においてたえず現実的なものとして与えられている世界」[23]であり，無限に開かれた経験のうちにある世界，すべての法則認識を帰納する世界とする。理念の衣は，生活世界に合わせて着るのであって，生活世界という明証性なしに理念の衣があるのではない。我々の生活は"ある世界確信のうちに生きることであり，世界とその世界のうちに生きている自分自身を意識している"ことを前提としているのである。

　② 超越論的現象学

　生活世界を知覚している我々の現在は，背後にかぎりない過去をもち，自己の前に開かれた未来をもち，そこにあるものとしての自己を与えられている。その知覚は，運動感覚的過程に結びついていて「なにかを思念している」ことで「知覚の様相がたがいに結びついてますます意味を豊かにし，意味を形成しつづけてゆく」[24]からこそ，フッサールはすべての認識を取り払った直観から論理学の諸法則を導きだそうとしたのである。フッサールが，生活世界は学問の究極の基礎づけをなすものとして，生活世界に働く学問以前の

直観に注目したのも，人間が直接に経験できる根源的な明証性がそこにあるからである。生活世界の問題は，部分的な問題ではなく，哲学的な普遍的問題だとして，「具体的な生活世界は，『学的に真の』世界に対してはそれを基礎づける基盤であるが，それと同時に，生活世界独自の普遍的具体相においては科学を包括するのである」[25]とするように，科学知を包含し支えるのも生活世界なら，生の概念を構成するのも生活世界なのである。科学知が生活世界を包含しているのではない。ガリレイの自然科学で「人格としての主体を，またあらゆる意味での精神的なものを，さらに人間の実践によって事物に生じてくる文化的な諸性質を，すべて捨象」[26]された結果，学以前の根源的な直観が働く自然的な世界と物体界としての自然の二元論が芽生え，デカルトがそれを受けて「われ思う(エゴ・コギト)」に至ったところで，判断中止に誤りが生じたと考えるのである。

　デカルトは，生活している感性によって直観される人間への問いを向けながら，身体は〈心・魂・知性〉として「身体を排去し－身体も感性的世界と同様に判断中止を受けるのである」[27]と規定した。ここからわれを省察する身体が知性・ロゴスになってしまったということである。われからパトスの視点が抜けた「学」は，生の現象を失うのは当然の帰結である。フッサールはデカルトの判断中止は，「世界のうちにあるもののあらゆる前所与性と，そのあらゆる前妥当性とを徹底的にさし控え」て「純粋な物体をあらかじめ捨象することによって残る残余」[28]の「心」を，判断中止と考察において純粋な心と同一視してしまったために破綻が生じたとする。デカルトのエゴロギー的存在領域に誰一人として疑問をもたず，外界がどんな意味をもちうるものかを問わなかった理由は「われ(エゴ)への環帰」の発見に哲学の新時代が導かれた感動があったからだとする。

　本来，純粋な心は判断中止においては身体と同様，単なる現象以外の何の意味ももっていないというフッサールの「現象」の概念がここに誕生する。さらに彼は，カント以来の「超越論的哲学」の超越論的を「自覚され，真正で純粋な課題の形をとり，体系的に展開されようとする原初的な動機に対す

る名称」，つまり自己省察を加えようとする動機として用いている。この動機はあらゆる「認識形成の究極的な始元」へと立ち帰って問いかける動機であり，認識者が自分自身，自分の認識する生への自己省察の動機であり，究極的に基礎づけられた普遍的哲学の動機である。デカルトの「われ」(エゴ)＝自我と，その意識生活の全体（現実的・可能的認識生活の全体，具体的生活一般）を伴った「われ」(エゴ)だとする[29]。「わたし」は「自我(イッヒ)として（思考し，評価し，行為しつつ）生きながら，必然的にその〈汝〉とその〈われわれ〉とその〈汝ら〉とをもつ自我であり，人称代名詞の〈わたし〉である。そして同じく必然的にわたしは，そしてわれわれは，自我的共同体のうちにあって，われわれが世界内部的存在者として呼びかけるすべてのもの，われわれが呼びかけや命名やそれについての話し合い，認識しつつなす基礎づけおいて共通に経験可能なものとして─（中略）─いつも前提にしているすべてのものの相関者なのである」[30]。

　フッサールの超越論的現象学とは，私たちが意識の底，つまり身体内に世界観としてもっているすべての先入見を判断中止(エポケー)し，意識に現れるままの世界へと還元することであった。「判断中止は，意味もない習慣的なさし控えにとどまるものではなく，─（中略）─眼が事実上完全に自由になり，特に世界があらかじめ与えられているという，最も頑強で，最も普遍的で，最も奥深く隠れている内的拘束から解放されるのだ」[31]と。現象学的還元によって日常，私たちが主観的な仕方で妥当としている世界を，主観性の相関者として置くことによって，"新たな種類の経験，思考，理論化の道が開かれ"，世界を新しい意味世界へと開いていく，そこに本来の人間の理性があるということである。

(3)　三木の経験とパトロギー

　ハイデガーに学んだ三木清は，哲学を高みに置いた師よりフッサールのいう純粋意識（現象学的還元によって得られた意識・判断中止によって純粋な理性機能としてとらえた意識）による身体への問いを深めて，パトロギーを提唱

する。ロゴス（悟性・理性）との対比でパトス（情熱，情念，感情）を使い，人間の意識の研究としてのイデオロギー（観念学・ロゴス的意識）に対比してパトロギー（主体的意識の学を含意）と命名する。それは西田同様，理性が激情（パトス）を制御するのが倫理（ロゴス・悟性）といった西洋の伝統的な考え方を顛倒する考えで，三木のいうロゴスとは意識の客体的な象面であり，そのかぎり主体性そのものである倫理をロゴスと結びつけることはできない。「主体的な意識はロゴスとは相反するパトスである」[32]とする言葉からも想像できよう。

特に彼がパトスについて強調したのは，創作・創造性の問題はパトスの問題で，パトスの知が能動的な創作活動の根元にあるとした点である。意識に対する二重の超越として「外に向つて意識を超越せる外的存在によつて意識の規定される関係が『反映』とか『模写』とかと云はれるとすれば，内に向つて意識を超越せる内的身体によつて意識が規定される関係は『表現』とか『表出』とかと呼ばれることができる。かように内に向かって意識を超越せるものは客体とはいはれず，主体といはれねばならぬ。意識において主体が映されるといふよりも主体が意識のうちに滲み出して来るのである」[33]と論じる。パトスは身体的な意味をもった能動的な主体であり，この内に向かつて意識を超越する主体により規定されるのがパトスという激情，情緒，情熱だとするのである。パトスは受動ではなく，それがなければ人間の創造活動は生まれない能動的なもので，主体の意識が表現として滲みだしてくるものと捉えている。

三木のパトロギーの考え方からも，自己の自由と責任によって展開する遊びで得る知は，激情，情緒，情熱を秘めた創造的なものであり，豊穣なパトスの知と位置づけることが可能になる。つまり，遊びは時間的・空間的に現実と区分されながら，本能的衝動を動力として不確実な過程を自由に，創造的に展開する。外界との軋轢が発生すれば，その問題解決に既経験を駆使し，諸々に判断する純粋経験の宝庫となる。外界との衝突が多ければ多いほど遊びたい衝動は増し，それを制御しながら問題解決に向かい共通感覚（五感が

しっくりいく感覚）や普遍意思を得ていく。そこに倫理を主体意識がつかさどる力が培われていくといえよう。

（4）　メルロ＝ポンティの遠近法的展望（パースペクティヴ）

フッサールの中に自らの『行動の構造』を説明する知見を得たメルロ＝ポンティは，人間は受肉した身体でもって世界を眺める，人間が見る世界は奥行きと見えない側面をもった遠近法的展望（パースペクティヴ）によって現れ，それは身体の動きに応じて変化し，見えないものが見えてくるとする。この見えてくるものこそが，意識現象だと考えたのである。それは，知覚の現象と深く関係している。

①　知覚の現象

知覚するものが遠近法的展望（パースペクティヴ）の中で現れるということは，「まさにこのパースペクティヴのおかげで，〈知覚されているもの〉が，それ自身の中に，隠れた尽きることのない豊かさを持つようになり，まさしく一個の『物』となるのである」[34]。つまり，身体をもつ人間は自分の身体が置かれた位置から世界を眺め，身体によって世界を知覚する。そのため自分の身体は見えないものに留まる。顔や背中はもちろん，見える手ですら物を触っているかぎり見られるものではなく見る対象は物であるというように，自分の身体は決して完全には知覚されない。身体が常に見えない隠れた側面をもつということは，無意識のうちに行っている広大な身体生活（フッサールのいう暗黙知によって行為している生活）が，意識的な生活を支えているということであり，身体は両義的な仕方で存在するということになる。

このように身体は，様々な感覚や運動（空間的・時間的統一性，相互感覚的統一性，感覚＝運動的統一性）を結びつけて，一つの意味や構造を浮かび上がらせる身体図式をもっていると考えたメルロ＝ポンティは，「〈身体図式〉とは，私の身体が世界内存在である（世界にぞくする）ことを表現するための一つの仕方」[35]であり，これによって様々な運動任務が，たちどころに変換可能なのだとする。「私の身体とはまさしく相互感覚的な等価関係と転換と

の完全にできあがった一体系だからで」[36]，一つの形態(ゲシュタルト)であるからこそ，遠近法的展望(パースペクティヴ)のもとで次々と知覚される物を眺める私の身体は身体図式によって変換翻訳して，一つの物として総合する。アリストテレスは共通感覚（センスス・コムーニス）という言葉で諸感覚を統合する感覚を説明したが，メルロ＝ポンティも諸感覚と運動の変換翻訳の身体図式の系を共通感覚（sensorium commune）としている。この共通感覚が，知覚し行為する純粋経験をなめらかにしているのである。さらにメルロ＝ポンティは，「身体が空間のなかにあるとか，時間のなかにあるとかと，表現してはならない。われわれの身体は，空間や時間に住み込むのである」[37]。「私の身体は，現在，過去，未来を一緒に結びつけ，いわば時間を分泌する」「私の身体は時間を占領し，過去と未来を現在にたいして存在させる」[38]として，アリストテレスの共通感覚が時間や知覚を可能としたように，身体図式による遠近法的展望(パースペクティヴ)も時間の知覚とつながって変換翻訳をしていくとする。それを可能にしているのが形態(ゲシュタルト)や構造として捉えられる身体図式であって，決して要素的な内容ではないのである。遊びにおいて，子どもたちがかかわる対象が無意識的であっても遠近法的展望(パースペクティヴ)として知覚され，それに応じて身体を変換・翻訳する身体図式が形態(ゲシュタルト)や構造や意味を浮き彫りにしていく知覚領野の輪郭が浮かび上がるのである。この"地"が概念としての"図"を浮き上がらせていくといえよう。こうして無意識に浮き上がらせる形態(ゲシュタルト)は，類として遺伝的に受け継がれたものであり，暗黙の沈殿した知識である。メルロ＝ポンティは，身体が始原的な習慣であり"他の一切の習慣を条件づける"という両義的な存在としての人間を捉えたのである。

② 直観の構造

"身体と精神"といった二元論を超える両義的存在として捉える人間の構造あるいは形態(ゲシュタルト)という概念は，人間の直観とパトスの知およびそれが包摂するロゴスの知の関係をも解明できる手がかりになる。直観（Intuition）とは，科学的推理も用いず直接に対象やその本質を感覚的に捉える認識能力を指すが，メルロ＝ポンティのいう変換・翻訳可能な身体図式が直観の構造という

こともできる。ペスタロッチがこの直観に基づいた教授法を強調したのも，人間の誕生は，感官が自然の印象を受けとめる能力の覚醒だからである。直観能力は，文字の読み書き以前に育っていくもので，遠近法的展望(パースペクティヴ)のもとで次々と知覚されるものを眺める私の身体は，身体図式によって変換翻訳して，一つのものとして総合する働きがある。そこに働く直観能力こそ，身体の動きに応じて新たな形態(ゲシュタルト)や構造を切り開いてくれるものといえよう。パトスの知は，遠近法的展望(パースペクティヴ)として知覚され，それに応じて身体を変換翻訳する身体図式が形態や構造や意味を浮き彫りにしていく知覚領野の"地"となる知であり，空間や時間に住み込んで経験を整序していく身体知である。生誕後，覚醒するこの直観が言語に結びつけられることで，"図"であるロゴスの知の基盤を形成することができる。この生命現象あっての身体であり知であることを忘れると，身体図式が新たな形態(ゲシュタルト)や構造，意味を生成していかないということになる。

　科学知が無視し排除した現実とは「生命現象」であり「関係の相互性」であり，さらに「生態系の危機」なら，まさに本能的衝動・願望としての「遊び」も「生命現象」であり「関係の相互性」であり「生態系の持続」である。遊びには〈普遍性〉〈論理性〉〈客観性〉などがないために，科学知万能の時代は無視され軽んじられるが，こうした生の現象から人間を捉えてみると，パトスの知を構造構成する衝動を抑えることのほうが生の危機に遭遇する機会が増すのは当然といえよう。

　無意識といえども，遠近法的展望(パースペクティヴ)のもとで変化に応じて次々と知覚する私の身体は，物事の性質，現実態，苦悩，受苦といったパトスの知をますます拡大していく。幼児の遊びが，没我に行われるのも"地"を拡大して，貪欲に知識を包摂する知の構造を形成しているからであり，言葉の構造を獲得することによってそれらは経験として布置されることになる。こう考えると，パトスの知は概念を構成する現実の世界で，体験によって裏づけられていくもので，体験・経験なくしてパトスの知を獲得することはできないといえよう。

(5) 身分けの過程から身知りへ

もう一人，人の主体的意識がパトスであり，パトスがロゴスをも包摂する広く深い知のありどころであることを，身分けの過程として説明する市川浩に注目してみよう。

市川は，自己とはいわない。日本語の「身」は「精神である身体，あるいは身体である精神としての〈実存〉を意味する」[39]ものとして，生き身である身が自己組織化する構造（自然と秩序が生じて，自分自身でパターンのある構造をつくりだして，組織化していく現象のことである。自発的秩序形成，自らの身体・行為・概念を統一していく構造）をもつと考える。そして，身が自然のうちに生起する自己組織化・分節化の過程を次のように説明する。「身の組織化に応じて，自然は分節化され，意味と価値をもった有意味的環境が生ずる。その意味で身の生成は，身が自然を分節化することであり，また歴史のはじまりであるとともに，すでに分節化された文化的世界を受入れつつ，それを再分節化することにほかならない」[40]と。ここでいう自然とは自然(じねん)である。自然(じねん)である身が自然(じねん)の働きとして自己組織化に応じて分節化する。その自己組織化は，絶え間ない外との相互作用の中で行われる開かれたシステムで，歴史的・文化的世界を受け入れて意味と価値をもった環境としての主体を生成していく。

動的均衡を保ちつつ自己組織化する身の固有のシステムの位相について市川は，「生理的自己組織化から，すでに家族的社会関係をふくむ感覚－運動的自己組織化，さらに複雑な社会関係のなかでの再組織化の諸段階をへた意識的－行動的自己組織化にいたるさまざまのレベルがある。のみならずこれらの自己組織化は，記号や用具や制度など，人間が歴史的に産み出したものを媒介にした文化的自己組織化と切りはなすことができない。身の個人的自己組織化は，身の文化的・集団的自己組織化の形態に変化しうるのである」[41]とする。

市川の自己組織化・構造化の考え方は，生物学でいう自己組織化やピアジェの発達の構造化のように閉じたものでなく，時間的にも空間的・社会関係的

にも開かれた,たいへん柔軟なものである。大きく生理的自己組織化の位相,感覚－運動的自己組織化の位相,それらの再組織化の諸段階をへた意識的－行動的自己組織化の三相に環境的・歴史的・文化的・集団的関係性を織り込むともいえるし,環境的・歴史的・文化的・集団的関係との作用によって三相の自己組織化・分節化という身の生成がなされるともいえよう。

① 生理的自己組織化

遊びは,文化以前にあり,遊びが文化を形成してきたことと合わせて考えると,生理的自己組織化の位相は,混沌から身分けが始まる時期に,乳幼児は置かれた環境的・歴史的・文化的・集団的環境内で,生理的快を求めて生き,遊ぶ。感覚諸器官がつながりをもち体系をつくって外界と作用する仕組みができていくのである。感覚－運動的自己組織化の位相では,家族的社会関係を含みつつ,物や他者や時間や空間を媒介にして,身が感覚と運動とを統合していく過程である。生活や遊びにおいてもっともその身分けが促進される時期と捉えることができよう。積み木や玩具を操作する,三輪車や自転車を操作する,あるいは"いないいないばあ"や"たかいたかい"に始まり,肩ぐるまや旋回など人との関係で遊ぶ。ありとあらゆる感覚－運動が遊びとなって我を没頭させて身分けと身知りを繰り返していく位相で,ここに主体的意識としてのパトスの領野が生成される。複雑な社会関係の中での再組織化の諸段階を経た意識的－行動的自己組織化の段階になると,遊びは労働と区分され,「生活即遊び」として日常生活の中に埋め込まれる。自ら身分けしてきた主体は,身知りによって意識的－行動的自己組織化へと発展するからである。しかし,もう一方でこの位相は,縦断的であるとともに円環的に重なりあい,交流しあい,再組織化を繰り返しながら,身を生成していくのである。

② 主題的な世界の分節化

さて,その身が身分けされていく具体的説明にも,市川独自の見解をみることができる。「『身分け』は,身が主題的に世界を身で分節化することを意味する。―(中略)―すでに歴史的・社会的に分節化されている意味世界によっ

て，身は分節化されつつ，̇身̇づから世界を〈身分け〉しなおし，そのように再分節化された世界によって，同時にふたたび̇身̇づから〈身分け〉される」[42] つまり，私たちが行動する際は，身で分けた世界を意識しているが，意識されない身による世界の分節化もあり，身は同時に身で分けた世界と，世界の姿を介して身が分けられる共起的な世界にあるという両面をもっている。見ること，触ること，聞くこと，味わうことなどは，五感を通して感じる世界を主題的に把握することであるとともに，そう感じる主体としての身を前反省的・前意識的に把握することである。見るもの，承認するものとしての身（主観他者）を捉えることは，同時に見られ，承認されるものとしての身（対他的自己）を捉えることであり，見られることを誇りに感じたり，逆に赤面したりする〈主観自己〉を潜在的に身自らが了解することにほかならない。有意味な環境をもつ身は，環境世界によって前意識的レベルで身分けされ，自らも身分けする両面性をもつのは，身は社会的・歴史的存在だからである。

③ 身知りの知

市川はさらに，認識的な分節化を「身知り」という言葉で表現し，「何かを̇身̇で̇知り，体認し，体得することであるとともに，何かを身で知ることにおいて，̇身̇自̇身を把握することを意味する」[43] として，一般に自覚とか意識的といった言葉で語られることも，意識化以前の身の感応的同調，感応的共振に根ざしているとする。逆説的にいえば，意識的な知とは，知の対象と，身の感応的同調や共振のレベルにまで深まったとき，知が〈身知り〉の状態に達するということになる。身知りの状態にない知は，私自身を把握してはいない。一過性の表層的な知識で，身と分離しているといえよう。

西洋の精神－身体という二項図式で捉えると，知も科学知－暗黙知といった二項図式を描きやすい。しかし，市川のように肉から心まで含む生き身としての人間の「身」を全体存在として捉えることにより，「一」の東洋的な知のありどころをみることができるのである。フッサールもメルロ＝ポンティも，両義性としての存在を身体に置き，二元化を超越する新たな位相を

提言している。それは身体図式という系・構造によって形づくられる。市川の身知り，身分けの論理も，要素の分節化ではなく，系・構造の分節化と解釈することができる。それだからこそ，身が官能的同調や共振のレベルにおいて身知りがなされるといえるのであろう。つまり，リズムの共振によって引き込み合いがなされ一元とならなければ身は二元に戻ってしまうからである。

　遊びはまさに身と心が分離しないパトスの知を身を通して生成し，身知りを通して己を知る，肉から心までを含む生き身の活動である。精神と身体の二項図式では語れない，自然の法則を内にもった身分けから身知りの状態とともにあるともいえる。その自己組織化の構造を，一つの体系として生成する遊びの過程を，市川の身分け・身知りの論理で説明することもできよう。

3．パトスの知の包摂作用

　人間にかぎらず，類人猿等の高等動物は幼年期に遊びがある。好奇・模倣・競争の衝動が強ければ強いほどよく遊び，中間的認識としての位相を蓄積させ，その経験が直観力や意識，判断力を発展させていく。自然の法則として幼年期に遊びがあるのが高等動物の証といえるほど，遊びによって情報を処理する能力，関係の相互作用によってつながる能力が高くなっていくといってもいいだろう。

(1)　パトスの知を形成する遊び

　子どもは，ぶらんこで立ち漕ぎをして揺れを大きくし，やがて揺れが自然にリズムを刻みながら小さくなってきて前方にぶらんこの台がいったときにぱっと両手を離して飛び降り，うまく着地して遊ぶ。"今だ"というタイミングよい時を逸すると着地に失敗して，すりむくとかくじく，あるいは骨折する危険を伴うきわどい遊びである。その"今だ"を身体の動きにするには，無意識が様々な状況から思惟しなければならない。ぶらんこの揺れの早さと

身体呼吸のリズム，着地点が土かコンクリートかの質感，ぶらんこを取り巻く周囲の人々の状況，着地点に人がいないか来ないか，物が置いてないか転がってこないか，そして自分の身体は飛び降りに対応できるだけの能力を具えているかなど，様々なことを統一して"今だ"が直観される。初めのうちは揺れのないところから飛び降り，少し揺れをつくって飛び降り，やがて立ち漕ぎで試みる。当然，失敗がつきもので，揺れがなくても片手が鎖に残ってしまったり飛び降りの勢いあまって顔から突っ込んだり，人や物とぶつかったりして痛みを経験する。痛みは次の知恵となって，周囲の状況を読む力や自分の身体能力を感じる力，空間・時間感覚などが統一されていく。このどきどきしながら身を処す・・こつをつかむ過程に，パトスの知の位相がロゴスを伴って形成されていく。

　身体的な痛みを避けて遊ぶかぎり，身体は飛躍しないし，心の充実感も得られないことを本能がよく知っている。パトスの知は，身分けから身知りの時期に受苦によって身が激情，情緒とつながり，面白さ，悔しさ，怖さや怖れ，満足や不満足などの感情の系を構成していくが，フィロソフィアの愛を見失ったロゴスの知は既存の文化によって受苦を避ける方向に働く。大人の規制は，最初から怪我をしないようにという条件下に子どもを置くために，子どもの自然(じねん)のパトスの知は働きにくい。というより押さえられ，働かないように整えられた環境を生きなければならない。身に染み込ませ，身から滲みでる主体の形成の時期を過ぎたら，身は受苦を避けてロゴスの知を表層において生きるようになる。

　西田幾多郎が「働くものから見るものへ」[44]というように，内面から働くものが湧き出てきてこその見るものであり，表現であり，創造性である。遊びの行為は内から湧き出る衝動に従って"場所(トポス)"の現象（物理的空間やそこを生きる人々の営み事）を"意識野という場所"に映し，"絶対無の場所"で感じる衝動や判断に即して瞬時に行為として現し，現実には実現できない願望を限定された"遊びの場"の中で実現していく，という重層する場所・場と判断と行為の連続体なのである。この身体的，体性感覚的な知こそ，自由

を感得する絶対無の場所でなければできないだろう。

　人間は，自然(じねん)の法則によって環境がアフォードするものを読みとり，自己組織化して，知の構造枠を構成していく存在であることは，本シリーズ第2巻および次節で述べるとおりである。佐々木正人も，「知識を『蓄える』のではなく，『身体』のふるまいをより複雑に，洗練されたものにしてゆくことが，発達することの意味」[45]とする。市川は，「われわれは状況によって形づくられながら状況を形成する状況内存在であり，すでに意味や価値が与えられた歴史的世界によって規定されながら，たえず新しい意味や価値を創り出し，既製の意味や価値を再編成することによって，歴史的世界を形成する歴史内存在である」[46]として，自己組織化する関係的存在としての人間を挙げる。自己組織化自体，生理的現象との関係なしにはありえず，他者とのかかわり，歴史文化的なかかわりなしに自己を自覚し形成することはあり得ない。「ある対象や事態の直接的認識は，つねにより広大な関係の網を包括する暗黙知によって支えられ，暗黙知は知以前の暗黙の相互関係によって限定され，方向づけられている」[47]。このパトスの知が，ロゴスの知を包摂して"一(いち)"として生きる力となっていくのである。

　乳幼児期の子どもの遊びの本能は，このより広大な状況における関係の編み目をつくる高等動物に埋め込まれた特質だといえよう。だからこそ，子どもは遊ぶ。すべての知を包摂する大きな知の編み目・ネットワークとしての系をつくることが意欲や関心，態度といった身体とつながり，やがては，学問知や科学知を包摂する知の在所となる。その在所がないかぎり，学問知や科学知は行きどころを失うといえよう。

(2)　広大な関係の網を包摂する暗黙知

　フッサールが具体的な生活世界は科学知を基礎づける基盤としたように，西田のいうパトスの"大なる意識系統"，市川のいう"広大な関係の網を包括する暗黙知"こそ，人間の知を構成する系の大きな枠組みである。

　人間の行為の司令塔としての脳の系の発達は，生命発生とともに始まり，

生活や遊びによって幼年期にほぼ最高潮に達することは，すでにご存知であろう[48]。シナプス数は，神経回路の複雑さを示すといわれる重要なもので，生誕直後，1回増え，3〜4歳でピークになり，幼年期，ほぼ同じレベルを保った後，8歳くらいから15歳くらいまでどんどん下がり，後はだらだらと減っていくというものである。急増する2〜3歳の頃，盛んに環境を自分の中に取り込むのだが，その取り込むということが，系・形態による引き込みということになる。それは，生の現象と自然環境との相互性に基礎づけられたパトスの知の系の形成を意味しているといえよう。味覚，嗅覚，触覚，視覚，聴覚といったそれぞれがもてる感覚器官は単独にあるものではなく，大地と身体の系＊として形成されるのもこの時期である[49]。五感覚は，筋肉の動きを通して外界の情報を脳に伝達し，脳が過去の経験と統合して発信する情動・情報を筋肉の動きを通して外界に発信する系のシステムをつくりだす。その系が外界と共振するからこそ，心身が合一する。身体運動も，ほぼ幼年期に生涯必要とする動きの大半を獲得する。ぶらんこや自転車など，幼年期に受苦をものともせず獲得した運動はその後やっていなくても生涯にわたって身が覚えているが，これらの運動を大人になってやろうとするとたいへんな努力を必要とする。受苦が先に予想されて身体を硬くしてしまうからである。身が硬いということは系の引き込みが悪いということである。物と自分の身体，他者と自分の身体というように，身は環境に取り囲まれながら環境に開かれており，環境に対応した動きを獲得するのが日々，生きることで，飛翔への欲求が強い幼年期はパトスの知を形成するために本能が受苦を受苦ともしない衝動が働くからである。言葉も乳幼児期に環境や世界が我々に示すものを読み取り，意味づける方向でその構造を形成していく。受苦を伴うパトスの知の中に構造として確定されない言葉は，生の現象と切り離され関係の

＊　大地と身体の系　知覚システムは，基礎定位システム，聴覚システム，触覚システム，味覚－嗅覚システム，視覚システムで，単独ではなく他のシステムと重複して情報をピックアップしたり重複しなかったりして，様々な組み合わせで協力して働く。諸感覚を能動的なシステムとして考察するとき，これらは自覚的意識の質の様式ではなく，活動の様式で分類される。

相互性や状況性を失った単なる記号であって，そこには心象が伴わない。そこで，生活や遊びの中で聞く－話すという言葉のやりとりによってその構造を身体内に形成していくことが，取りだした言語に先行するのである。その構造の基礎が幼年期にほぼ完成するので，リテラシーへの移行が促進され，ロゴスの知による書記言語が成立していくといえよう。

　この"物事の兆候，徴し，表現に潜む重層的な意味を問い，私たちの身に襲いかかる様々な危険に対処しつつ，濃密な意味をもった空間をつくりだす知"の"大なる意識系統"が形成されると，以後，獲得していく学問知や科学知はパトスの知に包摂されて専門性をもてばもつほど，大いなる意識系統は豊穣な意味をもった空間としての土壌をつくることが可能になる。

(3) かたちとリズムの共振

　知は要素ではなく構造である。知の構造形成と包摂作用についての知見を，もう一つ，かたちの観点から考えてみよう。パトスの知は身体に沈殿しているだけに見えない。見えるものは遊ぶ行為であり，行為から捉えられる"形"である。しかし，ここでいうかたちは遊び方やルールといった従来いう見える"形"ではなく，中村雄二郎がいう感性や欲望を惹きつけ，増幅し，新たな感性や欲望を生産するイメージとしてのかたちである。中村は，イメージは視覚的，空間的なものだけではなく，「もっとも広くは〈かたち〉のことなので，音楽のリズムやメロディのような聴覚的，時間的なかたちまでそれに含ませることができるし，さらには，広義の触覚つまり体性感覚（筋肉感覚，運動感覚もこれに属する）にかかわるかたちまで含ませることができる。いや，それぞれの領域でなんらかのまとまりを識別できるかぎり，嗅覚や味覚についてもかたちを問題にすることができる」[50]という，そのかたちである。視覚や聴覚が統合力の強い主語的感覚であるとはいえ，イメージは諸感覚の協働としての共通感覚によっている。このかたちは，共鳴・共振という自然と自己との波長を引き込み合い，対象世界そのものとその内部の構造を感知する。

一般に形が対応するのは空間であるが,中村のいうかたちが対応するのは,場所(トポス)である。場所は実体や主体に基礎を置く主語的な場所ではなく,述語的な場所であり,「西田哲学的・禅的な無の場所の〈空白〉と,空海的・密教的なマンダラの宇宙の〈充満〉とが,さらには,演劇において,なにもない空間から成る能の世界と,過剰な表現を特色とする歌舞伎の世界とが,決して別々のものではなく,表裏を成している」[51] 場所である。その場所(トポス)にリズム振動が宇宙空間と複雑性とを媒介していると考えたのである。西田のいう有の場所を意識野に映すその場所は,己を空にすることによってよくものを映し,絶対無の場所での無限の存在と意味とを発生させる可能性が広がる。宇宙の形態・運動は,フィードバックの働く非線形の系からリズム振動をさせており,この運動エネルギーを自己調整するために,「ほぼ二十四時間の周期で営まれる生物に共通なサーカディアン・リズム(概日周期リズム)をはじめ,さまざまな周期から成る多数のリズム振動が存在している。—(中略)—孤立したリズム振動からは,〈天球の音楽〉といわれるような共振もハーモニーも生まれはしない」[52] のであって,非線形振動同士の引き込みによる共振が必要となる。

　この引き込みについて中村は次のように説明する。このリズム振動および引き込みによる共振という働きは,「脳神経細胞の働きである脳波同士の共振からはじまって,動物個体の心筋細胞の拍動同士の引き込み,さらには月の引力にもとづく潮の干満のリズムによる女性の生理的リズムの引き込み」[53] など,宇宙や自然のいたるところに見いだされる現象であり,宇宙は,この無数の引き込みによって構成されているともいえる。「すなわち,はじめは,いくつかの単独で孤立した非線形のリズム振動が自然に生まれ,それらが自律性を獲得していく。次いで,それらのリズム振動同士が引き込みによって共振するようになる。そしてさらに,共振するリズム振動同士が次第に重なり合いいっそう複雑化することで,やがて多声的な〈天球のハーモニー〉が形づくられるのである。(生命体の発生や有機体としての複雑化も,そのようなリズム振動の経過のうちで行なわれる。)」[54] それは,振動する場所を媒

介とするということである。また共振は，共鳴するものと共鳴しないものをもつ，"同化と異化のドラマを含んだ主体的行為"であるとする。

ビューローが「はじめにリズムありき」[55]というように，あるいは空海が「五大に皆 響 あり」(「声字実相義」)[56]とするように，生命体とはその発生とともに系の構造がリズムによって振動する。現実との生命的接触はリズムの同調的振動，つまり共振・共鳴という現象によって両者の波長が引き込みながら同調し（あるいは異化し）共振することを繰り返す。経験が身体に沈殿し，無意識の中で自己を統一しているパトスの知は，このリズムに支えられているといっても過言ではない。オクタビオ・パス*が「リズムは拍ではない——それは世界のヴィジョンである。暦，道徳，政治，科学技術，芸術，哲学といった，要するにわれわれが文化と呼ぶあらゆるものがリズムに根ざしている。リズムはわれわれのあらゆる創造の泉である。二元的あるいは三元的リズム，また対立的あるいは周期的リズムが，諸制度，信仰，芸術，そして哲学を培っている。歴史自体がリズムである」[57]とするように，身体内の共振による引き込み（同化と異化）によって，形態形成の場が働いているのである。かたちにある共振・共鳴という自然と自己との波長の引き込み合いこそ，パトスの知が引き込み合うロゴスの知の包摂なのではなかろうか。

幼年期に取り巻く環境が，大なる意識系統の枠組みを形成するのか，学問知・科学知といった小なる意識系統の枠組みを形成するのか，それらが系として形成されるのか，要素として形成されるのかで，その後の知の在所は異なる。乳幼児期に生活世界でパトスの知という大なる意識系統を形成している場合には，そこに含まれる諸々の小なる意識系統は統合することができるが，幼年期に小なる意識系統，小なる要素を形成した場合には，大いなる意識系統とのリズム共振が生みだされにくい。だからこそ，高等動物の幼年期

＊ オクタビオ・パス（Octavio Paz, 1914-1998）メキシコ出身の詩人，批評家，外交官，大学教授。ノーベル賞文学賞受賞。著書に『弓と竪琴』『孤独の迷宮』など。インド大使から転身しハーヴァード大学等で教鞭をとる。

には感じる自己，すなわちパトスの知を形成するよう，本能的に遊びが用意されているのではなかろうか。

中村が，真の自己は考える自己ではなく，感ずる自己，欲する自己であり，全自己を包むものは我々の表現の世界であるとしたように，遊びは述語的行為によって感じる自己，欲する自己が，表現の世界を開いていく。また環境や世界がアフォードするものの中から価値を読みとり，それを述語的行為に変えていく。パトスの知は，科学知，学問知を包摂する知の総体で，昔からの「よく遊び，よく学べ」といった格言には，暗黙のうちに人々が自得した知を形成する系の根本原理があったと思われる。よく遊ぶ子どもほど，自ら学ぶパトスの知の系の構造を形成しており，遊びによって獲得した受苦を伴ったパトスの知は，その後の人生に大きな影響を及ぼすことを理解していたからであろう。市川の言葉を借りれば，「歴史的・社会的に分節化されている意味世界によって，身は分節化されつつ，身づから世界を〈身分け〉し直し，そのように再分節化された世界によって，同時にふたたび身づから〈身分け〉される」[58]という，自然の理(じねんのことわり)を大切にしたからであろう。

そうした意味では遊べない子どもは存在しない。しかし，遊べない環境に置かれた子どもたちは大勢いる。特に今日では，早い時期から学校知・科学知を一要素として教授されたり，教育施設等の中で大人に遊ばせてもらうことしか許容されなかったりして，"身づから世界を〈身分け〉していく経験"ができない子どもたちを大量に発生させている。遊びによってパトスの知を形成しにくい子どもの意識系統は，学問知・科学知で満杯にはなるのだろうが身の内に棲むところがなく，その構造の枠組みは小さくならざるをえない。また，生命現象，関係の相互性，生態系と切り離された知識は単発でつながりがないため，知識が一つの知の要素となっても，知の系を形成しない。生命の危機や問題発生場面にぶつかった際，解決するために身が知を総動員しようとしても，身と融合していない知識は働いてくれないのである。換言すれば，高等動物が，幼年期を遊びの時間として過ごす理由はここにある。人間の知の総体であるパトスの知の構造的系の枠組みを，環境との相互作用に

よる自然(じねん)（自らのありのままの自然状態）でつくりだすことが，以後，様々な知を獲得して生命現象，関係の相互性，生態系とつなげる系・構造を形成するのである。知の系としてある概念を形成しないかぎり，次の段階にはいかないのが発達である。それを経験の成熟という言葉で置き換えることもできよう。

§2　経験の諸相と知の構成

1．知を織りなす経験

　人間には「遊びの経験が大切である」「自己判断，自己決定の経験が大切である」あるいは「自由な自発的な経験が大切である」と教育者はよく言葉にする。経験とは何か。ゲームに興じることも経験であり，教室に座って知を教授されることも経験であるが，ここでいう経験とは，そうした抽象的・幻影的でバーチャルな経験をさしてはいない。自発的な自己活動による受苦を伴ったパトスの知を形成する体験を「経験」としていく過程を語っている。私たちは知の系を経験によって形成することを，具体的にどう説明したらよいのであろうか。

（1）　遊びによって感得する経験の成熟
　経験の成熟は，感じ悟るしかないが，人間はそれをどこで感じ悟りはじめるのかといえば乳幼児期の生活や遊びである。貝原益軒は10歳にして，「心も身のたち居ふるまひも，しづかにして，みだりにうごかず」[1]不動の精神の軸を形成するとした。この時期までに不動の精神の軸ができるのは，受苦を伴う生活や遊びによる体験・経験の成熟によって丹田が安定する，つまり腹が据わるからである。学校知や科学知で腹が据わることはない。身が己を

知ることによって腹が据わるのである。かつて，貧困による厳しい労働に自発的に参加したり社会的制度としての丁稚奉公に行ったり，家事や弟妹の世話などをしたりと，数え10歳には社会に巣立っていた時代は幼児期にパトスの知が身体に染み込んでいたからこそ，人生の困難に立ち向かうことができたと思われる。遊びの受苦は労働の受苦に比したら逆に楽しみの時間であっただろう。児童の権利として生活労働による受苦が取り払われた現代では，一般的にはパトスの知を形成する場は，遊びの体験・経験の成熟にしかなくなっている。

二輪車に乗れるようになるまでには，転倒したり，ぶつかったりして痛みを受ける。しかし，子どもは乗れるようになるまで何か月でもチャレンジする。裂傷や骨折の痛み以上に身体を車輪の回転に乗せて早く移動する好奇の衝動や願望の方が勝っているからである。そして無意識の状態ですいすい乗っている自分を意識したとき，経験の成熟を感じるのである。

それは身体運動だけではない。かるたやトランプなどに負けたり，メンコや闘い独楽に負けたとき，泣いて訴えていた子どもも，ある時期から負けることに対して腹が据わってくる。それは，我慢できるようになったとか，ルールを理解したという単純なものではない。精一杯，技を磨き闘っても負けがあることを予見し，身体が悟るからであり，負けても未来の可能性に自分を置いて次の運に賭ける。負けるということは，勝つというもう一つの選択肢があることであり，さらに技を磨きいつか逆転したいといった別の価値や願望に自分を向けることができるようになるからである。

しかし，大人に自転車に乗ることを強要され訓練させられた子どもは，動機という内面的な衝動がない。見通しも身体感覚も自転車と身体機能との協応動作に対する共通感覚も，身が知る過程を他者に依存するため自由感がなく，自ら行う喜びは味わいにくい。飛躍の衝動に対する陶酔，歓喜，眩暈などの喜びの伴わない受苦は，遊びではなく労働のアナロジー（類似性）だからである。つまり，嫌々ながらやらされる行為には，経験の成熟を悟る境地，言葉を冠するほどの経験の成熟によってパトスの知を布置する広大な知の編

み目は形成されにくいのである。

　では，本能として経験の成熟に向かうはずの子どもたちが，今日，なぜ自分から遊ばないのか。それは，1歳までは衝動が発達を促進し，それを周囲の大人も喜びとする。しかし，歩行が完成する1歳前後から活動範囲が拡がり好奇・模擬の衝動が発露されるため，文化的な環境に早く適応することを求められた子どもは，周囲の大人の規制が強化されて遊びを阻止されることが多くなり，経験が成熟に至らないうちに終わってしまうからである。乳児は生命発生とともに宇宙の構造に組み込まれたリズムをもっていることは前述した。リズムの共振は快の状態をもたらすので，赤ちゃんは12か月前後になると，歩行が安定するまで何百回と転び頭を打とうが手足を傷つけようが立ち上がって歩行を完成させていく。その活力が，保護・養育という思惑で規制する外界との相互作用の中で消えていくのである。その結果，子どもたちは経験の成熟を自得する機会を失い，自己組織化への活力を放棄せざるを得ないのである。

(2) 身体が悟る経験の成熟

　森有正は，"具体的・感覚的出発点から思想や概念が生まれる。感覚は人が生きる全部がそのものの中に現れてくる経験と思想との基礎であり，自分と離れられない関係にある。そして，目覚めた感覚が，ある一つの言葉を冠するまでに成熟して一つの経験になる"[2]とする。言葉は，想起的記憶（イメージ・質感・場や人との関係性・生命現象を伴った思い出すことができる記憶）を形成する道具で，言葉が誕生しなかったら歴史的・文化的な環境は経験の中に取り込まれないに違いない。ソシュールがいうように，言葉は外界にある文化を模倣し自分が確定していくのであって，大人たちが教えた言葉が成熟することはない。個々人の感覚が，一つの言葉を冠するまで成熟する経験の中に生まれる。その経験の自覚は，感覚の目覚めと結びついているだけに，他者の感覚も経験も自分にはわからない。自分の感覚しか自分にはわからないのである。

私たちが様々な場面で味わう「幼児が主体」「遊びが大切」「環境を通す」といった言葉のむなしさについて，森は西田幾多郎と同様の見解を示す。たとえ自由を追求しようと集まって議論したところで経験の裏づけのない言葉の詮索は喧嘩になるだけである。言葉の意味より行動し，没我を経験し，自らの法則に従う真の自由を味わい，その経験に忠実であるとき自分も他人も自由を尊重するようになる。自由を尊重しろといわれても経験の成熟という裏づけ，感覚の基盤がなければ尊重できないのである。その経験の成熟に人間の実在がある。そして真の経験は，絶えず新しい出来事が起こり，新しい一面を現してくる開かれたものである。一つの態度を深める経験の成熟は，自分自身の足で立つ道であり，自分で悟るしかない。「自分がいままで心をこめてきたことをさらに続けて，それを深める。そうすれば，経験はおのずから成熟していきます」[3]。結局経験の成熟というのは自分で悟るよりほかない。だから経験こそは自分だけがその責任をもてる，また他人はどうすることもできない，この上もなく厳しい世界である。「一人一人が自分の経験を持っていて，その経験はほかの人の経験と置きかえることができない。ある一人の人間ということと，ある一つの経験ということとは全く同じことであり，そのある一つの経験というものは，一人の人間というものを定義するもので，それ以外に人間というものは考えられない」[4]とする経験である。

　森の論理に従って遊びの経験を具体的に語ってみよう。"自分が竹馬に興味をもち乗れるようになりたい，乗って走ってみたい，馬の高さを上げたいと，願いを込め心を込めて行ってきたことを，繰り返し繰り返し練習してさらに深める。そこに自分と竹馬の相性，自分の限界や可能性，繰り返しやりたい己自身の欲求やその過程，結果としてついてくる技能や知識といったものが自分に見えてくる。己に見えてきた経験の成熟は，他の人の経験と置き換えることができない，私の経験，私という人間を定義する"ということになる。

（3） 西田幾多郎の経験の差異相と思惟

　他者と置き換えることができない，私を定義する経験。西田幾多郎はこの純粋経験について，意味とか判断は，経験の差別から起こるのであって，経験が意味や判断によって与えられるのではないとし，経験は自ら差異相を具えているとする。ここでは経験の差異相と思惟の関係を捉えておこう。

① 関係を示す差異相

　日常，豊かな経験と使われる言葉があるが，西田によれば経験が豊かになることを支えるのは，判断によって経験そのものの内容が豊かになるのではなく，"経験の意味とか判断は他との関係を示す"差異相に支えられて豊かになっていくということである。子どもに「よく考えなさい」「自分で判断しなさい」と言って判断させたところで，経験の内容が豊かになるものではない。他との関係を示す時間的・空間的な差異相（場所（トポス）の差異相含む）・パトスの知の位相をどれだけもっているかということが経験の豊かさに関係する。純粋経験も同様，差異相を具えたものとすると，純粋経験が「意味とか判断とかを生ずるのもつまり現在の意識を過去の意識に結合するより起るのである。即ちこれを大なる意識系統の中に統一する統一作用に基づくのである。意味とか判断とかいうのは現在意識と他との関係を示す者で，即ち意識系統の中における現在意識の位置を現わすに過ぎない」[5]（注：以下，西田の引用文中の「者」という字は当て字で，人を意味しない）ということになる。当然，そこに思惟が潜在している。

　一般に，知覚的経験は所動的で無意識であり，思惟は能動的で意識的と考えられているが，西田の純粋経験の論理からいうと，「思惟であっても，そが自由に活動し発展する時には殆ど無意識的注意の下において行われるのである。意識的となるのはかえってこの進行が妨げられた場合である。思惟を進行せしむる者は我々の随意作用ではない，思惟は己（おのれ）自身にて発展するのである―（中略）―自己をその中に没した時，始めて思惟の活動を見るのである。思惟には自（おのずか）ら思惟の法則があって自ら活動するのである」[6]ということになる。この論理は，人に統一作用が働いているときは無意識であり，

思惟も知覚的経験と同様ということになる。こうした没我の遊びに，経験と思惟の発展があることは確かだが，それを証明するのは難しい。

　ある幼児が夢中になって竹馬に足を乗せ，移動しながら身体を運んでいる。無意識的注意のもとに，竹馬から落ちないように身体を右に左に揺らしてバランスをとっている。意識したらかえって落ちてしまうのだろう。五感の共通感覚とリズムの共振が意識によって妨げられるからである。きゅっと唇を結び，人や障害にぶつからないか周囲の環境を感知しながら，手と足と目の協応動作は繰り返し行われ30分以上続く。こうして幼児が竹馬で遊ぶことに没我しているとき，自らの思惟の法則が働いているといえよう。

　遊びに没するとき，そこに思惟の活動があること，それは自らの法則に従って自ら活動している述語的状態であり，身体と思惟の統一した状態なのである。「遊んでばかりいて」「遊びより勉強が大切」という大人たちの言葉には，意識的思惟活動以外は思惟が働いていないと考えているからではなかろうか。無意識状態で働く思惟こそ，パトスの知・純粋経験の基盤となっている。この竹馬の経験を西田の純粋経験として語るなら，幼児の没我の無意識状態は，"自由に活動し思惟と身体行為を合一し発展させている証で""竹馬の高さと自分の身体感覚，周囲の状況に対する知覚作用・思惟の活動が同時に活発に行われている状態に我を向け続けることによって繰り返され，繰り返してなお飽きない自己統一・自己発展する面白さを満喫している"と説明することができよう。誰かが前を横切ったとか，教師の「危ない」とか，「頑張ってね」という声が聞こえたとき，無意識状態から意識状態への不統一を起こし，自分の思惟の法則を一旦停止することになる。自由な遊びの思惟が状況を確認する必要に迫られるからである。遊びは「動機の原因が自己の最深なる内面的性質より出でた時，最も自由と感ずる」のであり「精神がこの己自身の法則に従うて働いた時が真に自由であるのである」[7]。つまり遊びにおいては，動機の原因が内面的性質から生じ，その必然的自由の中で必然の法則に従って意識される現象が生じ，生じたことを意識し，自知している自分がいるということである。その自分の意識は，現実でありながら理想を含

み，理想を含みながら現実から離れないからこそ，再び竹馬を乗りこなす可能性に自分を向けることができるのである。こうして自分の思惟の法則を生成しているのが本来の遊びであると考えることができる。

② 意識の統一としてある純粋経験

遊びは，高等動物が生得的にもつ法則・宇宙の掟によって発生する現象のもとに対他者，対物との不確定な状況の中に身を置いて，その時々のセンスで身体を反応させていくところに活動が生まれる。たとえ，こうしようと考えていても予想に反した多様な状況が行き交い，考えていたことなどどこかに吹っ飛んでしまって，流れに身を乗せるしかない。瞬時，行為してのち他者，対物の行為・反応との間に突如，不安や恐れ，喜びや快楽，面白さの感情が訪れる。しかし，次の瞬間また瞬時に行為することの連続である。行為して感じる述語的な自我＊が，ある遊びにけりをつけるまで瞬間的に状況に反応していくこの状態が続く。

こうした遊びはまさに，西田のいう純粋経験の世界である。西田は，純粋経験について「毫ごうも思慮分別を加えない，真に経験其儘そのままの状態」[8]，主もなく客もない知識とその対象が合一している状態であるとして，純粋経験が最高のものとする。瞬間において統一作用が働いている知情意合一の意識状態だからである。純粋経験だけが真実在であり，純粋経験の事実だけが実在として私たちに知られうるものなのである。意味とか判断が生じるのも現在の意識を過去の意識に総合することから起こるのであって，この純粋経験の「統一が破れた時，即ち他との関係に入った時，意味を生じ判断を生ずる」[9] わけで，意味とか判断はこの不統一の状態をさしている。しかし，統一としての純粋経験と不統一としての意味・判断とは意識の両面を表すのであって，見方の相違に過ぎないとするのも西田の卓見である。

＊ 自我は「私」という主語にあるのではなく「〜する」述語にある。行為する述語に主体の意志や思想が現れるとする西田幾多郎の言。述語的行為は語義どおり，意志や思想をもった行為の意。国学の流れをくむ鈴木朖や時枝誠記らも述語を心の声とする。

遊びの行為は，純粋経験によって真実在を感じるメタ認識（自分の思考や行動を客観的に把握し認識する）の世界，"いつでも自己の状態を意志する"精神現象なのだといえよう。遊びの中に生まれる経験が純粋なわけは，西田の言葉を借りれば"単一だとか，分析ができないとか，瞬間的である"ということではなく，"具体的意識の厳密な統一"にある。

　短縄を回して連続して飛ぶとき，縄を持った両手の回転と両足の跳躍，それに合わせた全身の上下運動，着地時の屈伸姿勢などは，一連の滑らかな動きとしてなされる。無意識に連続して跳んでいる場合でも，そこには意識の厳密な統一があるから行為が続くのである。回っている回旋塔に飛び乗るときの子どもの真剣さは尋常ではない。豹のような目で回転する台を見つめ，足が浮いた瞬間には鉄の棒を握り，台に身体を乗せている。回っている台座から飛び降りる際も同様，足がわずかに動いたと思った瞬間，身体が宙に浮き着地している。それは，失敗したら地面に叩きつけられる危険と裏腹にありながら，現在の自分にはできるという経験を統一した意志があるからである。

　こうした意識について西田は，意識を心理学者のいう単一の要素の総合とは見ず一体系とする。新生児期の混沌からどんなに分化発展しても体系の形を失うことのない意識発展があるかぎり，純粋経験は立脚点を失わないと考えているのである。「意志の本質は未来に対する欲求の状態にあるのではなく，現在における現在の活動にある」[10]のであり，意志には内面的とか外面的といった区別はなく「その実は一の心像より他の心像に移る推移の経験にすぎない」[11]。この主客を統一する意志，現在の活動を統一する純粋経験が，本能的に活動の面白さを求めさせるのである。

　人間は"統一と矛盾を孕んだ真実在を，空間と時間という一方向をもったもののうちに統一に向け"，歴史的存在（経験を背負った存在）として個々の世界観をつくりだしていく現象のうちにあるということになろう。だから人間は自分を形成するために遊ぶ。真実在を感じるために遊ぶ。欲求と満足の間を往来している"我々の真の自己は，単に考える自己ではなく，感ずる自

己，欲する自己"であり，"自己表現的に自己自身を形成"する。「自己表現と云うことを離れて世界の実在性はない，世界とは自己に於て自己を表現するものと云ってよい」[12]からである。つまり，内的世界を表現することにより自己が主観化されることであり，遊びは述語的行為によって感じる自己，欲する自己が表現の世界を開き実存を感得する行為となる。好奇，模擬，競争あるいは競争，偶然，模擬，眩暈といった遊びの面白さは，感じる自己，欲する自己から生まれ，活動し表現する自己を包んでいると考えられる。

第2章

遊びの始原と暮らしの変化
―歴史的変遷を軸に―

§1　古代の人々の生きることと遊ぶこと

1．歌や舞いと祭祀

　太古の昔から，人々は知の構造を形成する自然(じねん)を日常の生活の知恵として見いだしてきたに違いない。それが類の系譜をつなぎながら生活の変化発展をもたらしてきたといえよう。そこにはどんな遊びがあったのか。人々は遊ぶことによって何を創造してきたのか，古代から近世までの遊びの始原と暮らしの変化を捉えてみたい。

　（1）　旋舞(セーマー)にみる大宇宙とのかかわり
　トルコはイオニア文明発祥の地であり，紀元前8000年からの歴史をもつ。アナトリア文明，ヒッタイト文明の繁栄は古代遺跡や日用の細工物・装飾品として今日にも伝えられているが，アジアとヨーロッパの交流地点のため，ペルシャ，ローマ，ベルガモン，ビザンツ，セルジューク，オスマン朝と，時の侵略者によって支配されている。そうした歴史を抱えたからこそ今日の人々の生活は高い食糧自給率で大地に根を下ろした悠久なものである。

トルコのメヴレヴィ僧の旋舞(セーマー)は，音楽を奏でる役の僧が着席し，笛，太鼓に合わせて読経のような高低差のない音程で唱吟する。それが2,30分続くと黒のロングコートと土色のトンガリ帽子を被った5人の旋舞僧が登場し，両手を交叉して肩に置き深々とお辞儀をするとコートを脱ぐ。下には白いシャツ，踝(くるぶし)まである白いロングスカートを身につけており，両腕を組んで肩につけたままゆっくり歩いて円周に位置する。一人が両手を肩上まで開いて左回りでゆっくり自転し円周を進み始める。その回転がだんだん早くなるに従い両手は開かれる。左手は天を，右手は大地を指している。回転が一定のリズムに乗り前進すると，次の一人が加わり，円周に沿って次々と同様に等間隔になって旋舞を始める。これが30分ほど続くのである。終わりはまた始めと同様の儀礼でもって退場する。

　黒のコートは墓，土色の帽子は自我の墓石，白衣の衣裳は自我の死を意味し，また舞の舞台となる円周は太陽を，旋舞は地球の自転を象徴するという。自我の死は，雑念を取り払い，旋舞に集中し，トランス状態に陥ることによって大宇宙とかかわり，ふたたび自我を再生させるのである。メヴレヴィ僧の旋舞(セーマー)は13世紀からの歴史をもつが，その原型は古代に遡るのであろう。こうした現代に残る修業の形，祭祀や儀礼の形には，宇宙生成の内にある人間の生が表現されている。

(2) 聖域に残るインカの伝統

　海抜3400メートルの盆地状地帯にあるペルー，クスコ市には天空都市マチュピチュへ向かうインカ道があり，石で精巧につくられたその道の脇にはアンデネス（段々畑）が続く。プレ・インカ（インカ帝国以前に栄えたインカ文明）の時代の見事な織物や陶磁器（天野博物館展示）に始まり，マチュピチュにみる都市づくりの見事さは格別である。高地ならではの生活様式は今日まで引き継がれており，聖域内の祭り行事にも遊びの源流を見ることができる。

　食物の収穫に忙しい乾期の6月頃の夜半，未婚の男女が小高い丘陵に集まりロンダといわれる踊りの輪が秘密裏に催される。ロンダとは「若者たちの

夜の歌歩き，恋の輪」[1)]の意味で，男女が距離を取りつつも手を取り合ってたくさんの輪をつくる。輪になって歌い踊るうち，一対の男女がその場から離れ，交わり，思いを遂げると踊りの輪に戻るという秘め事の催しである。いつの時代から始められたものかわからないが，ピサロの記録[2)]にみられる「習慣」をみると，幾世代と続く古い伝統をもっているものと思われる。夜の草原で歌って踊り，愛の相手と結ばれること自体，神の世界の出来事である。

　12月から1月，村々が対抗する投石合戦の祭りにおいても歌と踊りはつきものである。男女とも酒を飲み竪笛（ピンキージョ）に合わせて「兄弟たち，石の雨，血の川を怖れるな」といった歌詞を歌い叫びながら踊る。歌に鼓舞された男たちはワラカ（放牧仕事に使う投石縄）を振り回して石を投げ合う。遠心力が加わって投げられた紐つきの石は，相手を殺傷するほどの力がある。双方に死傷者がでても2時間ほど合戦が続き，やがて村人は山を下りる。徒歩で山を下りながら，人々はまた酒を飲み歌いふらふらになって家にたどり着く。この祭りには，大地の神に生きていること，食物を得られることへの礼として血を捧げる意味が込められている。血が多く流れた年は豊作だと信じられているので，戦った村々が仲違いするなどということはなく，あくまで祭りとしてあるのである。投石は，彼等にとっては放牧に必要な技術であり，また草縄の橋を架ける（ケスワ・チャカ）上にも，狩猟にも，敵との戦いにも必要な生きるための道具である。その技を継承すること，大地と一体となってトランス状態を経験すること，そして共同体の一員として実存する自我を確認することに祭りの意味があるといえよう。

　インカの血をひいた人々の祭りには，このほかにも大地の恵み，自然への畏敬，生きることへの感謝といった自然神と和合するものが多い。インカの最高神は太陽であり，月，雷，峰，湖，石，川などすべてが自然信仰の対象となっているのである。スペインに征服されて，聖鳥コンドルが闘牛のごとき戦いにかり出されたり，祭りがキリスト教の影響を受けたりして変化しているが，インカの山麓に住む人々には今なお，自然信仰が残っている。6000メートルを越える山麓の峰にある湖の伝説やコイユル・リテ（コイユルは星，

リテは雪）の祭りのように，ウクク（アルパカの毛糸で作った黒装束を着た熊の化身の意）が氷上に十字架を立て，野営して祈りを捧げる。その間，ウククは踊り続ける。そして儀式を終えた人々が一昼夜歩いて山を下りた草原で波うつように踊り合うというもので，変質しつつも歌と舞いによって神に祈りを捧げ生に感謝し，大地と合一する自然信仰は今も伝承されている。

（3）　日本の歌舞いにみる神遊び

メヴレヴィ僧の旋舞(セーマー)やロンダの人々のように，歌や舞いが修験道や亡霊済度の道であったり，男女の交わりの機会であったのは日本も同じである。日本で遊びが記述されている歴史は古く古代に遡る。

①　木綿作(ゆうづくり)の歌舞

神楽歌は，素朴で単純な心情を吐露した喜びの歌や舞いとして遊ばれているものだが，その中の木綿作ほど「遊べ」の言葉が繰り返されている歌はないだろう。かつて科の木の樹皮の繊維から木綿を作ったので，科が信濃にかかる枕詞となっている。「〔本〕（木綿を作る）科木(しなのき)ではないが，信濃の原によ，朝尋ねていって，朝尋ねていって，朝尋ねて行ってよ」「〔末〕朝尋ねていって，朝日にさわぐ猿よ，お前も神であるよ。遊べ遊べ，遊べ遊べ，遊べ遊べ，神遊びしろよ」[3]といった解釈が今日では一般的になっている。遊べは「神遊びせよ」という意味なのである。猿が神楽する態を，遊べ，遊べとはやし

図表 1-2-1　木綿作(ゆうづくり)

武田祐吉編『神楽歌・催馬楽』岩波書店，1935，pp.74-76

立てている様子が想像できようか。催馬楽も平安の時代，宮廷貴族によって歌われたものだが，地方の民謡や流行歌謡を雅楽の曲節にのせたものといわれる。鍋島家本『神楽歌』の原文は「安所へ安所へ」と書かれているが，「心安らぐ所へ」が遊ぶことという意味に解釈すれば，見事な当て字である。今日の「遊び」の部首の「しんにゅう」は「ゆきつもどりつする」意で，「斿」は「ぶらぶら揺れ動く」意味をもつ。それだけに好きなことをして楽しむだけでなく，酒色に耽る，各地を旅して回る，自由に動く，職に就かない，泳ぐ，浮遊するといった幅広い内容のぶらぶら揺れ動く様をもっている。

　人間が遊ぶことは，歌謡と舞いが一体となった平安宮廷での神事歌謡として歌われ書き留められてきたからこそ形として残ったといえるが，もともとは農村の人々の生活に根ざして歌い継がれてきた歌だったのである。この日本独特の歌舞芸能は，今日，神社の祭祀で行われている歌や舞いとして残っているところもある。ちょうど幼子が両手を広げてくるくる回転するように，歌や鉦や笛の響きにのり舞い手の巫女が白い衣裳をまとって優雅に旋回する様を想像できようか。神楽歌は，神の来臨から名残を惜しんで送る明け方までを歌っているもので，神と人とが興宴するところに遊びがある。

　② 踊念仏から念仏踊りへ

　こうした歌舞いの流れを農民の側からみた五来重は，庶民信仰の上に生まれた宗教的発祥をもった踊念仏であったものが，中世になり次第に娯楽的要素を濃厚にして念仏踊りになっていったとする[4]。太鼓踊りや棒踊り，太刀踊りあるいは剣舞や鹿踊り，角兵獅子，小町踊り，ひいてはお国歌舞伎などの民俗芸能は，神遊びから派生したこの娯楽的要素によって生まれたものであり，さらに，盆踊りや阿波踊りも娯楽的念仏踊りだとするのである。

　今日，全国各地の盆踊りを踊る人々が，去りゆく霊への哀惜を込めた恋歌を歌い舞って神送りする鎮魂呪術の歴史を踊っているとは思うまい。しかし，長野県新野の盆の神送りには大念仏から精霊送り歌が歌われるし，岩手県九戸の盆踊りは仏教以前の「かがい」で「なにヤとやーれ　なにヤとなされのう」と女性が歌う恋歌は，柳田國男の考察をふまえ「何なりともせよかし，

どうなりとなさるがよいと，男に向つて呼びかけた」[5] 粗野で直截な恋の歌として，原始古代から現代まで歌われてきたものとする。盆踊りは「つねに二重構造をもっている。それはちょうど人間性の二重構造のように。天にあくがれ，霊の浄化をもとめながら，地上をのたうちまわる一齣(ひとこま)」[6] なのである。

③ アイヌの古式舞踊

日本の北と南，北海道のアイヌ部落や沖縄の島部には，今日も人々の生活にある神遊びが残っている。アイヌの人々は，すべての自然物に霊魂が宿っていると信じており，生活そのものが信仰を基礎としている。自然物に宿る霊の力に願う儀式は，家長を中心に神秘的な方法で執り行われる。また，伝承されている古式舞踊は，祖先が生活や信仰の中から生みだした独自のもので2009年にユネスコの無形文化遺産に登録されている。その内容は，祭祀的性格の強いイオマンテ（クマの霊送り）「エムシリムセ（刀の舞）」「クリムセ（弓の舞）」のような儀式舞踊の他，動物をモチーフとして「ホィヤオー（鶴の舞）」「バッタリイウタウポポ（バッタの舞）」のような儀式舞踊，さらには「シキシキ（踊り比べ）」などの即興性を加味した舞踊があり，いずれも座り歌（ウポポ）と，輪舞（リムセ）を基本として構成されている[7]。

猿が人間になるための条件として，狩猟具と漁業具といった道具の製造や使用と，自分たちで生産することが可能な菜食や肉食への移行がある。植物を再生産し動物を飼い慣らして規則的・安定的な食糧を確保し，それらの材料を食べる工夫として「火の使用」があり，煮炊きすることで消化を促進する雑食性への移行は，進化を主導するものだったといわれる。人間の食生活が脳を発達させ，感覚器官を鋭敏にし，労働することによって必要となった言葉の発達を促進し，観念的世界観が生まれてきたとするエンゲルスの論でもってすれば，観念的世界観によって人間は自然の恐ろしさに常に向き合わなければならない必然が生じたといえよう。人間以外のほかの「動物は外的自然を利用するだけであり，もっぱらその存在によってのみ外的自然に変化をもたらすのであるが，人間はみずから変化をもたらすことによって自然を自分の目的に奉仕させ，自然を支配する」[8] ために自然への怖れを深くして

いったに違いない。増川宏一は遊びが発生した源を，「人類が樹上の生活から地上への暮しに移行して定着した時代，集団での活動に習熟した頃に芽生えたのであろう。それは，①自然に対する畏敬や自然のはかりしれない力を鎮めるためか，あるいは啓示を受けるための儀礼，②生きていくための体力や知力の教育と鍛練，③死者や祖先への哀悼と庇護を求める所作」[9]が主なものだったとする。

④ 貴族や子どもの遊び

古代はこうした人々の生活に密着した歌や舞いが中心とはいえ，貴族の間で遊ばれた遊びもある。酒井欣(やすし)の『日本遊戯史』[10]の研究における遊びの時代区分と年齢区分からみると，奈良時代（上古史）から平安時代（中古史）に大人の遊びも子どもの遊びも急増している。

図表 1-2-2　時代別にみる貴族や子どもの遊び

時代	遊びの種類
奈良時代	放鷹，蹴鞠(けまり)，雙六(すごろく)，打毬(だきう)（ホッケーのような遊び），香道（香を組合せて焚く），競渡(ふなくらべ)（舟競争），囲碁，小松引(こまつひき)（正月の野宴で小松を引き合う），うつむきさい（采の目の遊び），唐独楽などの遊び
平安時代	闘鶏(とりあわせ)，競馬，貝覆，前栽培（庭園の優劣），小鳥合（鳥の争闘），菖蒲根合（根の長さ），闘草(くさあわせ)（2組で菖蒲，菖蒲の花と出し合い草と花が合わなければ負け），菊合（栽培した菊の葉に書いた和歌の優劣），扇合（扇の風流さ），絵合（絵巻の装丁から内容），角合（生牛の角合），小筥合(くしげ)（宮の趣向），瞿麥合（撫子の風流合わせ），女郎花合，花合，雙紙合（雙紙の装丁の優美さ），物語合（創作物語の優劣）など，多岐にわたる。その他，女児の雛遊びや人形の遊び（金人，銀人，紙偶人，木偶人，土偶人，茅菅人形など），男児の引地（河原に集団で集合し闘い合う）が盛んになる。葦手歌絵（葦で描いた絵と書の競争），弓遊（賭弓），琵琶（平家物語や新曲），尺八，箏，雑遊（子どもの遊び）①弾碁（碁石を弾いて取り合う），②乱碁（指に碁石を押しつけ数多く取る），③韻塞(いんふたぎ)（古詩の韻字を塞いで上句を読み下の韻字を当てる），④偏継(へんつぎ)（やがて文字合わせとして草冠，木篇，手篇など篇と合わせた文字を作る遊びへ），⑤字謎，⑥鞦韆(ブランコ)，⑦子をとろ子とろ，⑧迷蔵（かくれんぼ），⑨趨競(はしりくらべ)，⑩十六むさし，⑪火廻し（紙蝋燭が燃えつきる間に歌を読み継ぐ），⑫扇引，⑬蔵鉤(なんこ)（掌中に握った石の数当て），⑭擲石（お手玉の前身で石で行う）と手玉，⑮目赤子（あっかんべのからかい），⑯やすらひ花（舞い），⑰酸漿（ほおずきを吹き鳴らす），⑱木登り，⑲雪合戦，⑳はい馬，㉑すまひ草（菫科の植物を絡ませて競う）の21種

酒井欣『日本遊戯史』建設社，1933 から青木表化

奈良100年から貞観文化が花開いた平安400年に近い流れの中で，共同体での神遊びと，娯楽的・教養的要素を加味した貴族の遊び，子どもの遊びが輻輳し並行しながら遊びが生活に根を下ろしていったのである。

2．人々の飛躍への欲求

『梁塵秘抄』巻第二（359）に「遊びをせんとや生まれけむ　戯れせんとや生まれけん　遊ぶ子どもの声聞けば　わが身さへこそ揺るがるれ」[11]と歌われたように，人間は遊ぶためにこの世に生まれ出で，現世という仮の世を遊び戯れる。『梁塵秘抄』は神楽歌・催馬楽の流行がすたれ始めた頃の新歌謡をまとめたもので，平安時代の末，中世の始まりの頃の歌である。この今様の伝え手は，くぐつめ（傀儡女）やあそびめ（遊女）など神仏一致の遊芸伝承の専門家である。今様は派手な歌になり，法文歌に来世往生を強く願う切実な歌がみられること，神歌に神仏への思いとともに世俗の恋への思いや子どもへの思いなど生（なま）な感情表現がみられるところに特徴がある。

「遊びをしようとしてこの世に生まれてきたのであろうか。戯れをしようとして生まれてきたのであろうか。無心に遊んでいる子どもたちの声を聞いていると，自分の体までが自然と動きだすように思われる」[12]と素直に解釈される歌だが，ここでいう遊びは神遊びではなく，その神遊びを遊ぶ子どもの遊びであろう。本性として遊ぶ子どもの強い衝動に「7歳までは神のうち」として，人々は遊びとともにある，つまり神とともにある子どもの存在を感じてきたのである。子どもの遊びに潜む飛躍への欲求，現実を超越する遊びの世界，自然と和合する人間の善への志向性が，見ている我が身をも内側から揺るがす本性に実存を感じるのである。

『梁塵秘抄』には早くに子どもを手放した親の思いも歌われている。人さらいにさらわれたり，下女として，舟子として他人に差し上げたりした子どもを思う親の気持ち，博打に，夜這いに夢中になっている子どもを心配する親の気持ちである。子どもは親にとっては喜びであるとともに，嘆きであり，

悲しみであり，無情であるだけに，"遊びをせむとや生まれけむ"子どもの姿に神を感じるのも当然であろう。遊べと言われなくても自発的に神遊びする子どもの存在が日常にあることは，神とともにあることを感じる機会であり，大人たちの神遊びの楽しみを思い出させ，体を揺るがす力をもつのである。そして，はかないこの世の生において神との和合を子どもの遊ぶ姿に見て，実存を感じたのではなかろうか。

古代の人々は神遊びにおいて即興的に歌い舞うことで，トランス状態になり現実を超越する術を暗黙のうちに獲得してきた。また，祭祀や歌舞いにより共同体のリズムの共振をつくりあげ，生活様式や共感性を維持してきた。その場所(トポス)が生きることを浮かび上がらせてきたのである。遊びによって現実を超越し，再び現実に立ち戻ることができるという理(ことわり)は，大自然の中で敬虔に誠実に生と死に向き合って生きてきた証であろう。神遊びなくしては生きることはできないというほどに，遊ぶことは人間の生と深く結びついていたのである。

§2 中世から近世の人々の生活を遊ぶ知恵

1．仮の世を遊ぶ中世の人々

遊びの語の意味は，日本でも中世初期（戦国時代）の頃から変わってきている。神道に仏教が融合しはじめ，現世は仮の世として，働き，遊び，極楽浄土に救済を求めるようになってきたのである。また，武家社会は母系婚から男系相続の進展に伴う子孫繁栄へと社会変革するにつれ，財を失い居所を失った遊女は性行為を商品化する方向に追いやられていく。集落の神遊び行事から，一方は歌舞伎や能，狂言といった芸能へと昇華し，一方は個人的性行為を伴った遊興への意味を含めたものになっていき，近世の遊郭につな

がっていったのである。この節では遊びがその性質を大きく変えていった中世を捉えてみたい。

(1) 遊びから生まれた生活暦

太古の人々が生きる糧を提供してくれる自然に畏敬の念をもち，感謝し祈り，安寧を願った時代も，やがて自然を享受し共生する時代へと変化している。衣食住の安定は，自然の巡りを軸に生きるための生活暦を生みだしていったといえよう。

桜を愛でる日本の文化は，もとといえば陰暦で桜の開花の時期がその年の農業暦をつくる目安になっていたことに始まる。人々は開花した桜を愛でながら今年の米づくりの暦を語り合う。秋祭りは，その土地の収穫した稲を神様に供えて感謝し，新米のご飯を炊いて祝う。紹野和子によるとそもそもの秋祭りの意味は，新しい稲の魂を身に取り入れて復活する意味を有し，収穫する「あき」，魂を身に植える祭りの晩が「ふゆ」，魂が張りつめた状態を「極限」，極限が終わって白々夜が空けると人間が生まれ変わる「はる」になるという祭りの神事に由来しているという。これに角が抜け再生する威力がある鹿の脳みそ（なつきという）から「なつ」という用語ができたとする。やがて秋まつりが冬まつり，春まつりと発展し今日の春夏秋冬に納まったようである。陰暦は，1,2,3月が春，4,5,6月が夏，7,8,9月が秋，10,11,12月が冬で，今日の季節感とは異なる。しかし，2月の節分，立春や11月の立冬などの暦や5月に行われる大相撲が夏場所といわれるなど，現在も生活暦に陰暦が根づいている。

自然のリズムが宇宙内存在としての人間のリズムと共振することを悟った人々は，桜の芽吹き，開花，散り花の乱舞，そして新緑から濃い緑に，やがて紅葉し，落葉して朽葉となる季節の巡りを自然である人間の生と融合させ，そこに場所の生活のリズムが生まれたといえよう。

紹野和子は，こうした農民祭事の歴史的変遷を今日に伝えている[13]。太陽暦の正月は世界共通の1月1日だが，陰暦で2月に旧正月を行う地域もまだ

ある。正月の神様を迎えるために人々は穢れを払うわけだが，近くの山から山人(やまづと)が山苞(やまづと)（山に自生する裏白とか譲葉(ゆずりは)，羊歯(しだ)など差したもので門松，注連縄の起こりとなったもの）を持ってくる。それと交換に1年使用した穢れを持って山人は帰り穢れを処分する。その山苞を村の有力者の家に飾ることで全体が清められ正月の神様がきてもよいという意味をつくるのである。そして年神様を迎え，お節(せち)料理（節の折り目を節日といい節日には神様にご馳走＝節供をする）を神様に供え，人々も相伴にあずかるのである。この神様が一つ目小僧だとか河童，鬼など妖怪的な神様だったというのも，八百万(やおよろず)の自然神をいただく日本的な神の世界である。鬼は強い巨人という意味で，稲作や畑仕事の邪魔をしないように，土地に悪さをする悪霊を押さえつけ懲らしめてくれる有り難い存在である。しかし，もう一方で人々は巨人への怖さがあり悪霊を懲らしめたら早く帰って欲しいので，豆で手を洗う真似をして，その豆を鬼に持っていってもらうことにより土地が清められるというのが年越しの豆まきだといった具合に，古代の神遊びは中世になると節の行事として日本神話の物語とともに残っていくことになる。太陽神である天照大御神(あまてらすおおみかみ)の弟，須佐之男命(すさのおのみこと)が天上から裸で追放されて日本にやってきたとき，蓑と笠をつけていたので，蓑笠を着けた者は神様と思ったり，須佐之男命（すさまじい男）は夏台風として訪れるのでその到来を待ったりする。台風は稲作を荒らす虫や鼠などを一掃する効果があり，人々は8月15日に虫送りとしての盆踊りを舞うといわれる。虫送りによって大地が清められ豊作になるという願いが込められたものなのである。

　遊びという身体行為によって宇宙や歴史や文化と共振し，そこにある諸現象を己の中に引き込んで，共通の物語をもつこと，物語を演じてかたちとしていくことが可能になり，場所(トポス)の共感性が高まっていったのである。このように神遊びによって繰り返された祭祀は，中世になると生活に根を下ろした場所(トポス)の文化となって遊ばれている。

(2) 生活や営み事を遊ぶ

『古事記』『日本書紀』に始まる日本の神遊びの物語の変遷は，喜多村筠庭の『嬉遊笑覧』[14]にみることができる。そこには，居処（きよしょ），容儀（ようぎ），服飾，器用（きよう），書画，詩歌，武事（ぶじ），雑伎（ざつぎ），宴会，歌舞，音曲，翫弄（がんろう），行遊（こうゆう），祭会（さいえ），慶賀，忌諱（きき），方術，娼妓（しようぎ），言語，飲食，火燭（かしよく），商売，乞士（こつし），化子（かし），禽虫（きんちゆう），漁猟（ぎょろう），草木など27部門に類別して，4000余項目の風俗に関する言葉の由来や内容の説明が史実に基づいて克明になされている。

また，家業を捨ててまでも時代を遺す意志をもって1837年から起稿され，江戸幕府終焉に至る30年にわたって書き続けられたという『守貞謾稿』（もりさだまんこう）全35巻（『類聚近世風俗誌』原名『守貞謾稿』）[15]には1600点にもおよぶ付図と詳細な解説があり，江戸，京都，大坂の近世風俗史の基本文献となっている。『嬉遊笑覧』と合わせると，ここに近世末までの都市における生活や労働，遊びの全貌を捉えることができる。国学者・考証家としての優れた観察眼のもとに絵と解説が付記され，言説の誤ったものには修正の手も加えられた自筆稿全31冊にわたる研究書である。式正，礼，晴（はれ），褻（け）の区分や婦，女，處女（むすめ），娘，少女，稚女など言葉の分類根拠も明確で，近世の風俗変遷をみることができる。

① 嬉遊笑覧

『嬉遊笑覧』には，生活の拠点である「居処」で，日本の家屋敷がもつ多くの仕様を説明している。家屋に遊びがあるとは誰も思うまいが，それを遊ぶ人がいることは想像に難くない。切懸（板をつらねて垣にしたもの），ひ垣（檜の薄板をあじろのように組んだ垣根），鰭板（はた）（柱を地にほり立てて作る垣根），蔀（しとみ）（下は格子，鰭板で上が風雨を防ぐ蔀，その半分のものは半蔀）などをめぐらしたり，狐戸（狐の穴ほどの戸），ねづみ戸（猿楽の芝居の入り口戸），縦に子を並べた狐格子，四角に組んだ白い格子で，多様な扉の仕様を遊んだりする。

服飾も絹や木綿の生産が盛んになるにつれ足袋（踏皮，襪（しとうず）が語源）だけでも，襪（しとうず）（鹿皮でできた足袋），熊皮もみたび（沓（くつ）），紫たび（紅うち紐でできたもの），木綿たび（木綿で作るようになって店ができた），箔絵，染分，高

麗ざし，長さきたび，うねざし（こはぜかけのようにしたもの），うんさい，とろめん，いきやたび，桑ぞめ，絹たび，と様々な呼び名，形と素材が使われた，そのいわれと流行を捉えている。頭巾が多いのも中世の服飾の特徴で，それが職業や地位などを表したり，隠居の立場を表したりといった社会を映すものとなっている。

② 守貞謾稿

先行する諸書をとりまとめ当時の風俗を図示し説明した『守貞謾稿』は，それらを確認し補完するもので，たとえば男子の風俗では「『我衣』に曰く，寛文ノ比（ころ），男子黒絲にて髪を結ふこと流布す」といった年代が記録されていたり「かっぱと訓ず。『貞丈雑記』に曰く，合羽と云ふもの古（いにしえ）はなき物なり。……古は士も蓑（みの）を着しけるなり」[16]と時代考証もなされていたりする。

また，江戸時代の生活・風俗・遊びは，江戸，京都，大坂で共通するところが多くても，それを表す言葉や人々の習慣は異なる様がうかがえる。女子の風俗としては，「今世，真の美女を図して後人に遺（のこ）す」とした女性が，後世の美人の基準にないことは承知の上で，「江戸，洗ひ髪の兵庫結び」「けだし中民以下の女なり。かくのごとき風俗および面貌を俗に婀娜（あだ）な女と云ふ。あだものと云ふ。また意気な女とす，いきなあねさんと云ふ」[17]「今世，江戸婦女の卑（ひ）なれども野（や）ならざるを婀娜（その人をあだものと云ふ）と云ひ，これに反すを不意気あるひは野暮（やぼ，野夫の訛か），京坂にては不粋（ぶすい）と云ふ」[18]といった具合に，守貞の捉える江戸末期の美人像は江戸では「アダ」（たおやかな色っぽく艶めかしい粋な女），京都・大坂では「粋」な女という説明である。

流行を追って衣装を遊ぶ姿には，蓑の文化から合羽の文化への変化，人々が農業製品から工業製品へと移行していく様がうかがえる。膳や食に関する記述にも生活の変化が大きく現れている。味醬について「今俗，味噌の字を用ふは非なり。味醬は『三代実録』に見へ，また『延喜式』神名帳斎宮寮（じんみょうちょう）の条に，味醬一斗二升，云々。……今世，京坂の市民，毎冬自製する者多し。……江戸は，赤味噌・田舎味噌を買食し，自製する者これなし」[19]といった

記述がある。醬油についても「昔はこれなし」に始まり，大坂（阪）や下総野田，常陸土浦などが生産地であり，尾州，三河，遠州，美濃では醬油ではなく溜(たまり)を専用していること,酒は「古より清濁あり。清酒をもろはくと云ふ。諸白なり」[20]と清酒の方が上品なこと，酒の銘柄，酒器，徳利などからさらに刺身，鮓(すし)，豆腐田楽など，細部にわたって書かれている。その内容には，食を楽しむ人々の生活様式もみられる。

③　一切即遊び

ホイジンガが「日本の生活理想のたぐいまれな真面目さは，実は，いっさいが遊びにすぎないという仮構を裏返しした仮面の姿である」[21]というように，西洋とは根本的に異なるものがある。遊びの領域に高貴な生活の仮面をつけ，「東京にお着き遊ばされます」「お亡くなり遊ばされた」という日本語そのものが高貴さを遊ぶ構造をもつ。それは，神道，仏教や儒教，禅の思想を根底に置いた日本人の現世は仮の姿であり，現世が仮の姿を遊ぶ世界である以上，衣食住ありとあらゆる風情が遊びなのである。喜多村筠庭が言葉の歴史と意味内容をまとめること自体「嬉遊笑覧」である。酒井欣の遊戯史編纂自体も遊びである。「遊び」「遊ぶ」は，緊張を解くこと，娯楽，気晴らし，物見遊山，休養，遊蕩，賭博，怠けること，仕事につかないことだけでなく扮装や物まね，茶会といった芸術も行事も，人間界を超越した回転体や道具の自由な動きも「あそび」と呼ぶ。即とは西田幾多郎のいう絶対矛盾的自己同一，仏教でいう而二不二で，ホイジンガも日本では「一切が遊び」としている。「一切即遊びなり」その対象と戯れる即興性による純粋経験の中に実存がある。それゆえに日本人には遊びに理屈は必要ないのである。遊びにあるものは遊びそのもの，つまり現世を生きることそのものなのだといえよう。

④　子どもの遊び

『嬉遊笑覧』「玩弄」にみる子どもの遊びは282種にのぼる。江戸時代にはすでに子どもの遊びと雑伎，宴会，歌舞，音曲，行遊，娼妓といった大人の遊びが分離しており，日常の生活は文化の流行として遊ばれ，世代と空間を別にした遊びが「遊び」と称されていたことがわかる。子どもの遊びも，そ

の起源から遊び方まで詳細に調査されている。鬼ごとについて「『物類称呼』，『江戸にて鬼わたし，京にてつかまへぼ，大坂にてむかへぼ，東国及出雲辺，又肥の長崎にて鬼ごと，仙台にて鬼々，津軽にておくりご，常陸にて鬼のさらといふ』とあり」[22]として全国の鬼ごとの呼称の違いをみている。

　また，子をとろ子とろの鬼ごっこについて「子をとろ子とろ，といふ鬼ごとは，和州天(テンノ)川弁財天の祭式にありとなむ，その原(モト)は『三国伝記』に，『恵心僧都閻羅天子故志(子)王経(おうきょう)をみて其(その)心をとり，童を集め，地蔵と獄卒と取らむとられじとする学(まなび)をし始(はじめ)て，比々丘女(ひひくめ)といふ』といへり」[23]と書かれている。神遊びとしての祭祀にあった鬼事が子どもの遊びとなったいわれのように，子どもの遊びは神遊びのまねごとを遊ぶものだったといえよう。生活上も遊び上も，鬼は人々の暮らしに近いものとして存在していたわけで，その鬼はお産で命を亡くした産婦の化けであったり，動物霊であったりする。鬼や妖怪，ももんがあや河童といった闇の底に連れ去る恐ろしい鬼が身近にいるからこそ，鬼ごっこが遊ばれる背景を類推することができる。

　『守貞謾稿』も遊びについては別項を起こして記述している。「巻之二十八遊戯」には，豆太鼓，竹馬，ぶりぶりや破魔弓，鳩車や風車，凧，独楽，羽子板，手鞠など遊びの道具と遊びを描いた解説とともに，「子をとろ子とろ」などの遊びも記録されている。

　⑤　隔離された遊び空間

　こうした風俗誌からみた生活が遊びかといえば遊びではないが，神遊びが生活に根を下ろした文化となるのは，戦禍が治まり遊び心が表れるだけの生活の安定が庶民にもたらされたからであろう。人々は生きること，生業に精を出すことの中での遊びと，遊郭などの異空間で遊ぶことを区分していった。『守貞謾稿』には労働の面からもサービス業の拡大に伴う分業化が進み，使う道具や立て看板などの装飾にみる遊び心が多くみられる。屋台店（京坂では出シ見世），温飩(うどん)蕎麦屋，鰻屋，骨抜き鯲(どじょう)，茶店，薬屋，白粉屋(おしろいや)，紙屋，足袋(たび)店，旅籠(はたご)屋，漆(うるし)屋，菓子屋などあげればきりがないほどに，専門店が看板に創意を凝らしたのも，生業への誇りと生業自体への遊び心であったと

思われる。また，店を構えず売り歩く商売が多く，天秤棒に桶や籠，箱などをつけて鮮魚や枯魚（かれさかな）（干物），豆腐や油，漬け物，花や瀬戸物，針，傘を売ったり，傘や提灯張り替え，下駄歯入れなどの修理道具を積んで技を売ったりなどしている。店構えの生業が6，売りを主とした生業が93，雑業が6と大半が売を生業としていることからも，当時の人々の交流範囲の広さ，交流によって情報交換するシステム，生業でありながら地方から三都へ三都から地方へと旅を楽しむ人々の流れがあったといえよう。

日常の生活や労働と切り離され隔離された遊びは，「妓扮」「娼家」「岡場所」「湯女」という空間をつくる。世界最古の女性の職業といわれる神殿娼婦に相当する売春は日本でも奈良・平安時代からみられたが，水路交通の要所には宿場女郎が広がりをみせ[24]，これらは性を売り買いする場所ともなっていったのである。また祇園の「置屋」のように義太夫を語り，三味線を弾き，舞い，芸を売る商売もあれば，男色，夜鷹や比久尼のように個人的に性を求める存在もあった。

また，博戯（博打のこと）が禁止されたのは，養老律令（698年）の頃で，博打や賭け事をする者，博打場を提供した者の取り締まりが行われ，以後，たびたび禁止令がだされる遊びとして歴史を刻んできた。江戸時代は，遊郭と博打場が連関をもって労働とつながっていた。命の危険にさらされる鉱山の工夫は，博打や遊郭で借金を背負い，それによって鉱山から足抜けできない状態に置かれ，それが労働力確保の方法論ともなっていたからである。戦乱の世から安泰となった中世に博打や遊郭が盛んになったのも，退廃的な遊びと労働とが結びついたからであろう。

白拍子などの遊芸が遊郭に流れた一方，人々の間に新しい「音曲」を生みだしたのも近世の特徴である。謡や能は足利義満の寵愛を受けた世阿弥によって始まっているが，守貞はその起源とともに能舞台や浄瑠璃の語りとして河東節，一中節，常磐津節，冨本節，清元節などの興り，三都の歌舞伎芝居小屋の変遷，狂言などの「雑劇」についても詳細に記録している。江戸庶民が芝居好きだったことは，『浮世風呂』などからもうかがえる。大衆風呂

の興りも江戸時代には隆盛を極めて今日の温泉風呂の様子を呈している。庶民が労働の汗を流し世間話をし，心身を解放する娯楽の一つとなっている。「春時」の行事には正月の注連飾りや門松，鳥追やマヒタマ（繭玉）飾りやぶりぶり，鷽替神事や3月の雛祭り，壬生狂言などが，「夏冬」の行事には，三都とも灌仏会（仏の花祭り），端午の節句，川開，神社祭礼，七夕，盆灯籠，月見，酉の日など，神遊びから残ってきた神事や武家社会になって生まれた行事が共同体と個人の間をつなぐ遊びとなっている。

　太古の神遊びが，現世という仮の世を遊ぶ様式へと変化したとき，それは一つは現実と隔離された空間に，子どもの世界に，そして生活や労働の中に遊びとして現れたといってもいいだろう。ホイジンガが「人間の文化は遊びにおいて，遊びとして，成立し，発展した」[25]というように，日本の近世の文化も遊びにおいて生まれたことを実証するものである。「遊びは文化より古い」もので，「自然は我々に遊びを，その緊張感と喜びと『おもしろさ』と一緒に与えてくれた」[26]のである。

2．遊びの形・型から道への意味生成

　遊びが分化しつつ花開いた中世は，俗化し娯楽化した一方で，遊びの形・型が一つの美として形成され，道となっていった時代である。形が決まることは伝承を可能にする。日本の国技の相撲，日本独特の茶道，華道，歌舞い能，武士道といった道が豊饒に生まれ，日本文化として今日に継承されている。

(1) 歌舞いの道としての能

　神遊びとしての歌舞いが，能として一つの型を成していったのは南北朝時代から室町時代にかけてである。申楽師観阿弥を父にもつ世阿弥が舞ったのは11歳のとき（1374年）のことで，彼は時の将軍足利義満に寵愛される。低迷する歌舞いを芸能として高めるため「子孫の庭訓のため注す」とした『風

姿花伝』の本意は，芸のたしなみを疎かにして「源を忘れて流れを失ふ事，道すでに廃る時節かと」[27]なることを怖れ，その心を型として著すことで後世に伝えていくことだったのである。

　彼は，能の形として二曲（舞と歌）三体（老体，女体，軍体）の融合を説く。つまり舞いと歌が混然ととけ合い，三体の上にうつされた後，二曲と三体が融合するところに「定位本風他体」（一定不変の基礎の理想の形）が生まれるとして，型を真似る能の道を記している。型を真似る極意は，「物まねの品々，筆に尽くし難し。さりながら，この道の肝要なれば，その品々を，いかにもいかにも嗜むべし。－（中略）－言葉を尋ね，科を求めて，見所の御意見を待つべきか。そのほか，上職の品々，花鳥風月の事態，いかにもいかにも，細かに似すべし」[28]とする。そして「およそ，何事をも，残さず，よく似せん」と努めているうちに，ついに「似せぬ位あるべし」[29]とあるように，物真似には象徴的芸術性があるわけで，真似て真似て真似つくした後に自然体が生まれ，その自然体には児姿の幽玄が残っていると考えた。「二曲三体の本道から入らず，枝葉の物真似や，末枝の型にかかずらっているのは，しっかりした土台のない，脆弱な演技になり，能も見劣りする」[30]ので，本道を極めることが能の道ということになる。「児姿」は幽玄の本風（男女の別なく清純な色気）をもち，歌舞いの初心が将来，三体の上に残ってくるから10歳位までは物真似も名ばかりで面も着けず童形にふさわしく仕立て，すべての能を児姿で通すとある。世阿弥が児姿を大切にするのは，幽玄，花といった美の原点がそこにあるからである。「音曲と働きとは二つの心なるを，一心になるほど達者に極め」[31]，二元的なものを一元とするところに花があり幽玄がある。花とは，「人の心に思ひも寄らぬ感を催す手立，これ，花なり」[32]であり，幽玄とは見る姿，聞く姿の数々の上果（最も貴重な美）を以て幽玄とする理を「我れと工夫して，其主になり入るを，幽玄の堺に入る者とは申也」[33]とする。自ら進んで工夫し幽玄風体を我がものにしてしまうところに美が生まれる。「弱かるべき事を強くするは，偽りなれば，これ，荒きなり。強かるべき事に強きは，これ，強きなり。荒きにはあらず。もし，

強かるべき事を，幽玄にせんとて，物まね似たらずば，幽玄にはなくて，これ，弱きなり」[34]とする。物真似を第一と考えて，正直に真似るのは真実を捉えることであり，自分がそのものに成り切ってしまえば嘘はなくなる。幽玄は観念ではなく実際の芸を離れては存在しないところに幽玄がある。

　児姿を経て，老体（老人の身体）を習道するには閑心遠目（のどかな，遠くを眺める気持ちで立つ），女体は体心捨力（内に力を秘め外は捨てて立つ），軍体は力体心砕（力を主体にして心を砕く）の三体を挙げ，序破急の法則に準じて舞われるのである。世阿弥が行き着いた究極の道は，「舞を舞い，舞に舞われる」自由な境地で，それは天女の舞として二曲三体からも序破急からも解放されたものとなっている。

　世阿弥のいう申楽の道は，物真似でありながら物真似を超えた真実の芸への道である。それは，構造的な型を保持しつつ児姿がもつ天真爛漫な幽玄に至る道で，究極的には自由なものとなっている。神遊びから歌舞いへの堕落を道として高めるための子孫への伝言が，今日の能舞台に伝えられてきたのである。

(2) 茶の道

　唐から遣唐使によって茶の製法が伝えられ，薬用としてあった茶が，鎌倉時代には禅宗の広まりとともに精神修養的なものとなり，やがて茶の栽培が普及すると，一般に飲料として広がりをみせる。室町時代には闘茶（茶の銘柄当て競争）や茶会が大名の間で行われたが，これに対し奈良流といわれる村田珠光が博打や酒を禁じ，亭主と客の精神交流を重視するわび茶を説き，これが千利休によって安土桃山時代に完成した茶の湯の道である。江戸時代初期まで大名，豪商の限られた趣味だったが，中期には町人階級に広まり，大勢の門弟に対処するための稽古方法として千家の流派が家元制度を確立する。茶の湯は庄屋，名主，商人の習い事となる一方，わび・さびの変質も招いている。遊芸化を批判し人をもてなす本質に戻るべきと考えた利休は，利休流茶道の根本とされる「和敬清寂」を目指す茶道を完成させる。江戸後期

は抹茶の茶の湯を嫌い，煎茶の作法を道とする流れも起きる。明治になって諸藩の庇護がなくなるが，裏千家十三代円能斎鉄中によって女子の教養として茶道再興がなされ，今日の着物姿の華やかな茶会につながっている。

　岡倉天心は，茶の哲学は単なる審美主義ではなく倫理と宗教に結びついた衛生学であり，経済学であり，精神の幾何学であり，茶道の信奉者を趣味の貴族にすることによって，東洋民主主義の真精神を表しているとして，英文により『茶の本』(1906年)[35]でもって茶道を世界に紹介している。「日本が長いあいだ世界から孤立していたことは，内省に資するところ大きく，茶道の発達にきわめて好都合であった。われわれの住居と習慣，着物と料理，陶磁器，漆器，絵画，──文学ですら──あらゆるものが，茶道の影響を蒙(こうむ)ってきた─(中略)─茶道は貴婦人の居間に浸透したし，身分いやしい者の栖(すみか)にも入った。われわれの田夫は花を活けることを知り，野人も山水を尚(たっと)ぶことを知るようになった」[36]として，茶道こそ東洋精神が究極にもつ「生の術」で，西洋人が日本を野蛮国とみなす態度を批判することも忘れない。芸術と同様，茶には時代と流派があり，現代人は煎茶の流派に属しており「賞味するいくつかの仕方は，それが普及した時代の精神をあらわしている。というのは，人生は表現であり，われわれの無意識の行為はつねにわれわれの内奥の思想を思わず顕(あら)わす」[37]からとして，中国の『茶経』が異民族支配によって失われたものを日本が継続発展させてきた歴史を説く。さらに「茶室は生存の寂寞(せきばく)たる荒野の中のオアシスであり，疲れた旅人はそこに出会って，芸術鑑賞という共同の泉から渇きをいやすことができた。茶の湯は，茶，花，絵画を素材に仕組んだ即興劇であった。茶室の調子を乱す一点の色もなく，物事のリズムをそこなうもの音一つ立てず，調和を破る身の動き一つなく，周囲の統一を破る一言も口にせず，すべて単純に自然に振舞う動作」[38]が，茶の湯の目的であるとする。

　天心は，『茶の本』の最後，秀吉の疑心をかった利休の自害の茶会の模様をリアルに伝える。露路には石灯籠が立ち，茶室からは香が漂う中，招き入れられた客は，一人ずつ進み出て席に着く。床の間に一幅の書がかかり，茶

釜の音がする。やがて主人が室に入ると茶をすすめ，順次黙々と飲み干して最後に主人が飲むという茶道の定式が語られる。主賓が茶器一式の拝見を乞うと，主人は客の前に品々を置き，形見として贈る。茶道の型が，利休の自害によって語られる様は，強烈に東洋の心を伝えたに違いない。

(3) 国技としての相撲

力技は，どこの国でも形こそ違え古代からの遊びとしてある。「相撲」(すまゐ)(1909年，両国国技館の落成の時から「国技」になる)の文字が最初に『日本書紀』に出てくるのは，雄略天皇13年(469)のことだが，これは女官(妥女(うねめ))に行わせた「女相撲」で，公式に認められた取初は，垂仁天皇7年(紀元前23)7月の条にある野見宿禰と当麻蹴速による「捔力(すまゐ)」である。皇極天皇元年(642)百済からの使者を饗応した際に健児(こんでい)(宮廷を守る軍人)の相撲が行われ，天武天皇の11年(682)に飛鳥の宮殿で，大隅の隼人と薩摩の隼人との天覧相撲が催されている。続いて持統天皇の9年(695)に飛鳥寺でも行われ，当時からすまひびと・ちからびとが異色の存在として相撲を披瀝してきたとされる。平安朝の4世紀を通じて相撲節会(すまゐのせちえ)が7月に催されたが，取り組みは20番，相撲を取るのは強制的に徴募された地方の健児である。しかし，農繁期に駆り出される不満は大きく，実質を失っていた相撲節会は，源平の争乱によって天皇の軍事支配が不可能になるとともに廃絶している。

相撲が格闘技から農耕儀礼の年占(としうら)の行事として，古代から各地域で神事相撲(地鎮や神意判断のため)や奉納相撲・子ども相撲として行われており，「不可知の力の所在を田の神・水の精霊として表象し，格闘という表現形式を通じて神(精霊)とコミュニケートし，神意を占問い，豊穣の予祝を求める」[39]ところに原型がある。奉納や神事が集う人々によって娯楽としての色彩を濃くし，職業的な力士たちによって行われる商業的な相撲興行となるのは17世紀のことである。江戸幕府の寺社奉行の管轄下において相撲団体の結成と，町方の年寄による管理体制の確立が条件とされて，職業としての相撲興行が許可される。興行は神社や寺院の境内で行われ，土俵代わりの人垣(人方屋)

が4本の柱を紐で括ったものになり，やがて今日の土俵の形になったのは1791年吉田司家（相撲の家元）の手による徳川家斉の上覧相撲の折であり，方屋に神明造りの屋根がのったのは明治になってからである。相撲の娯楽化は，神事から離れて相撲の型をつくっていくことになる。

　相撲の観念は，ちからくらべの相撲そのものと，場の構成に対する文化装置，四十八手の競技ルール，型といわれる技術体系から相撲情緒が醸しだされる。文化装置としては，1930年の天覧相撲から続く十五尺（江戸時代の土俵の直径は十三尺）の土俵があり，土俵を飾る四房（青，赤，白，黒）は四季の色と四神獣（青龍神・春，朱雀神・夏，白虎神・秋，玄武神・冬）を表して五穀豊穣を祈念したもので，紫色の水引幕は相撲協会の桜紋章が白く染め抜かれている。力水と紙は，口をすすぎ身を清めるためで，全力で戦う水杯に通じている。清めの塩は土俵の邪気を払い清め，神に祈る意味があり，呼び出しが太鼓，拍子木を打つ音によってリズミカルに進行されていく。一番析は取組開始30分前の合図，二番析は15分前の準備を促す合図，三番析は土俵入の合図で観客の期待は高まっていく。桜材の析を打つ呼出，力士名を呼び上げる呼出，軍配を裁く行司の三者の呼吸がぴったり合ってこその情緒の醸成である。また，行司が顔触れ言上を行う際の番付なども肉太の相撲字を使って場所に色を添えている。

　いよいよ髷を結った力士が花道から入場する。平安時代の相撲節会で，青竹の出入り口の垣根を左側から入場する力士は葵の造花を，右側から入場する力士は夕顔の造花を髪に飾ったことに由来しており，自分の取り組み2番前に支度部屋から花道を通って土俵に向かう。土俵前で一礼し，控えに入る。呼び出しを受けるとやおら立ち上がり，土俵に上がると塩を播き，蹲踞（対戦力士が向かい合う）をして相手を敬い，塵を切る（両手を前に出して手の平を打ち左右に広げ手の平をかえすことをして武器を持っていないことを示し，正々堂々と素手で闘うことを誓う意思表示）と，大きく2回四股を踏んで邪気払いの儀式をする。立合いは，"阿吽の呼吸"が理想で土俵上で力士が見合っているとき，行司は「かまえて」「見合わせて」「油断なく見合って」「まだまだ！」

などと声をかけ，制限時間がくると，「時間です。手をついて」「待ったなし」と声を高め，両力士の精神を集中させる。両力士が立ち上がると同時に行司が軍配を引き「発気揚揚(ハッキヨイ)」「残った」（土俵に残っていて勝負がまだつかない）ことを知らせている。勝ち名乗りを受けた力士が左，右，中の順序で手刀を切って懸賞金を受け取るのも江戸時代から続く礼儀作法の一つである。

　相撲道には，邪気を払い，他者を敬い，礼儀を尽くして正々堂々と闘うことを是とする美意識がある。賭事だけに，その美が崩れれば一介の博打に化してしまうのは，相撲の歴史が繰り返してきた現象である。

　歌舞伎や能，狂言，茶道や華道，剣道，装道，あるいは俳句や短歌，日常の食事作法，禅宗に至るまで，すべて遊びから道，作法となったものには型がある。その型に日本人の精神を見，まねる人々がいるからこそ伝承されてきた。「まねび」としてある道は，そこに神と一体となり，礼節を重んじる型が生みだされ，型のまねを通して精神を「まなぶ」ものとなったのである。岡倉天心が貴賎を問わずこうした道があるからこそ，西洋の侵略戦争による野蛮人より，日本人の精神・心に意味を置いたのも，道を修めることによって高い精神的軸を築き上げることができると考えたからであろう。しかし，フッサールが科学的な真実が生活世界を覆い隠して生の現象を失ったとするように，型が生活世界から離れてロゴスの知を象徴するようになったら，日本文化も堕落し生の現象を失うのであろう。

第3章

遊びの伝承と就学前教育

§1　遊びの意味作用と構造の伝承

1．遊びと暮らし

　遊びが伝承するとはどういうことだろうか。遊びの伝承を大切にする人々の中には，遊びを教授することによって伝承を伝えようとしているが，遊びは本来，自由で，不確実なものであり，受苦とともに身体に染み込んでいくものである。決して教授によって伝承されるものではない。遊んでいる人々の意味作用によってそのつど，形・型がつくられリズム振動によって流行っていくものであり，自然(じねん)である人間が"地"と"図"の知の構造の総体を形成するための普遍の生命現象といえよう。第1章ではパトスの知の視点から経験が伝承を生みだしている現象を，第2章では時間経過によって変遷してきた遊びの伝承を述べてきたが，第3章では，①遊びの構造と，②家族による伝承の構造の二つの視座から，就学前教育における遊びも含めて，この問題をめぐる様々な課題を考えていきたい。それはある文化が成熟し衰退する社会現象の根元には，リズム共振する場所(トポス)の喪失とロゴスの知を包摂するパトスの知の土壌が衰退する現象があると考えるからである。

遊びは文化以前にあり，遊ぶことそのものの意味が構造（規則体系としての儀式・遊び）をつくりだしてきた。先に構造があって"誰かが何かをする"という遊びがあるわけではない。遊ぶことの意味作用によってつくりだされたこの構造が，遊びを定義し，分類し，記述をも可能にして，それぞれの時代を遊ばれながら伝承されてきたのである。喜多村筠庭の『嬉遊笑覧』や喜田川守貞の『守貞謾稿(もりさだまんこう)』が百科事典として遊びの由来とその意味作用によってつくり出された構造を記述してきたのも，まさに伝承の形式に則ったものであり，それが酒井欣や安田武，増川宏一らの研究書にもつながって遊びの構造を伝えてきた。

アンリオも「すべての遊びは規則体系（組織的に編成された規則群）として定義することができる。遊びは，『それを記述してくれるような規則群の集合のなか』にある」[1]として，コード化の程度の差はあっても規則群の定式化しないところに遊びはないとする。つまり，遊びが伝承されるためには，遊びの意味作用が何らかの構造として他者に伝わる，見えることが必要になる。受苦を伴うパトスの知や宇宙とのリズム共振の構造は，経験の成熟として身に染み込み沈殿していくもので他者には見えないが，行為としての遊びの構造が見えることによって経験の成熟過程をつくりだすことができる。ここでは，子どもの遊びのいくつかに絞り，関係の意味作用によってつくりだされる構造（規則群）を捉えてみよう。その見える構造は，見えない形態形成としての内的構造に引き込まれ，リズム共振し，双方を融合していくものと考えるからである。

(1) 3項関係による遊びの構造構成

第1章でみてきたように，遊びは根本に本能として知の系を構造化していく過程にあるもので，その志向性は飛躍への面白さを求めていくものである。乳児といえども玩具を掌中にできるかどうかの運を遊び，受苦にも遭遇する。5，6か月になると周囲にいる大人を自分の欲求が充足するよう反応させるために，相手の反応を見ながら玩具に手を伸ばし，笑顔を振り向け，声を発

して，運を引き寄せようとする。大人もそれに応じて，ときには手元に，ときには遠くに玩具を置いて取得確率を8〜9割程度にすることを遊ぶ。片手で体を支えられるようになれば手が前に，這い這いが近づいた頃であれば体が前に出て対象を手中にして喜びの声を発する。

　こうした他者と対話（顔の表情や身振りによるコミュニケーション）をしながら相手の変化を読むところに，赤ん坊と大人が対等に遊ぶ面白さがある。つまり物と自分と他者の3項関係を結んでコミュニケーションを遊んでいるのである。3項関係の構造を形成するのは，まさに共振によってパトスの知が外部に開かれ外部の情報を引き込んでいく現象で，すでに乳児期に関係の相互性・結び合う知が意識づけられるからこそ，知を統合するシステムが働くのである。

　この偶然を必然に変える関係の面白さ，乳児にとっては期待感や信頼感の充足をも含めて遊びの意味作用とし，自分と物，自分と他者のやりとりの構造にある「永続性」を経験し蓄積した乳児は，8, 9か月になると特定の関係を結んだ大人と「いないいないばあ」をして遊ぶ。初めは大人が「いないいないばあ」をする様子をじっと見つめ，「ばあ」で顔が現れると声を立てて笑うようになる。この喜びは「人の永続性」の概念を形成したこと，再び現れるはずだという期待が的中したこと，現れた相手への信頼に満足したことに起因する。やがて，相手が「いないいない」と言葉を言う間，抱かれている人の背中や胸に顔を埋めて頃合いをみて「ばあ」をする。何回も，隠れる，顔を合わせる，笑う，隠れる，顔を合わせる，笑うを繰り返す。すでに遊びの主体者として大人の行為を誘発し，やりとりする関係を獲得しているのである。「まて，まて」と後から追いかけてくる人から，這い這いしながら逃げる遊びの構造もまったく同じである。

　しかし，他者が乳児の期待に添わない場合は，やりとりの面白さ，期待感といった意味作用は成立しないし「人の永続性」の概念は形成されない。類の永続性の確定は，時間軸が変化しても場所と出来事の永続性を保持することである。動物が親を見分ける，鮭が生まれた川に帰るなど，環境が変化し

ない（生命本能に添わない）かぎり，永続性の形成はすべての生物がもつ特性である。このように人の永続性が形成される過程で，乳児は場所と人との状況を直感的に感じ取って遊びのコミュニケーションをつくりだしていく。真面目な大人が，遊んでやらねばならないと自分を犠牲にして一方向で働きかけると，関係に生まれる遊びの駆け引き，3項関係は形成されにくく，双方ともに遊びの面白さが半減する。ここに時間軸ともの・人の関係性，永続性の概念という見えない構造を形成していく乳幼児期の本能的な学習行為を，遊びの出来事の意味作用という見える構造から捉えることができる。

(2) 集団の結びつきの中にある遊び

ほとんどの幼児が，1歳3か月頃までには生活の中で他者や物を媒介としたコミュニケーション，他者とのやりとりにある絆，結びつきを得て，遊ぶことが生活の中心となっていく。幼児期には物を媒介とした遊びも，他者との関係の中でその面白さを見いだすようになっている。

① 玩具がもつ意味作用と構造

平安の昔から遊ばれてきた独楽も，物と人との作用が生みだす偶然（やがて技が高まると必然になるが）の現象に面白さを見いだし，遊びの構造をつくりだしてきた。ぶち独楽（円筒形の胴を横から鞭で叩いて回す）から投げ独楽（今日の紐で巻き投げて回す独楽）やベーゴマ（巻貝から金属製になった小型の独楽）になったのは江戸中期といわれるが，形はどうあれ独楽のもつ共通の特性がある。塊の中心軸を回転させる運動の力は外部からもたらされるが，回転が高速になるほど軸が安定するというジャイロ効果によって，回転している間は独楽の踊りを楽しむことができる。その楽しみをつくりだせるかどうかは，自分の手業と独楽と空間・時間との関係によって発生する。独楽の踊りをつくりだせる自分への期待や，期待が充足される場合もあれば失望する場合もあるといった偶然の喜び，偶然から必然へと確率を高める練習過程に一人で遊ぶ楽しみがある。

しかし，天保年間から喧嘩独楽として胴の外側に鉄輪をはめた鉄胴独楽が

流行し，昭和の末まで残っていたことからみるように，本来，独楽は他者と戦う闘争の道具でもあった。市井の遊びとしては見られなくなった喧嘩独楽は，今でもわずかだが幼稚園や保育所等に残っており，5歳児が夢中になって興じる姿が見られる。

　この独楽の遊びが生みだしている意味の一つは，自分の回す技と独楽の回転とが一体となって独楽が踊っている間の興奮を味わい，やがて終演に至る過程を楽しむ。道具の使用は高等動物にのし上がった人間の知能・技能の証で，ものを操作することによって満たされる満足と，ものの特性，材質，力の作用と宇宙の法則との関係などの知の沃野を耕していくことにある。二つめに，独楽を戦わせることで他者との闘争に賭けることである。この二つの意味の関係は，闘争での勝ち運に賭けるために独楽の踊りをつくりだす過程があるということである。戦い独楽の遊びの構造は，ある陣内で一者が独楽を回す。戦いを挑む者はその独楽に自分の独楽を投げつける。ぶつかり回転する力が強ければ相手の独楽を倒すか陣から出し，弱ければ自分が倒れる。技と運に賭ける闘争の構造である。それ故に，独楽が割れたり欠けたりすることのないよう固い木を選び，鉄胴を巻き，形を工夫し，軸を安定させるといった独楽そのものの工夫がなされて，地方色のある多様な独楽が産出されたのである。独楽の遊びが廃れるとすれば，闘争の意味が失せ，仲間との遊びによるコミュニケーションを失った場合であろう。前者の意味には独楽を操作しジャイロ効果に興奮する過程はあっても回せたら終わりになってしまう。こうした個人的な遊びでは他者が介在せず，技を磨く必要感もなく，目的も高まらない。遊びはあくまでも他者・集団との関係の中にあり，関係の中での行為からルールという見える遊びの構造が生まれるといえよう。そしてこの闘い独楽のルールは，模倣から技という身体行為によって磨かれる知覚の現象や行動の見えない構造を強化するとともに，勝ち負けの運を天にゆだね，うれしさや悔しさなどの激情を共有する他者と自分との共感性をつくりあげる働きをしていると思われる。

② かるたのもつ意味作用と構造

　酒井欣『日本遊戯史』にみるように平安時代（12世紀）は物合わせの遊びが多い。かるたの源流は合わせ物の一つ「貝覆」で，蛤の貝殻の蝶番の両片（雄貝・雌貝）を二手に分け，貝の地模様から一対のものを探し当てる遊びである。この発展形が歌貝で，貝殻の一片に上の句を書き，それに合うもう一片に下の句を書いて，上の句を読んで下の句の貝殻を取り合う公家の遊びである。今日のかるたはこの貝合わせと，16世紀半ば頃ポルトガルからの渡来品の中にあったカード（「歌留多」「骨牌」の当て字が使われた）が融合し変化したものである。日本初の長方形の紙で作られた「天正かるた」は48枚1組の高級品で，戦国時代・戦陣の武士たちの骨休めに用いられたが，やがて賭事に使われ始め熱中度が高まったため，1597年，長曾我部元親は「博打歌留多諸勝負令停止」（トランプがすでに輸入されていた）を出し禁止している。戦国の乱世から江戸の安定期に入ると，貴族や武士の社交道具としてのかるたは裕福な町民の間へ，やがて一般庶民の間へと広がっていく。そして安価なかるたが出回り大衆娯楽となるにつれ，賭博性も高まったため，幕府は1648年かるた禁止令を出している。しかし，賭博は衰えることなく，幕府は禁令を繰り返すとともに，1702年，「博徒考察」の役を設けて厳重に取り締まっている。この賭博系かるたに代わって，「歌かるた」（後の小倉百人一首）や，動植物・歴史・社会知識等を書いた「絵合わせかるた」，また，ことわざやたとえを書いた「いろはかるた」（「犬もあるけば棒に当たる」）などが生まれ，今日に至っている。

　度重なる禁令にもかかわらず，かるたが生き続けたところに，人間にとってのかるたのもつ意味作用がある。基本的に人間は知的好奇心が高く，形や色，絵や文字などの環境にある符号を合わせてカテゴリー化する本能をもっている。人間だけでなく，すべての動物は同類を識別する，餌となる木や草，肉などを識別するというように，カテゴリー化する力は生物が生きるための必須の条件である。それは，生まれながらにして環境がアフォードするものに価値を見いだし自己組織化していく必然があったことで，選択，類別し同

類項をまとめて，ある概念を形成するという見えない構造を形成する働きである。

　それを他者との"やりとりとして遊び競う"わけなので年齢を問わず面白い。形や色，文字や絵，詞など合わせ分類する本能的な作業にかるたを遊ぶ一つの意味があろう。二つに，合わせ分類する本能への刺激を他者と競うことが取った札によって確認され，自己の実存を確認するところにある。かるたも独楽と同様，前者の意味だけでは，その分類の内容が習慣化して，ある概念を形成した年齢を過ぎると遊ばれなくなるだろう。2〜3歳児が親や近しい大人がいる場所で絵や同じ記号を合わせたり，パズルで形や色合わせを遊ぶことを喜ぶときには競争はない。しかし，4歳過ぎて競争への衝動が強くなり自分が勝ちたいという子ども集団で遊ぶようになると，ここに闘いの要素が入ってくる。かるたも禁令の対象となるほど賭博性が強い遊びであったように，自己意識が確かになってくるに従い，己の飛躍を願い，試み，挑戦していくことに生きる意味を見いだすからである。飛躍が，ときには現実の限界を超えていくのは魂を賭けた遊びにおいては同じである。生命現象は，侵略し侵略される弱肉強食の原理下で調和を保っている。生物としての人間も，その遺伝子を引き継いでいることに変わりはない。ただ，類別の本能を知識に転換した遊びを競うことによって，その欲求を満たしているのかもしれない。家庭だけでなく幼稚園や保育所，学校や市町村などのかるた大会も含めると，日本人のかるた遊びは正月の伝統的な行事といえる。それは札を取り合うことを競う基本的な遊びの構造と，その中で創意工夫できる規則群がみえるからである。

　このように，独楽やかるただけでなく，竹馬，メンコ，砂山崩しなど玩具や道具を使った遊びには，具体物としての玩具・道具が見え，遊ぶ姿形が見え，その遊び方に仰々しいしきたりや規則群が顕在化している。また他者とのコミュニケーションの媒介物として，あるいは名誉や実物，金品を賭けた真剣勝負の媒介物としてある。基本的な遊びの構造が安定しているからこそ，運や競争という飛翔が可能になるといえよう。

そうした意味で遊びにおける競争、闘いは、見える形を通して見えないかたち・イメージを取り込み、一者ではなく多数がリズム共振する一つの接近の本能であり、その肉に染み込んだかたちが伝承という新しい創造を可能にしていくのだといえよう。余談になるが、フレーベルの20恩物として1877年、幼稚園教育に輸入された教育遊具は、市井の遊び文化、遊び道具と切り離された論理をもつ。第6恩物までの積み木は、それで遊ぶことによって個々の幼児に生活の形式、認識の形式、美の形式を陶冶する内容をもっているが、規則群に従って仲間と競い合い闘魂を燃やして飛躍しようとする人間の欲求を刺激するものではない。モンテッソーリ教具も同様、あくまで大人の側が考える教育的意味合いをもっている。今日の教育的遊具は個人プレーが中心で、かつての日本の遊び文化が有してきた他者と遊びのルールをつくりだす、競い真剣勝負をするという構造はもっていないために、結果として個人が遊具・玩具で遊ぶ・遊ばされるのである。個の確立を目指す西洋と、集団の共感性や一体感を目指す東洋の玩具の位置づけの違いでもあろうか。学校化社会（本シリーズ第4巻『脱学校化社会の教育学』参照）の中で教育的意味合いが強い遊具が、子ども集団の共感性、関係の相互性や生の現象を衰退させていったのか、社会が遊びを衰退させていったために遊びが教育に閉じこめられたのか、どちらともいえない。おそらくその両方であり、町全体が囲碁や将棋、百人一首かるたや花札、独楽回しやメンコといった屋外の大道での遊びを室内に閉じこめたため、子どもの目に映らなくなった社会現象の現れということができよう。

（3） わらべうたと鬼ごっこの構造

わらべうたと鬼ごっこは、ごっこ遊びに括ることができるが、ここではその構造的な意味の違いを踏まえて、ごっことは区分している。

① わらべうた

「かごめかごめ」などのわらべうたに興じる子どもは、言葉の意味もわからないままに、手をつないで歌いながら円周を歩いて「後ろの正面だあれ」

で鬼を当てて遊ぶ。単純な繰り返しのように見えるがどこに面白さを見いだしているのだろうか。子どものわらべうたの所作に意味を見いだした柳田國男は，「かごめかごめ」の面白さを，問いかけ，なぞなぞ，当てもの遊びの系列として捉える[2]。「籠目籠目」は「屈め，屈め」つまりしゃがめということで，籠の鳥を囲んだ子どもたちがはやし立てながら歌い，不意に止まり「うしろの正面だぁれ」と問う，はぐらかし言葉によって催眠状態になった鬼にうしろの者を当てさせ交代するという構造である。柳田によれば神おろしの呪術の遊びとして位置づけられているが，この遊びは，それぞれ地方によって言葉も遊び方も異なり，そのルーツも定かではない。酒井欣は，『守貞謾稿』にならい「自由を拘束された籠の鳥のあわれな境遇を，苦界に身を沈めた遊女に利かしたもの」[3]と解釈しているが，年季奉公に出された子どもが年季明けの晩に鶴亀が滑って逆転したとする解釈もあり，「かごめかごめ考」も多説入り交じる。地方にはこれに類する遊びはなく，江戸を中心に流行した遊びであったことは確かである[4]。

わらべうたは本来，子どもの遊びがあり歌がそれに従属してできたもので，平安時代の『梁塵秘抄』(408)の「舞へ舞へかたつぶり　舞はぬものならば馬の子や牛の子に蹴ゑさせてん　踏み破らせてん　実に美しく舞うたらば華の園まで遊ばせん」[5]のように，虫で遊ぶ歌があるかと思えば，明治後期に創作された「はないちもんめ」や「あんたがたどこさ」といった最近のものも，さらに童謡も含める場合もある[6]。人によってわらべうたの捉え方が異なるだけに，歌が伴う鬼ごっこの構造を一言で語ることはできないが，ルールを媒介とした鬼遊びの規則群ではなく，あくまでごっこを遊ぶ構造に変わりはない[*]。ごっこの構造については次項に譲るが，鬼ごっこは歌や詞が構造を強化しているところに特徴があるといえよう。振りも鬼をはやし立てる詞も定型的でありつつ即興性があり，遊び全体の歌と詞のやりとりは基本の構造を変えることはない。それを変えたら遊びが違ってしまうからである。また，すべてのわらべうたがごっこかというとそうではない。

このように，鬼ごっこやかくれんぼとして歌われるものは，遊戯歌として

構造ができたものである。追う,逃げる役の了解と,追う逃げるきっかけとなるドラマのやりとりが構造化された文脈をもっていること,そして捕まったら鬼を交代するのが遊びに共通しているところである。日常に鬼などいなくなった後世のわらべうたのドラマ仕立てはこれほどの意味をもっていないとはいえ,その構造を失うことはごっこ〈play〉の要素を失うことで,幼児期でも鬼ごっこではなく鬼遊びとして〈game〉に早く移行する現象がみられる。これも,子どもが生活する環境から鬼や妖怪など異界の世界がなくなり,男女の追う逃げる戯れの恋も消え,論理的な規則に仕切られる社会を映しているのではなかろうか。

　② 鬼ごっこの構造

　鬼ごっこについて祭り事として遊ばれたとする柳田は,「最初は神社仏閣の鬼追ひ行事に,少年を参加せしめたのが起り」[9]としているが,鬼が子を取る「子をとろ子とろ」の遊びが遊びの構造からみてその源流といわれる説の方が多い。酒井は,平安時代の「比比丘女(ひふくめ)」の遊びを起源とし恵心僧都が子どもたちに獄卒と地蔵のやりとりを実演した『守貞謾稿』[10]に根拠をおく。しかし,鬼ごっこは世界各国にあり日本特有の遊びではない。カイヨワは「鬼ごっこは,幼稚な無邪気と興奮という外見の下に,贖罪の生贄を選ぶ恐ろしい儀式を隠している」[11]とする。誰が生け贄になるか,恐ろしいだけにはしゃぎ騒ぐ面白さと生け贄になる覚悟が必要になる。神格化された祖霊を鬼として遊ぶ意味を,「遊びとは聖なるものの模倣であり,聖なるもののなかでもとりわけ呪術の模倣であり,呪術のなかでもとりわけ儀礼の模倣であり,儀礼のなかでもとりわけイニシエーションの模倣である」[12]とする多田は,鬼

＊　小泉文夫の分類は,となえ歌,絵描き歌,おはじき・石けり,お手玉・羽根つき,まりつき,なわとび,じゃんけん,お手合わせうた,からだ遊び[7]と幼児の遊びを中心に分類しているが,歌われる目的に沿って分類した本城屋勝は歴史的分類を踏まえ,第1類は子守歌(眠らせ歌と遊ばせ歌)であり,第2類は口遊歌,第3類に遊びを伴う遊戯的口遊歌(天体気象歌,動物歌,植物歌,歳事歌,雑歌〈悪口歌,はやし歌など〉)をおく。第4類として遊戯歌があり,規則をもつ遊戯として,手鞠,お手玉,縄跳び,羽根つき,かくれんぼ,関所遊び,子取り,手合わせ,物まね,草履かくしなど[8]がある。

ごっこを移行儀礼の模倣においている。いずれにしろ，恐ろしい鬼が子どもの日常生活の中に息づいており，恐ろしさを遊びによって超越することで子どもは無意識的にパトスの知を構成し，多少のことでは動じない精神の軸とする意味があったのではないかと思われる。

　異界を失った今日，子どもはそれほど深い意味をおいて鬼ごっこを遊んでいるわけではない。追う，逃げるドラマの構造やスリル感が面白いから遊ぶ。わらべうたは，歌と言葉のやりとりと動きによってドラマを演じながら気分が高揚したとき追う，逃げる動きに急転回する。しかし，無意識層の中に生や死への恐怖，不安，怖れ，再生への期待といったものが入り交じっているに違いない。いったんつかまり，ふたたび生きる繰り返しがこの遊びの構造に含まれているからである。

(4)　ごっこの構造

　子どもがごっこに興じる様は面白い。うそっこの世界と自覚しながら現実を超越して虚構を遊ぶ。「児子は見聞き馴(なれ)ふる所にしたがつてその見まねをするものなり」[13]と香月牛山がいうように模倣する大人社会を映して，時代風景を演じていく。幼児教育の歴史として記録された写真[14]にみるごっこは，ままごとに始まり日清，日露戦争後の明治末には軍艦ごっこ，赤十字ごっこが，逓信省ができ郵便局が全国に広がった時代は郵便局ごっこがと，社会のテーマを虚構世界で演劇化している。再び戦争ごっこ，軍艦ごっこ，兵隊さんごっこ，看護婦さんごっこが見られるのは第一次世界大戦，第二次世界大戦時である。いつの時代も社会を反映するごっこに興じて，子どもたちは現実を超越していくといえよう。アンリオが「遊びは神聖なものの死ぬ瞬間にのみ出現する」[15]というように，真面目ではなく神聖さに対立し，本質的に憑魔的な性格をもち，自らを発見させ発明させる意味作用をもっているからである。幼年期に虫を殺してそのイニシエーションを越えたとき殺さなくなるように，オオカミを演じてオオカミの恐ろしさを越えるように，戦争ごっこもごっこという構造の中で戦いの本質を概念として形成していくと思われ

る。

① ドラマの世界での共通感覚

　上笙一郎[16]や柳田國男は，ごっこのルーツはわらべうたにあるという。前述のように「子とろ」や「かごめかごめ」は，役になって振りをしながらドラマの世界を遊ぶ。また，子買いのように，甲「子買いを　子買いを」乙「子に何食わす」甲「砂糖に饅頭」乙「そりゃ，虫の毒じゃ」甲「こうこに茶漬け」乙「それもよかろにどの子がよいぞ」乙「誰々さんがほしい」といった言葉のやりとりが中心の遊びであるが，子どもの売り買いという恐ろしい世界をごっこで遊ぶ。物語の進行が会話・対話で行われるのは，古代ギリシャ神話にもみられるが，人々は定型に従いながらも他者とともにライヴで物語を作り上げながらパフォーマンスし，共同で生みだされるドラマの世界に共通感覚を得ていったのではなかろうか。では，わらべうたのルーツはというと，仏教布教に活用された子とろに始まっており，ごっことわらべうたの源流をそこにみることができる。典型的なままごとが日本で特別に発達した要因を柳田は，遊戯以前に子どもが精霊や無縁仏の供養のために門，河原などで飯を炊いた村の公務として社会の営み事に参加したところに置く。この遊び的公務と労働としての公務が「盆のまゝごとと正月のドンドン小屋と，今一つの似た点は成長段階，すなはち子供が大人になる境目を，かなりはつきりと区切つてゐることであつた。遊びのまゝごとは七つ八つ」[17]で，それを越えると少女たちは采配をふるう役へと変わるのである。盆の「門(かど)まま」の行事が廃れても，幼少の子どもたちはままごとで遊び，飯の提供はやがて『浮世風呂』のお隣事の中にでてくる「『お隣のおかみさん，御免なさいまし』『ハイ，お出(いで)なさいまし。コレハコレハ，マア，こちらへお上んなさいまし』『ハイ，これは赤の飯(まんま)でございますが，わざつとお祝ひ申します』」[18]といった配り事に変わっていく。大正時代の家なき幼稚園のごっこの記録にも，こうした配り事が演じられている。ままごとも門(かど)ままから配り事へ，家族の食事へ，そして今日では犬猫の食事へと変化している。

② 人生の悲喜劇性

このごっこの構造も視点の置きどころで考え方が異なる。ホイジンガは，人は共同社会の中で祭祀的，儀式的，祝祭的性格をもって遊ぶ必要に迫られて詩をつくり，叙情的な詩は拍子，抑揚，リズムに従って踊り演じられるとして，悲喜劇ともに闘技的・競技的性格をもつとする。人間的生活のすべては，悲劇であるとともに喜劇であるという彼の論について，西村清和は，人間の「世界をひとつの舞台と見，そこにくりひろげられる人間のいとなみを一編の劇と見る考えかたは，たんなる比喩をこえて，ひとつの世界観とさえなっている」[19]とする。劇の俳優は，「役を生きる」ことはない。もし俳優が役を生きたとしたら彼の生は失われる。そうした意味では，現実生活の中に演劇芸術の前形式をみることになる。その前形式の構造が，実はごっこの構造となるといえよう。

虚構的遊びの構造は，何を象徴化して現実を超越するか，その構造である。エリクソンは「幼児期におけるそのような『演劇的』な遊びは，事態の雛型を創造し，そこで過去の諸側面を再体験し，現在を再演し再生し，さらに未来を予測する，という人間の生得的傾性の幼児的型態を提供する」[20]として，現実を見る能力と未来を信じ予見する力の結合，および自我－理想の図式（理想的な役割と邪悪な役割とのヒエラルキーを空想の中で試し準備する）をおく。ピアジェは積み木を車にといったある物を他の物に見立て象徴化する点を強調したが，エリコニンは役を演じる二つの形態の象徴をあげる[21]。一つは役を受けもち（子どもが自分をほかの人間と同一視する）現実的行為を象徴する。もう一つはモノを象徴するが，モノは他の人間の象徴化の構造の中に組み入れられているとする。

③ 場所(トポス)の象徴化

筆者の研究では，三つの形態の象徴を捉えている[22]。役の象徴化と物の象徴化はエリコニンと同様だがもう一つ，場の象徴化である。まな板，包丁，ご馳走といった物が，調理する，配膳する，食べるといった役の行為と密接に結びついているように，ままごとの家，玄関，台所，庭や公園といった場

所の象徴化も，他の人間の象徴化の構造に組み込まれている。むしろ，場所(トポス)がごっこの場として象徴化される方が先行するといえよう。なぜなら場所(トポス)は，「存在根拠としての主体が一つではなく集合するところであり，述語的身体を通して直接・間接に作用し合うところであり，過去から未来にわたる象徴的な意味を生成しているところであり，論点や議論が隠された場所だからである」[23]。そうした共同体で通じ合う場所(トポス)がすでに身体に沈殿化し，双方の暗黙の合意の上で，物の象徴化や役の象徴化，ドラマの進行がある。

　ござを敷いて家と見立てた場所は，暗黙の上で座敷を象徴化し，ござの外を玄関とみなして脱ぐ靴は畳文化の動作を象徴化する。机状の物を座卓と見立てるかテーブルと見立てるかで，床が畳か板の間かの場所を暗黙のうちに現し，身体の振りを場所に合わせていくのである。また，母役が台所に立つか父役が立つかで，台所のもつ意味が象徴化されていたり，そこでどんな会話がなされるかが隠されている。ごっこでは具体物を象徴化する段階で場所を暗黙裡に合意しているといえよう。なぜなら場所(トポス)は，知覚現象によって行為の基底として身体に沈殿化した"地"となって振る舞いや言動の"図"を支えているからである。つまり，場所(トポス)という"地"の暗黙のうちの相互了解があって正座する，椅子に座るといった行為がなされていくのである。

　④　見立てと転移の始まり

　さて，対象と動作が同化している乳幼児の初期段階では，行為は特定のモノと結びついて（ガラガラはガラガラ，積み木は積み木），他のモノに転移することはない。やがて行為の再現と転移（カップでご飯をあげる振り）は拡大するが，この段階ではカップを他の何かに象徴化しているわけではない。モノから行為が分離するのは，再現に必要なモノが不足していても想像上の食べ物をあげる，食器がなくてもご飯をあげる，想像上の水で沐浴させるといった，行為と一定のモノとの結びつきが崩壊していくときである。これは言葉の発達とイメージに深く関係する。言葉によって記憶が保持され，言葉によって想起されるイメージは，"食べる"という言葉一つでも茶碗やごはんやスプーン，机や椅子などが付随して想起されるようになるからである。もちろ

ん，食べる場所や食べる風景も物の想起と同時に物のある"地"として沈殿している。発語がなくても聞いて言葉の意味を理解し始める1歳2,3か月ごろには，「外に行く」という言葉を聞いて上着や靴をもってくるようになり，積み木を耳に当てて電話をする振りなどをして遊ぶ初発の段階が見られる。発語されるようになると，あるモノ，ある場が他のモノや場に見立てられ行為される。やがて大人が棒を体温計に，石を石鹸に，風呂敷を畳に見立て命名したと同じように見立て命名して遊ぶ。子ども自身による命名がなされるのは言葉のやりとりが行われる3歳以降で，補助物，補助的な場の転移は拡大し，表現的行為・象徴的行為へと転化する。行為はモノから分離して行為が人間と結びつけられ，部分的な再現ではなく具体的な大人たちをイメージした脈絡のある人間的行為へと転移する。さらに4～5歳へと進むと，「私は3歳のえりこ」「私は大学生のかな」と自分と行為する者との二重の命名をもつようになる。これは自分の行為と他の行為が比較されている証拠で，モノを対象にした行為から大人を対象とした行為への転換とみることができる。エリコニンによれば「言葉・モノ・行為の関係は，自己の歴史をもっている。発達の初期の段階では，言葉は，モノを用いる行為の後に従っている」。その後「モノの命名変更が，モノを用いた行為より優勢になりはじめる」[24]とし，この変化は役の登場によって規定され，モノ－行為－言葉の関係が，言葉－モノ－行為の関係に変化するとする。この二度の象徴化（一度目はモノを用いた行為のモノの命名変更による行為の分離＝人間的行為のモデル化の手段，二度目は大人の役を受けもち人間の活動の意味を再現する＝社会的関係のモデル化の手段）という遊びの構造を有するということである。

　また，社会的関係のモデル化という段階でテーマが明確になる。学校ごっこ，先生ごっこ，探検ごっこといったテーマがドラマを継続させ，変化あるものにしていく。しかし，役を決める際のこだわりも生まれる。3歳時期は，母役が何人いても，あるいは男児が母役になってもこだわらなかった幼児が，やがて男児が母役とはおかしいとか，唯一の母役になりたいといった姿を示す。それは，家族の関係がわかってきたからであり，母親役をするというこ

とは母－子－家族の関係を演じることが理解されているからである。

　最後にエリコニンは，ヴィゴツキーの言葉を引用して「遊びのなかで子どもはモノを，意味を有するモノとして操作し，モノの代理をする語の意味を操作する。それゆえ，遊びのなかでは，モノから語が解放されるのである。……学齢期になると，遊びは内面的過程に，内言，論理的記憶，抽象的思考に移行する」[25)]とする。これが発達の道筋で，幼稚園期から学齢期におけるこの連関を理解した者は，主要なものを理解したことになるとその意味をまとめている。家族の生活の場，使われるもの，場や物の関係，人と人の関係や役割などの営み事の総体，つまり家族という主要な世界観の一つが形成されたということになる。

(5) 異次元世界にも広がる遊びの崇高さ

　わらべうたや鬼ごっこは，生や死への畏敬，鬼やおばけの妖怪など，異次元の世界を遊びの構造の根底に潜ませながら現実を遊んでいく。あずきの亡霊をドラマにもち込む「あぶくたった」，「だれかさんの後ろに蛇がいる」とはやし立てて蛇に追われる人間を遊ぶわらべうたもある。わらべうたの歌詞は子どもにわからない謎めいたものばかりだが，「意味不明の歌詞は，子どもに説明ができない恐怖心を引き起こさせるという面ももっていたようである」[26)]が，面白く遊ぶ子どもたちに理解できない世界，異界への漠然とした不安をもたらす効果があったということである。

　物語を聞いたり話したりして遊ぶ場合には，もっと異次元の世界が展開する。山姥，ももんがあ，カッパやお化けなどもそこに参加してくる。小松和彦は，伝説がその土地の生活に深く根を下ろした口承の歴史をもつのに対して，昔話は地域に根をもたない「むしろ，人間にとってより普遍的な事柄を語っている」[27)]もので，「上の世代が次の世代へと受け継ぎたい，人間としてのあり方や知識・知恵」であったという。「カレイとクラゲのいわれ」の話も，カレイが嘘をついたので神様に口を曲げられ身を平たくした異形となったとするもので，「嘘をついたり口ごたえすると口が曲がる」ことを教

えるとともに，異界に住む神や妖怪，動物たちとの交流が教え込まれたとする。嘘でありつつ現実でもありそうな異界との交流は「常民の世界観＝コスモロジーである。人間の生活領域の向こう側には異界があり，人々はその影響を受けながら生活していることを，昔話や伝説を通じて学び取った」[28]からこそ，宇宙と共振していくことが可能になったともいえる。宇宙と共振する身体は，見えない力で支配される畏敬の念とともにあるからである。「うらしまたろう」「やまんばのにしき」など昔話のドラマトゥルギーには，異界体験がふんだんに盛り込まれ，生きることと遊ぶことが現実を超越して，異次元の世界にまで広がりをもつのである。

パトスの知は，科学知で排除するこうした異界をも身体内に受け入れていく。今日でも神隠しやかまいたち，正夢(まさゆめ)など，科学で説明できない現象を異界の出来事として物語ることで，知を構成する"地"には，肥沃で豊穣な領野が形成されているのである。

多田は「『遊』は『聖』を真似る。『遊』は要はコピーにすぎないのである。しかし，かつて儀礼を成立させた物真似の精神は，このコピーにすぎないもののうちにこそ純粋なかたちで伝えられているのである。遊びはコピーであるがゆえに，権威から『自由』である。まじめから『自由』である。そして持続からさえ『自由』である」[29]。このはかなさの中にこそ純粋さがあり，混沌未分の世界として「吾れ将に遊ばんとす」る真実在の時空があるという。

"芸術が遊びによって堕落する"のではなく，"遊びが芸術に堕落する"という多田の知見は，遊びにおいて文化が形成される，あるいは遊びにおいて最高の芸術があるという基本的な考え方を構成しているといえよう。聖から発生した遊びは，自由さだけでなく，怖れや願望，畏敬，煩悶，神との合一といった人間を人間として形成する本質としての崇高さをも併せもつ。それは，人間界だけでなく霊魂の世界，いわゆる異界や宇宙とも交流する壮大なドラマの舞台をつくりあげているという崇高さなのである。

芭蕉の教えを伝える『去来抄』に「不易を知らざれば基(もとゐ)たちがたく，流行を知らざれば風新(ふうあら)たならず」しかも「その元は一つなり」（永遠不変のもの

を知らなければ基礎がつくられないし，流行をわきまえないと新鮮さを持ちえない。しかも，両者の根本は一つのものとする意)[30]*とするように，"遊びの聖なる所以を知らざれば"遊びが宇宙とつらなる知の形成のための，あるいは表現者としての人間の生のための，あるいは遊びが最高の芸術であるための視点を失い，流行に流されてそれを伝承する時間・空間が変質していくのだといえよう。

2．家族がもつ物語の時空

　遊びが伝承する要因は，見える遊びの構造の引き込みだけではない。人間が内にもつ構造と外側にある遊びの構造とが引き合いながら共振のリズムによって融合していく時間・空間が必要である。パトスの知は，生活の中で環境が提供するものを読みとり，喜怒哀楽の中で身が身分け，身知りに至るところに生まれる。暮らしを営んでいる家族は，社会を構成する最小単位の集団でありながら，リズムの共振による最大の伝播力をもって情報を伝え合い，身知りを促進する場所(トポス)の住民である。家庭という空間，家族の営みという時間は，労働に疲れた憩いの場所であるだけでなく，祖父母や両親から次の世代に語り継がれる人生の物語が語られる場所(トポス)を背後にもっている。長幼の序や親孝行物語，出世物語，夢物語などによって思想を形成する志向性が家族の骨の髄までしみ通っていくのは，物語に沿った振る舞いが生活時間・空間の中で共有され，伝承されていくからである。そこでは，国や地域共同体を生きる知恵，行事や行楽のしきたりなど，政治や地域社会とのかかわりも親の姿を通して表現される。とくに遊びは，兄弟姉妹とそれを取り巻く近隣の子どもたちが流行をつくりだして，村や町を遊びの空間としてきたのである。

＊　向井去来と並ぶ芭蕉の高弟・服部土芳の『三冊子』（赤双紙）によれば，「不易といふは，新古によらず，変化流行にもかかはらず，誠によく立ちたる姿なり」「千変万化する物は自然の理なり。変化にうつらざれば，風あらたまらず」とある。

この情報伝達と情報処理のツールを家庭の教育力というならば，歴史的時間と空間，そして身体を付き合わせてリズム共振する場所(トポス)が，家族集団の中に存在したといえよう。

(1) 自然の運行とともにある行事と暮らし

遊び空間や時間，仲間をもつ共同体の最小単位は同居家族である。家族とは閉じた空間ではなく，地域共同体の中に包み込まれ開かれた場所(トポス)に暮らす住人である。遊びが神との和合による実存の確認であったり，祭り事に由来していたりしたことは，それを伝える母体は共同体としての家族であったことがうかがえる。家族の労働の中に，あるいは祭り事を迎える日々の生活の中にある遊び的要素は，モノにも人々の姿にも四季の風情にも現れ，人間の意識の奥深くに浸透し語り継がれてきた。しかし，モノの姿や風情は，家族形態や家族の営み事のありよう，自然環境の変化，家族のともにする時間の長短やともに過ごす内容によってその色合いを変え，風化もしていく。

槌田(つちだ)満文がまとめた『明治東京歳時記』は，山本松谷の記録画とともに行楽の様子が描かれている[31]。東京が遠心的拡大を図り急激に変化しながらも，復古によって江戸時代をもっとも残す明治時代後半の人々の行楽，行事，縁日を通して，槌田はこれが風化をくい止める江戸の復古であるとともに，商業化された催しに転換していく岐路であったと捉えている。そこに家族の遊びの質的内容の変化，遊びの伝承が消えていく一つの理由を見ることができる。行楽編から当時の行楽の意味を考えてみたい。

① 行楽編にみる地域・家族共同体の遊び

春の行楽は，2月の亀戸（清香園），向島（百花園），角筈（銀世界），蒲田（梅屋敷）への梅見に始まる。梅湯（花漬を入れた湯）で弁当を開き，酒を飲み俳句をひねったり梅談義に花を咲かせ，洒落や即吟の句を詠じ，おかずを交換したりして一日中遊ぶものである。3月は摘み草で，菫(すみれ)，蒲公英(たんぽぽ)，蓮華草(れんげそう)，嫁菜，土筆(つくし)，せりなどを摘み，家族で重箱の弁当を食べたり瓢箪の酒を飲んだりする。4月は潮干狩りだが，貝拾いは二の次で，飲んだり歌ったり

踊ったりすることを楽しむ一行が多かった。4月の花見は桜，家族で名所に出かけ重箱をつつくのは同様で，出店あり酔客ありは今日と変わらない。夏の行楽は，5月の躑躅に始まり，玉川の若鮎釣り，各地の牡丹，藤，薔薇，菖蒲である。茶店で休憩しながら花を愛でる。7月は入谷の朝顔市や不忍池蓮など，何か所か掛け持ちしながら茶屋で休み，談笑する。清遊する蛍狩，納涼，滝浴びなども家族連れが多い。秋の行楽は萩や桔梗，女郎花，芒，刈萱などを見たり，虫聴き，月見，菊人形，紅葉のほか，狩猟があり，冬は枯野見，雪見といった行楽が挙げられている。

　このように明治後期の行楽は，まだ自然と一体となり自然に遊ぶことが多く，神楽歌の木綿作を思いだす。上野でさえも「赤い毛氈を敷いて，お重詰めを開いて静かに花を楽しんでいる家族連れの風流」(小島政二郎)[32]，また「一家を挙げて，桐ヶ谷の氷川の滝へと遊んだ」(江見水蔭)[33]とあるように，行楽は家長の旗振りで家族を単位として行われており，いずれも重箱をつつき食する楽しみとともに，歌を詠み，踊り，談笑して遊ぶものが多く見られる。子どもは親に連れられて行楽地で物珍しい風景を目にし，そこで非日常にある遊びの時間を過ごすのである。江戸ならずとも当時，各地にはそれぞれの名所があり，家族の行楽場所となって同じような風景が広がっていたといえよう。

　一家を挙げて行楽するのは今日も同じであるが，スキーや海水浴，潮干狩り，山歩きなどのほかは，野に遊ぶことはほとんどなくなっている。また，半日，一日かけて歩いて行楽地に行く道すがら，団欒し行き交う人と情報交換する開かれた行程ではなく，車で目的地に急ぐ閉ざされた空間移動になっている。さらに，行楽につきものの手作りの重箱でおかずを交換することもなくなり，出店やレストランで飲食するといった食の変化がある。つまり，当時の行楽は労働の合間に家族が四季折々の節目として野に遊び，季節を満喫しながら生きている実感を確認するものだったといえよう。今もお伊勢参り，お遍路などにその片鱗をみることができるが，行楽地が海外にまで広がった今日では，当時の共同体の人々と歌を詠み，踊り，談話し，食し，踊る行

楽の内容とはかけ離れたものになっている。

　月々の行事の多いこともまた，今日とは比較にならない。槌田の挙げた当時の行事は，元旦に始まり大晦日に終わるまで，人々の生活を彩っている。元旦には初日の出を拝み，若水を汲み，恵方詣をする。注連(しめ)飾り，お供餅，近隣の廻礼に始まり，獅子舞や猿曳きなどの門付(かどづ)け芸能もあった。子どもらは「からだにつけるもの一切が，足のさきまで，ことごとくあたらしく，ぴんとなる。のりの利(き)いたかすりの着物を着せられて―（中略）―挨拶をちゃんとやって，それで，元日の膳に向かう」（安藤鶴夫）[34]。屠蘇(とそ)と雑煮を祝い，かち栗，ごまめ，数の子を祝い，そして，凧揚げ，はねつき，歌留多などで遊ぶ。翌日は，年賀，初荷，買初，初湯，書初，初髪といった初の生活がある。こうした遊び事が行事としてしきたり化した今日では煩わしさを感じるかもしれないが，これこそ，まさに遊びによって形成された日本の文化といえよう。また市井の苗売り，金魚売り，風鈴売りなど物売りが季節を演じ，社寺の縁日が賑わいをもたらしていた。今日とは比較にならないくらい，貧しくささやかな楽しみの中ではあるが，子どもは生活の節目節目に大人たちが遊ぶ様を見聞きし，生きるうえでいかに遊ぶか，つまり生の構造をつくりだすかを学んできたといえよう。こうした行楽や行事として伝承してきた家族の催し事が，今でも遊びとして残っていて子どもの身体知に染み込んでいる場所(トポス)もあるだろう。

②　産業化と暮らしの変化

　家族生活に見られる遊びが風化した要因の一つは，産業社会の発展である。第1次産業から第2次，第3次産業へと変化した時代は，物事を思考する単位が家族から職場集団に変わり，花見も行楽も，家族や近隣の人々とではなく職場の人々と行われるようになった。とくにゴルフやパチンコ，マージャンなどの子どもが参加できない遊びが増えるにしたがい，休日でさえ家族がともに遊ぶ時間は失われている。大人と子どもの区分に成功した産業革命のつけが，家族の遊びも区分した結果といえよう。

　要因の二つに，槌田が行楽の転換点としたような遊びの商業化がある。自

らが行楽や遊びをつくりだす時代は，つくりだす過程を子どもは学んでいた。大豆を栽培し正月の餅用の黄粉として臼で曳く，節分用の豆を煎るといった生産過程に行事があり，遊びという消費があって生きる営み事とつながっていた。しかし，サービス産業によって遊ばされる時代は，おせち料理が届く，節分の豆やヒイラギ，目刺しはセットになったものを買うといった，生産過程の見えない消費としてものが介在する。遊び＝生産過程ではなく，遊び＝消費という社会構造をつくっているのである。

　要因の三つに，四季の変化や自然空間に対する意識の喪失である。地球温暖化の影響が大きいとはいえ，四季は巡っている。大都会の道ばたにも草は生え，鳥は渡っていく。人工的ではあるが行楽の自然空間も明治時代後半以上に整えられているはずである。重箱を作り一日歩いて行楽を楽しんだ当時のことを思えば，郊外の名所まで出かけるのにそれほど時間がかかるわけではない。しかし，人々の意識からは自然が失われている。すでに，家族と野に行楽した世代は高齢化し，野で遊ぶ伝承は消えつつある。食する草も愛でる花の名前すらわからないうえ，句を詠んで興じたところで鑑賞する相手がいない。余暇の内容は大きく変化し，デパートや店の遊び空間に，遊園地やプレイランドにと，子ども用に用意された人工的な遊び場に行くことが遊ぶことといった状況にある。平成時代になって公園や道路から子どもが消え，遊具が消えていっても，自然感を失った人々にはそれが日常なのである。ここに，家族による遊びの形の変化が精神のありようをも変えた大きな要因の一つがある。かつての自然・社会とともにある生活は，宇宙内存在としての自らの身体を感じ，季節のめぐりに情報を得て，遊びによって共同体に文化をつくりだすという知恵を実践していたのである。

(2)　兄弟姉妹の遊びの伝承

　大人たちの生活にある遊びが次世代に伝承されるとともに，子どもから子どもへと伝承される遊びの形もある。

① 身体での対話性・共振性

　子どもの遊びが伝承される最小単位は，兄弟姉妹である。兄弟姉妹は，同じ家庭という空間で多くの時間を共有する。親の労働，行事の営み事から食事，睡眠に至るまで同じ場の空気を吸い，言葉を聞き交わし，振る舞いを目にし模倣していく。まねたい対象を身に擦り込んでいくとともにリズムの共振によって染み込んでくるものがあるからである。また，兄弟姉妹には上から下へと衣服，玩具，絵本や文具，乗り物など，あらゆるものがお下がりとして提供される生活がある。見える具体物を通して知識やものの価値，しきたりなどが伝えられていくように，兄弟姉妹というこの単位が，遊びを伝えていく最たるものとなる。なぜなら，遊びはベイトソンがいうように遊んでいるという相互了解の上に成立する。一方が遊んでいると思っても他方が遊んでいないというところに遊びは成立しない。兄弟姉妹は，親の生活時間帯や空気を感じながら今遊んでいるという相互了解を身体で行う。遊ぶ時間を約束する必要もなければ，何をして遊ぶかといった決め事もない。昨日から今日へと双方の身体に現れる興味が持続する内容を可能な時間と空間を読んでテーマを共有できるからである。

　屋外においても同様，兄弟姉妹は親の行楽の供として同行すれば，同じ時間・空間を過ごして話題を共有するだけでなく経験を身体に染み込ませていく。共通経験は，遊びの振りや言葉が何を意味しているか，双方が了解していく基盤である。また，親がいない時間，下の子は上の兄姉に子守されながら同じ空間・時間を共有して遊びをまねる。近隣の子どもと遊ぶにしても，その母体となっているのは一つから三つほど年の違う兄弟姉妹である。家から外へ，外から家へ，幼年期の兄弟姉妹の遊びは関係のつながりの連続性をもって往復する。家の中においては年が近い競争相手であっても外に出れば守り合う関係になるのは，兄弟姉妹は魂を賭けて遊ぶ母体だからである。

　兄弟姉妹といっても年齢的に4〜5歳を離れると遊び相手にはなりにくい。憧れの対象として，あるいは人生のモデルとして情報収集する対象とはなっても，闘魂の相手としては興味が異なる上，力の差がつきすぎるからで

ある。しかし，兄弟姉妹が多いほど縦の集団が形成されるので，遊びの数も多い。幼児では相手にされない百人一首や花札などの遊びは，年の離れた兄弟姉妹が遊ぶものを周縁から見聞きして覚え，やがて幼児も十全な参加者となっていく。『嬉遊笑覧』あるいは『日本遊戯史』に見るように，四季折々の遊びが子どもから大人へと成長する道筋やイニシエーションを家庭の中でつくっていたのである。

② 賭事の学びと縦の関係性

賭事は，時の権力者によって禁じられてきたため，今日では悪の如く思われているが，関係を解体する悪は別の関係を構築し現状を打開する活力にもなる。模倣性や好奇性が高く，競争心が芽生える幼年期の子どもは，身体を賭けて遊びに没頭する。たとえ親兄弟といえども競うからこそ遊びが面白い。百人一首や花札，歌留多やお手玉などは，みかんやピーナツ豆などの物を賭けて争う。食べ物を賭けることは，勝敗によって美味に舌鼓を打つこともあればひもじさを味わうことにもなる。不確実な確率に賭ける時もあれば負けを認識して最初から賭けに参加しないこともある。賭けるか賭けないかその意志が問われるが，単なる欲求や興味だけで賭ける愚かさを経験して，賭けることの真の意味を身を以て知る。遊びが遊びである時代を過ぎれば"己の生を賭ける"人生が始まる。おはじきやメンコなどの賭事は実物を賭けて争う。私物を取られる悔しさは，技を磨き取り返す意欲をわかせる。遊びは根気よく自己鍛錬して技能を磨くところに面白さがある。ここに縦の関係で伝えられていく遊びの構造がある。

③ 家庭内における遊びの困難さ

兄弟姉妹の遊びが衰退した最大の要因は，兄弟姉妹がいない，いても1人か2人で，家庭に子ども集団を構成できないところに一つの要因がある。今日，家庭における遊び相手として，親や祖父母等が9割（第6回では93.1％，第2回では母を挙げている家庭が94.2％）を超えている。親たちは，我が子の遊び相手をすることに疲れを感じながら，大人が干渉しなくてもいい子ども同士の遊びの時間を家庭につくりだせない苦しさに向き合っている。当然，

図表1-3-1　家庭における子どもの生活の実態
きょうだい構成の変化（第1回～第6回の推移）

	総数	1人	弟妹のみ	兄弟姉妹有	兄姉のみ
第1回	35,632 (100)	17,391 (48.8)	―	―	18,241 (51.2)
第2回	35,632 (100)	16,451 (46.2)	945 (2.7)	348 (1.0)	17,888 (50.2)
第3回	35,632 (100)	12,180 (34.2)	5,226 (14.7)	1,543 (4.3)	16,683 (46.8)
第4回	35,632 (100)	8,600 (24.1)	8,811 (24.7)	2,454 (6.9)	15,767 (44.2)
第5回	35,632 (100)	6,781 (19.0)	10,656 (29.9)	3,024 (8.5)	15,171 (42.6)
第6回	35,632 (100)	5,810 (16.3)	11,640 (32.7)	3,425 (9.6)	14,757 (41.4)

第1回目に1人子48.8%で6年後弟妹有は32.7%
第1回目兄姉有51.2%で6年後兄弟姉妹有は9.6%
厚生労働省大臣官房統計情報部担当係：人口動態・保健統計課出生児調査係，21世紀出生児縦断調査の概況[35]

　子どもも母親が相手である以上，いたずらや大胆な試み，危険な飛翔，賭事などを要素とした遊びをすることはできない。一見，遊んでいるようで本当に遊んではいない。教育玩具を弄ぶか，テレビやDVDなどの映像に楽しませてもらうかである。この遊びにつきあう親は，遊び仲間ではなく指導者であり，大人にとって望ましいと思われる絵本やごっこ，遊具や玩具を提供する。公園に行っても大人の監視と干渉の中にあり，たとえ近隣の子どもがいたとしても，自ら選んだ友だちではなく親のつき合いの範囲で選ばされる友だちであり，競い闘うことも負かすことも喧嘩することも賭事をすることも許されないのが実情である。

　年齢が上がり体力がつけばつくほど，親が遊び相手では子どもの飛躍への欲求，闘魂は満たせない。かといって子どもの体力を消耗するほどの放っておける遊び空間や労働の場が家庭にあるわけではない。大人たちは子どもの遊びにつき合う労苦に辟易として，テレビやコンピュータゲームの環境を提供する。あるいは，長時間施設に預けて働きに出たり，習い事に通わせたりすることでほっとするといった状況もある。子どももまた，習い事に通う同年齢の子どもといる方が家庭で四六時中母親と向き合っているより気持ちが楽だという一面もある。遊びが失われた社会を生きる子どもたち，親たちの苦しさである。

同居者の構成別にみた遊び相手(%) 第2回(対象1歳児)

	同居者			
	父母と同居			父または母と同居
	父母のみ	父母ときょうだいのみ	父母と祖父・祖母	
兄弟姉妹	—	92.3	55.0	38.7
母	96.6	93.2	93.3	87.3
父	88.4	82.1	80.1	8.4
祖父母	52.1	38.7	80.7	64.5
同年ぐらいの子ども	58.7	38.7	35.7	41.0
年上の子ども	24.2	29.3	22.2	22.3
親戚や近所の子ども	13.6	8.8	15.0	18.4
保育士, 保育ママ, ベビーシッター	16.7	16.3	16.0	35.6
一人遊びが多い	16.0	6.9	8.9	13.9
その他	1.7	0.9	2.3	3.4
遊び相手に子どもがいない	35.3	5.3	22.2	29.8

第6回(複数回答)(対象5歳児)(%)

一人で遊ぶ	82.9
きょうだいと遊ぶ	81.5
同じ年の子と遊ぶ	88.9
年上の子と遊ぶ	73.5
年下の子と遊ぶ	67.8
大人と遊ぶ	93.1
近所に友達がいない	34.4
友達と遊べない	3.1
友達と遊びたがらない	2.6
友達をいじめることがある	3.1
友達にいじめられることがある	6.9

厚生労働省大臣官房統計情報部担当係：人口動態・保健統計課出生児調査係, 21世紀出生児縦断調査の概況2007[35]
毎年多様な視点から縦断研究が継続しているので, 推移を見守ることが可能。

遊び場所（%）

自宅	98.7
友達の家	67.5
児童館・児童遊園	78.7
自然の場所	53.4
デパート・スーパー	64.7
空き地や路地	35.1

習い事をしている（%）

	している	していない	
第5回	38.5	61.5	
第6回	56.6	43.4	
第6回習い事の内訳(%)	男	女	
音楽（ピアノなど）	7.7	24.9	
水泳	23.0	18.3	
英語	11.7	14.1	
体操	11.9	9.8	
その他幼児教室, 塾等	27.4	22.4	

テレビ視聴時間（平日）（%）

時間	見ない	1未満	1〜2	2〜3	3〜4	4〜5	5以上	その他
第5回	0.9	10.7	29.8	34.7	15.7	5.0	1.9	1.3
第6回	1.1	15.9	40.0	28.0	10.4	3.1	1.0	0.4

テレビ視聴の時間別にみたコンピュータゲームの時間（%）

しない	90.1	25.7	30.2	31.5	29.4	28.3	27.3
1未満	6.8	3.8	7.3	10.6	12.7	13.0	12.
1〜2	1.4	0.8	1.0	1.3	2.9	4.4	8.9
2以上	1.4	0.8	0.6	0.6	0.7	0.9	0.8
不詳	0.2	0.8	0.6	0.6	0.7	0.9	0.8
テレビ視聴時間	見ない	1未満	1〜2	2〜3	3〜4	4〜5	5以上

コンピュータゲーム（%）

	しない	する
第5回	72.1	27.9
第6回	49.4	50.6

厚生労働省大臣官房統計情報部担当係：人口動態・保健統計課出生児調査係,『第6回21世紀出生児縦断調査』の概況[35]

図表1-3-1　家庭における子どもの生活の実態（つづき）

(3) 家族の物語と情報ツール

　家族の生きる実践を通して生みだされる物語は，家族の間で語りつがれていくことにより価値や倫理観を共有することになる。祖先からつながる物語が，家の歴史をつくり，地域共同体の歴史や文化をつくる。このように，共同体は物語を通した情報の収集，処理に対する価値や倫理観を共有するからこそ，つながりのある円環的組織体として機能する。村の長が家長を集め，家長が家族を集めて国や町，村の情報を口頭で家族に伝えていた時代は，村人の懇親，家族の団欒や対話のテーマが日常にあった。そのテーマの範囲は政治，経済，文化，自然や科学，遊びや人生といったすべてにわたり，その内容は，共同体からの逸脱を許さないある共有された方向性をもっていた。また子どもは近隣の遊び仲間から得た情報を家庭にもち込み，家族で議論するという円環的な情報の収集・処理システムが働いていた。もちろん，そこには労働の意味への問い，貧しさへの諦観，政治への不信，家族への心情といった様々な感情も入り交じってはいたが，生活の中に考え解決せざるを得ないテーマが常に生まれていた。当時の学校教育は，この家庭での現実を前提にして次の時代をどう描くかを学び合うものであり，学びは生きるための現実的な課題を解決するうえで必要な知識と関連していた。中学生が綴った『山びこ学校』（初版は 1951 年）にはそんな子どもの体験に基づいた家族の物語がある。

　たとえば江口俊一は，戦死した父の骨箱を抱いて家に持ち帰る少年の緊張，骨箱をあけると位牌以外骨のかけら一つ入っていない戦死者家族の悲しみ，「天皇陛下からきた」という役場からの盃を前に「とうちゃんばころして，さかずきなのよこしたてだめだ」と泣く弟の姿，「家の人はみんな，こんな，さかずきもらうよりも，生きているお父さんをかえしてもらいたかった」[36]と振り返る（1945 年に 11 歳）。また，父も家族を残して戦争に行きたくなかったのではないかと推察し，様々な家族への思いが交錯することと関連して戦争の現実を直視している。

　また，川合実は，「もえない根っこ」という詩を次のように綴っている。

「夜の飯を食ったあと　みんなイロリばたにあつまった　イロリは　えんぶらえんぶらして　もえなかった」。そこで交わされる会話は病弱な自分の将来のことで，「こんなはなしは　毎晩のようにくりかえされるのだが　私の将来のことはまだきまらない」「私の家で　私のことは　今晩のもえない根っこのようなものだなあ」[37]と，家族の会話に重荷となっている自分を重ねるのである。

　「ぼくはこう考える」の佐藤藤三郎は，一日を自由に使える子どもたちと違い，遊ぶ時間どころかたった一冊の本を読む時間すらもっていない貧しい山の子どもたちの現実に，家族と向き合う。藁打ちや縄ないをしながら「政府では，義務教育を三年のばすとそれだけ実力がつくと思っているのだろうか。三年のばしただけで私たちは，親からブツブツ云われ，かせがせられて，そのあい間をみつけて学校にはしって行かなければならない」[38]。その親のブツブツ言う原因が，炭の値段が原価を割っていること，教科書代を払えないために学校を休んで家の手伝いをする泥沼のような生活にあること，金持ちの勉強ができる環境にいる子どもがやがて支配層となり，貧困から抜けだせない社会の循環がつくられていることを考えさせるのである。

　だから，今日の子どもが生活の中で考えていないということではない。また，かつてのように労働が課せられない生活だから楽だというわけではない。アイデンティティへの死にものぐるいの探究がなされていることは事実である。しかし，インターネットや携帯電話で豊富な情報が収集され，深夜を問わずメールのやりとりができる子どもたちは，家族と物語る時間をそれほど必要としない。家族もまた子どもと物語る時間的・空間的な余裕もない。家族の物語は，個々バラバラになって，対話のテーマを生みだすことさえ難しくなっている。行楽や遊びの部分だけ家族で行ってみたところで，日常の生活時間や対話が途切れて共感性が生みだせないでいる場合には，楽しさを共有することはもはや困難なのである。パトスの知を形成する土壌がやせている以上，感じる自己，欲する自己の生命現象は芽を出す機会を失っている。

　物語というつながりの糸は，様々な現象を解きほぐし脈絡をつけ，自分や

家族にとっての意味を見いだす契機となる。経験を物語る，あるいは夢想を物語ることは，他者に物語を通して心が伝わるとともに己の存在を自ら確認するからであり，物語を共有する家族にとっては，深く考える時間・空間をつくりだすからである。物語がもつ沃野には，情報の収集，価値判断の根拠，情報処理といったツールだけでなく，現在の確定と過去の位置づけ，未来への展望といった歴史的時間，野生としての生の葛藤など，果てしない内容が埋め込まれている。家族がこうした物語る時間・空間を失ったとき，遊びも行事も生活の儀式化も消え，知の伝承も途切れてしまう現象が発生するといえよう。

§2　遊びと就学前教育の位相

1．目的発展としての遊びの位相

　大人と子どもを区分することなく日常の生活にあった遊びが，日常から消え伝承の構造を失っていく発端となったのは，近代学校における幼年期の教育内容に遊びを取り入れる論理が定着し始めてからである。コメニウスの「幼児の学校」は，①宗教心，②道徳的高潔，③言語および学芸的知識の三層構造に教育内容を布置しているが，楽しい作業や遊びをその方法としている。そして主知主義の立場から脱して経験主義，生活主義，活動主義，消極主義を主張したルソーの頃から，幼児の教育と遊びが対の言葉として誕生している。自由を獲得する理想を教育物語として描いた『エミール』思想がやがて，ペスタロッチやフレーベルといった幼児教育を実践する人々に受け継がれたのは，本シリーズ第2巻[1]に述べたとおりである。そしてフレーベルに至って「遊戯は，幼児の発達の，この時期の人間の発達の，最高段階である。―（中略）―この時代の幼児の生活のもっとも美しい姿というのは，遊んでい

る子どものこと」[2] という位置づけを得たのである。スペンサーの遊びの剰余エネルギー説，グロースの準備としての遊び説[3]等を経て，近代学校の教育原理・内容・方法に遊びが位置づけられて以来，それまで家庭や市井にあった生の遊びを，子ども文化として学校が背負い込むことになったのである。

(1) 遊びを教育が担うに当たっての国の判断

　日本も家庭や市井にあった遊びを教育に取り込むに当たって，研究の必要に迫られている。遊び研究の先駆けが国家であったことは，明治政府の教育にかける並々ならぬ意志をうかがうことができる反面，遊びが社会から遊離していく時代の到来を予感させる。1905年の文部省体操遊技取調報告書『体育之理論及実際』には，遊びの原理は一つや二つの科学で説き尽くすことはできないとして，生物学上は活動のために活動し，これによって愉快を感じるとともに心身の発達を促進し種族を保存すること，生理学上は勢力過剰説と脳及び筋肉の倦怠感を解消すること，審美上は遊戯を活動的美術とみなし，社会学上は一種の社会的活動とし，教育学上は教授対象を遊戯的に為す方法と，遊戯を教育的に組織する過程をあげ，フレーベルの幼児教育論をもってして後の生活の基礎を培うところに意義をおく。また，心理学上の意義を例示すると次のようである（以下カタカナをひらがなに表記）。

　「心理学上から遊戯の意義を考察すれば，快感と自由の意識とは，人類遊戯の現象に通じる主要の性質にして，是等の衝動より遊戯は漸次発展し，之が為に更に精神活動の発展を助くるなり。蓋し，遊戯の原始的衝動は殆ど生物学的若しくは生理学的根拠を有するのみにして，心理的意義をば殆ど認め難かる可しと雖も，一たび盲目的の衝動意識に上り其の結果快感を覚ふるに至れば，即ち心理的意義はここになりとす。故に，遊戯に心身の何れたるを問はず，全体に通じて，活動其の物を以て快楽とするの特質あり。然れども，その稍(せい)進むに及びては，単に活動の快感のみならず，其の活動を起す主動者は自我にして，これをなすことが自我の自由に基くことを知るに及び，快感は一層複雑に，一層適切に感ぜらるべし」[4]

体育の理論構築に当たって座学でない活動形態の学習を位置づける意味を研究したものであるが，国家が遊戯取調（研究）によりその意義を提言したという国も珍しいといえよう。明治維新後，禁令が出されていた賭博，花札，骨牌等の遊びが 1885 年から徐々に解除され，骨牌等が税金の対象となる中で，教育に遊戯を取り入れるには世人を納得させる根拠が必要になる。それは，ちょうど幼稚園が輸入したフレーベルの恩物指導から脱却して，江戸の昔からあった子どもの遊びへの転換を模索し始めた頃のことである。貝原益軒が，遊ぶ子どもの自然の情を「あながちにおさえかがめて，其気を屈せしむべからず」[5]とした視点も，日本人の「一切即遊びなり」という視点も失われて，遊びが教育の手段・方法になりさがる時代の足音が近づいてきたのである。

(2) 国家的な遊び研究の意味

日本の教育における遊び研究が，幼児教育から始まっていることには，次のような三つの意味がある。

一つは，アリエスが中世から近世への流れの中で子ども期を発見したように，明治の開国による学制や幼稚園教育の始まりは，近代国家転換への施策を通した日本における子ども期の確立を意味している。それまでは，子どもの遊びと大人の遊びの区分が明確にあったわけではない。輸入した学校制度に付随する子ども期の確立によって，遊びの世代区分が改めて明確に意識されたということである。

二つに，遊び研究が，人間の研究から外されて教育目的に沿った実利主義に陥っていったということである。そして小学校の学童に読み書き算のリテラシーが課されたのに対して幼稚園教育は遊びを標榜したため，遊びが生涯の生を支える根元的なものから，幼児期に限定された活動内容として位置づくきっかけとなったことである。ここに世代を超越した遊びが一般社会から遊離し，社会から遊離した遊びが遊事生命を失っていった端緒がある。

三つに，遊びが生きる営み事の中から幼稚園等の機関に分離されることに

より，伝承の構造を失ってしまったということである。遊びを通した生命の飛翔は，異世代間の知の循環によって伝承される。しかし学校教育は随年教法によって易から難へと進行し，その内容を握るのは教師であって子どもではない。共同体の営み事の伝承の担い手が，学校に囲い込まれることによって共同体に子どもが存在しない珍現象が発生し，やがて遊びだけでなく共同体の担い手も失い，共同体が衰退していく一因となったといえよう。

2．生の衝動発展を教育に位置づける困難

日本で初めて幼稚園が設立された1876年当時は，教育手段である遊びとして恩物の指導や『母と子の愛撫の歌』などが紹介されたため，日本古来からの遊びは脇に追いやられ，恩物が遊びとして教授された。これはフレーベルのいう幼児期における最高の段階としての遊びではなく，教育手段としての遊びである。幼児教育にかかわることになった和田實は，教育における遊びとは何かを追求する必然に遭遇した。彼が，ある記者の「遊戯の実質は，自発的な力にして其の形式は模倣なり。これだけにて幼稚園教育は十分に組織することを得べし」[6]としたことに強く反論したのも，遊戯研究がいまだないままに恩物による形式的教授を遊びとする，輸入した教育の矛盾を解決するためである。

和田の遊戯研究は，日本人が"教育における遊び"を論理構築したものとしては最初のものといえよう。彼の考える遊びは，教育の手段ではなく江戸時代から伝承されてきた遊ぶこと自体を目的としたものに近いが，アンリオによれば「《教育的な》視点に立つものはしりぞけることにしよう。それらから得られる利点は，およそ分析的とはいえない実利主義の限界を越えるものではない」[7]，つまり，遊びが本来的な意味ではなく，教育の場において手段として用いられる実利主義的研究という位置づけのため，人間の飛躍願望に始まる遊び論と区別され，教育関係者以外一般にはほとんど知られていない。国民が，幼稚園教育の必要性を熱望するでもなく，遊びを教育の手段

として取り入れるかどうかなど，議論する土壌さえない時代のことである。

(1) 幼児教育における遊び論

和田によって遊び論が一つの構造をもって提案されたのは1907年のことである。和田はたとえ教育の場所（トポス）においても遊びは実利的な手段ではなく，遊ぶことそれ自体を目的としている考え方を構築するために，遊びの意義や効用，分類，指導の方法，玩具論を構造化している。

遊戯が人間の本性に基づき，自由で，興味本位のもので，子どもに強いることができないところに面白さがあるとする和田の見解は，ホイジンガ[*8]やカイヨワらと類似した視点であり，遊戯の本質に迫っている。ホイジンガの『ホモ・ルーデンス』の公表が1938年なのでそれよりも早く，日本の幼児教育における遊び研究も捨てたものではない。本能衝動としての遊びが，自らの中に学びの構造を構成していく視点からのアプローチであり，教育に遊びを取り込む際の基本になるところである。彼の幼児教育の場における遊戯論を概略すると，次のような内容をもっている[9]。

① 遊戯の特性と教育における遊びの特性（内容整理されている『実験保育学』による）

・遊戯は，幼児の自然本能に基づく自発活動で，生まれて十週を過ぎれば明らかに遊びの意識がみられる。遊ぼうとする意識が明らかになるにつ

---

* ホイジンガによる，真・善とは別だが美と結びつく遊びの形式的特徴
  ① 自由な行為であり，自由そのものである。
  ② 仮構（フィクション）の世界であり，生活一般の伴奏となり補充となり，その一部分になる。食物摂取，繁殖，保育などの純生物学的過程の領域を越えた高い世界に属する。
  ③ ありきたりの生活から場所と継続時間（時間的・空間的限定）によって区別された，遊び自体の筋道と意味をもつ（遊びは一度行われると文化形式として定着し，精神的創造物として繰り返される）。
  ④ 遊び場では独自の絶対的秩序が支配する。それを守る点では真面目で真剣である。遊びイコール秩序の創造であり，遊びと秩序の内的結合こそ美的領域の中にある。
  ⑤ 秘密をもち，ありきたりの世界とは別の不確定で緊張の要素をもつ。

れて本能は漸次活動を盛んにし、能力が錬磨される。それは、遊びに伴う快感が心意の扉を開き、向上の経路を照らし、持続性をもたらすからである。
- 興味は快感の本体である。快感は興味が満足した結果で、興味と快感は表裏一体の関係にある。また、興味は衝動または本能に基づく自発活動が満足されたときの快感の記憶、無意識的注意ともいうことができる。
- 遊戯は徹頭徹尾、興味と快感とに終始する自由なものである。
- 遊戯は、子どもの発展すべきすべての経路と人生世相のすべての方面とを完全に具有して、諸能力を誘導啓発する。
- 遊戯は、観察、経験の段階から模倣的発表（表現）の過程を経て、発表能力を発達させる。（この三つの段階を経ない発表能力の練習は幼児を苦しませる。）

彼の論は、幼児の遊戯に人生の諸活動、諸現象の基礎・萌芽を捉え、自然本能による自発活動を教育の動力とする自己組織化の論理をもっている。対象への注意・興味・快感をもとに自己活動により天真を発露し、自我を実現させて個性を発展させること、教育学が掲げる自由への過程が遊戯の中の学びとしてあることなど、今日の脳科学の知見やヴィゴツキー派の子どもの発達の最近接領域（与えられた概念や技能を自主的に解決しうる領域と、領域に近接して適切な助言や教示が与えられると解決しうる領域）の思想と類似する視座をもつ。すでに教育界では諸外国の遊戯の古典説、勢力過剰説、主観的心理説、人類学的・社会学的見解[10]などが入ってきており、それらも踏まえた上での幼児期の遊びの意義の開陳である。興味は衝動であるとする視点は、

＊　デューイの経験　我々は経験から学ぶ。経験の源泉は「衝動」であり、衝動が明確な目的をもったときに「興味」となる。「衝動ないし興味を満足させることは、それを解決することを意味し、それを解決するためには、様々な障害に抗して突進し」力の秩序、知識を獲得するとして、経験の連続性と相互作用が、経験の質・価値をはかる基準であり原理であり、「経験はみな動きゆく動力」とする。

デューイ*の思想[11]とも底流するが，その衝動から遊戯を分類するという和田の手法を具体的に捉えてみたい。

② 衝動による遊戯の分類構造

フレーベルは遊びの分類を身体的遊戯，感覚的遊戯，精神的遊戯と3分類したが，和田は「子供の遊戯は，生まれながらに，すべての種類を現して来(きた)るものではない。最初の子供の活力は発して某種の遊戯となり，この種の遊戯は発達してときに新しい遊戯を生み，更に発達分派して高尚・複雑なるものとなり」[12]として，ある構造の形成が次の構造の基盤となり，大人の遊戯の基礎となっていくとする。ヴィゴツキー[13]も子どもの発達は，ある能力を獲得すると漸次次の段階に進むが，発達の最近接領域が環境にあるかどうかに左右される動的な関係の中にあるものとして，和田の遊びの構造に対する考え方に近い**。さらに和田は「子供の遊戯の分類が可能となるだけでなく，必ず大人の遊戯をも含めて説明出来るものでなければならない」として，「遊戯の分類は遊戯を為すものの活動に関して存立する所の分類を採用すること」[14]を正当とする。この2点に和田の大きな特徴がみられる。自発活動の根本を，ア．経験好奇の衝動，イ．暗示模倣の衝動，ウ．対抗好争の衝動におき，その衝動から遊戯が発生する分類構造である。図示すると図表1-3-2のようになろう。

経験的遊戯は，興味や好奇心に駆られて行われるもので乳児期から始まる。光の色を追って眺めたり，目にとまった玩具を把持し口に入れたりすることに始まり，面白いもの，珍しいものに反応する。観察（探索・操作する物や動植物，社会現象・自然現象も含む）により直観したものの残像，事物につい

** 幼稚園期の子ども（3〜6歳まで）には「願望」という独特な欲求・意欲が発達し，実現したい欲求と実現できない非現実的傾向の矛盾が遊びを創りだす原動力とする。遊びは実現できない願望の想像的幻想的実現であり，発達の主導的役割を果たすものとして位置づける。子どもの欲求・願望に注目すれば，虚構場面の必要性から発生し内的自己規制のルールと自己決定のルールを含んでいる。「想像的世界・虚構場面での行為，随意的な企画の創造，生きた計画・意志的動機の形成——これらすべてが遊びの中で発生し，遊びをより高次の発達水準に押し上げ，波の頂上にのせ」るとする。

図表 1-3-2　和田實による遊びの分類

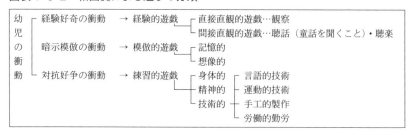

図表 1-3-3　フレーベルの遊びの分類

「遊びは幼児の最高の段階」「全ての善が生じる源泉」として
①身体的な力や敏活さを練習する遊び
②視覚や聴覚などの感覚を使う遊び
③反省や判断を伴う精神の遊びといった教育的範疇における遊び
あるいは，
①生き物や実生活の諸現象の模倣そのものを楽しむ遊び
②学校で学んだ知識や技能を駆使して遊ぶ比較的高度な遊び
③自己の内面から湧き出るイメージや思想を有形，無形の材料や手段を用いて自由に表現する遊び
としている。

ての観念が身体に蓄積されるに従い，遊戯が進化する。知覚した外界の対象を想起し復元して遊戯するのが童話を聞くこととする。これは，遊戯の中では抽象的な活動の部類に入る。

模倣的遊戯は，外界の事物に感応しまねる遊び，見立てや振りや役の言動のやりとりをするごっこで，幼児期にもっとも発現すべき遊びである。これは幼児が実際に見聞したものを材料としてまねすることができたと意識するとき目的が実現する遊びで，模倣の手段となる物（棒が鉄砲に，馬に，兵隊に）が介在する。この遊びの重要性を世間ではあまり捉えていないが，ある理想の一方向に惹かれていることはいうまでもなく，演劇とは一線を画している。

練習的遊戯は，模倣的遊戯によってさらに興味が広がり，まねの材料となった能力，技術などを得たいという興味から，それらを自己所有しようとするところに生まれる。観察が深くなり，模倣が精緻になった結果的興味が結合して生まれる遊びである。競争心・対抗心が出てくると自己の権利や意志を主張し，自我の存立や実現に努力する。和田はフレーベルの恩物が，手先の

手技に走った問題も，この遊びの発展形式を踏まえていないためと考えたのである。

　練習的遊戯を和田は，さらに身体的遊戯，精神的遊戯，技術的遊戯に分類する。身体的遊戯は体力を増進し忍耐力を高めるものとして，鬼ごっこ，かけっこ，相撲，頭押し，綱引き，棒押し，ダンスなどをあげ，律動的遊戯として集団で行われる歌曲に合わせた運動はそれほどの効果はないとしている。つまり遊びの色合いを失った一斉に行う身体的遊戯は遊戯としての範疇を超えているからである。また精神的遊戯は，心力を働かせる知的遊びで，知識を習得することを喜んだり，心力が秀でていることを自認し表す愉快さを味わうもので，謎解きや当てっこ（目隠しして発音体や触れた物を当てる），考え物（ハタケノタヌキ〈ハタケからタをヌク〉＝刷毛），探し物（まり隠し），絵合わせ，にらみっこなどから進んで，かるた，トランプ，花合わせ，家族合わせ，知恵の板，知恵の輪，囲碁将棋といった遊びに発展する。技術的遊戯は，技能そのものを得ることを目的とするものとして言語上では音楽，筋肉運動上では球遊び，お手玉，竹返し（手甲に乗せた竹を跳ね返して落とし揃える），根つ木（尖端を尖らせた木ぎれを地面に投げ刺す），メンコ，狐つり（紐の輪から手をのばして物を取るのを紐の両端を握った者が引っ張って吊る），輪投げ，凧揚げ，追羽子，独楽回し，根比べ，剣玉，福笑い，玉突き，竹馬乗り，輪廻し，石出し（石蹴り），言い回し（早口言葉）などが挙げられている。技能的遊戯のもう一つである手工的製作の遊びは「恩物」で，作業の結果を目的とするより遊戯の形が作業に類していて子ども自身が能力を高めることを求める遊びである。この手工的製作に，絵画や園芸，自然物採集が入っているので，今日の「領域」の内容からすると疑問をもつであろうが，和田は絵画も子どもは描こうと企てる遊びで，描き散らしている段階から形態を描く段階へと自然発展するとする。幼児教育者は，幼児とともに絵を描いて面白く遊ぶことが大切で，画材は大人の使っている物ならどんなものでもよいのである。

　室内の手先の技能ではない労働的な園芸はかなり高尚なもので，児童を労

働に導き，自然を援(たす)けて結果を楽しませるものであると位置づける。そのため，幼児教育者は人生に必要な植物を標本的に栽培する心得で，自ら労働して幼児を一緒に手伝わせ遊ばせることとする。また自然物採集は，小石拾い，虫捕り，草摘みや花，葉集めなどで，面白く遊ぶうちに自然と親密になると考えている。

　ここに幼児の特性や遊びを観察して，大人のそれにつらなる分類を位置づけた和田の遊び分類の特徴がある。それはまた，日本の子どもの遊びの系譜とも深く関連する特徴であり，子どもの願望を発達の動因とし発達の最近接領域を提唱したヴィゴツキー理論やアンリオの"遊んでいる意志・志向性が遊びの本質であり遊ぶ行為によって遊びの構造が意味をもつ論"につながるところである。

　和田より25年の後，遊戯史の遊びを分類した酒井は，乳幼児期には，感覚的遊戯，運動的遊戯，模倣遊戯・想像遊戯（ごっこ），個人的遊戯と競争遊戯を置いている。和田の分類と類似するのは，直感的・感覚的，運動的，模倣的・模倣・想像（ごっこ）としているところであるが，酒井の分類はきわめてピアジェ[15]に近い発達段階的な分類構造である。

　しかし，生活の中で仲間と遊んでいる幼児の姿を基にした和田の分類は，日本の遊びの源流である大人の遊戯ともつながりのある，あくまでもある活力の発露が次の発展を導入するとする動的な構造を構成している。つまり，和田の分類がピアジェと異なるのは個体発生的視点からの分類ではなく，幼児教育の場所(トポス)における子どもの遊びの実相に基づいている点からの帰納にある。聴話（童話を聞くこと）や練習的発表遊戯の甲（唱歌，舞踊）や乙（手技，手工，園芸），丙（談話，考え物），丁（労役的遊戯）など，和田の中には歌や舞い，昔物語，遊びに伴う玩具づくり，理知的な詩や言葉のやりとり，草摘みや花合わせなど，古来から伝承されてきた日本人の遊びの系譜があり，遊び観があったと思われる。遊びによって自己教育・自己陶冶を為すとすれば，こうした内容も教授によってではなく自然発生的に生まれると考えた真正さをもっている。

図表 1-3-4　ピアジェの発達段階と遊びの発達の関係

A. 感覚運動的知能期	A. 機能的遊びの段階
第1段階　反射の実践（誕生～1か月）	第1カテゴリー実践するのみ
第2段階　第1次習得的適応と基本的循環反応（2～4か月）	第1段階－同化のための反復
第3段階　第2次循環反応と自己に興味ある光景を保存しようとする手続（5～7か月）	第2段階－純粋の同化の快楽の発生，第1次的シェマの獲得
	第3段階－原因となることの快楽
第4段階　第2次シェマの整合と新状態への適用（8～10か月）	第4段階－活動の快楽のために新状態に対する既知シェマの活用，第2次シェマ整合
第5段階　第3次循環反応と積極的実験を通しての新手段の発見（11～15か月）	第5段階－ジェスチャーを儀式として繰り返し組み合わせの遊びをつくる
第6段階　精神的結合による新手段の工夫（16か月～2歳）	第6段階－象徴的シェマの形をとる。
B. 表象的思考期	B. 象徴的遊び（この時期のみ発生）
前概念的思考段階（2～4歳）	第2カテゴリーフィクション表象
直感的思考段階（4～7歳）	象徴的遊びを展開
C. 操作期	C. ルールのある遊び（この時期から）
具体的操作期（7～11歳）	第3カテゴリー－社会的関係の意味生成
形式的操作の段階（11.12歳～14.15歳）	

J・ピアジェ／大伴茂訳『遊びの心理学―幼児心理学第2』黎明書房，1967，p.12 より青木構成

（2）　使われ方が意味を生成する玩具の価値

　和田は，玩具も遊びと一体となって意味をつくりだすものとして，モノのあるところに生まれる遊び研究をしている。紀元前3000年頃のアナトリアには，青銅器の武器や道具，金銀の装飾品など卓越した文化や芸術が繁栄し，トルコのエフェス考古学博物館には鳩車やサイコロなど紀元前の玩具が残っている。エジプトでは，死後の生活に必要な道具として家具調度品（化粧道具，玩具，楽器，武器など）が墓から出土しており，玩具によって当時の様子を捉えることができる[16]，というように玩具は遊びと切っても切れない関係をもっている。日本の玩具も，多種多様に地方の文化を彩ってきたのは言うまでもない。『嬉遊笑覧』『守貞謾稿(もりさだまんこう)』などの遊戯史にみられる玩具の掲出も一つの歴史研究であるが，幼児教育における玩具研究の始まりを和田の研究の中にみることができる。

遊びが生への飛躍である以上，モノ・玩具があるところに遊びが生まれ意味を生成していくのであって，意味が先行してモノ・玩具があるのではないと和田は考える。森有正が感覚こそすべての出発点としたように，フッサールが生活世界をすべて実在的なものとみて，「現実に経験する直観の世界であるこの世界には，空間時間的諸形式と，そこに組みこまれるべき物体的諸形態が帰属し，われわれ自身もまた，われわれの肉体をもった個人というあり方に従ってその世界のなかで生きている」[17]のであって，技術や知識が先にあるのではない。パトスの知は能動的な創造活動を支え，かたち・リズムの共振によってロゴスの知を包摂していくものだからである。

　しかし，我が国の幼稚園教育は1876年の開設当初から恩物というモノが先に意味と方法をもって子どもの遊びを支配した歴史をもち，今日も意味が先行している。和田は，遊びを衝動によって分類したように，玩具も子どもの衝動・姿を基に分類することを試みている。それは，遊びがパトスの知を基盤とする以上，身体がモノ・玩具を操作することに始まり，そのモノ・玩具の操作と身体技能・身体感覚に遊びの面白さが湧いてくるからである。

　和田は，誘導の媒介となるお手玉や独楽など，玩具があるところに遊びが生まれる以上，幼児教育においては，「豊富な材料と最良の品」を準備することが必要と考え，その玩具の体系的捉え方を遊びの構造に基づいて，普通玩具と，日用品などの仮用玩具，労作の道具や草花・鉱物などの自然物，絵画に大別し，図表1-3-5のように分類している[18]。

　そして，これらの玩具は，いずれが価値あるかではなく，その玩具でもってどれほどの遊戯の活動ができるかで教育的価値が決まることを強調する。満1歳までの乳児は純粋玩具が主で，衝動的純粋玩具から始まって観察的，追求的玩具，純粋玩具が2歳くらいまで続く。2歳になると模造玩具を喜ぶようになり，3歳になると玩具なしには遊べないほど，多岐にわたる。10歳くらいまで玩具の程度が高くなるが，どれと限定せず多岐にわたって用いられるのは同じである。11歳以上になると自然に技の遊戯，作業の遊戯が主となり，練習的純粋玩具（知能啓発の効あり）を欲するか作業用の仮用玩具（実

図表1-3-5 和田實による玩具の体系

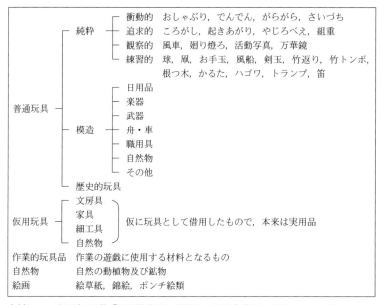

中村五六・和田實 合著『幼兒教育法』学校法人和田實学園，2007, pp.136-137

業に導く糸口）を必要とするようになり，14，5歳になるともはや教育上の意味での玩具は必要なくなるとするのである。子どもの発達段階と，遊びの分類とモノを関連させた構造をもっている。

(3) 遊戯の本質と教育における遊戯の指導法

自然本能の発露である遊びが快感を伴う自由なものである以上，本来，遊びは教授対象から外される。フレーベルが，命令的・干渉的教育は，自明の理念の場合かすでに存在し承認されている模範の場合だけで，教育・教授・教訓は受動的，追随的でなければならないとして命令的・規定的・干渉的であることを禁じたように和田が，遊びが教授対象にならない以上，教育の場における遊びの指導は非道徳的なものを避け，幼児自身の活動力・発達に適

合した材料で，指導の形式は誘導的とするとしたのも，遊戯の本質を逸脱しないためという限界である。

また，遊戯の配列は，数種のものが混合して（砂を掘りながら歌を歌う）おり，遊び戯れる段階から同一のことに集中して取り組む段階までの幼児の変化に注目して配列することが必要とし，4か条の要件を挙げる。

① 各事項の発生の順序に注意して，ゆっくりと各事項を並行させること。
② 並行の密度は，幼児の発達程度の低いほど，これを密接になるようにして，その成長につれてゆっくりと漸次個別的に各事項を独立させて遊ばせること。
③ 6, 7歳に達した幼児に数日にわたって一通りすべての種類を通過するよう配列。しかし，なおその中に密接に各事項の混在するものを交えることが必要である。
④ 季節に応じること。遊戯は季節と大いに関係がある－（中略）－一つには天然の季節に影響され，一つには社会の習慣に影響される。－（中略）－これを利用することにより遊戯はますます命あり，精神のあるものとなるとし，これらは周期的に繰り返すことが重要である[19]。

遊びに指導は不要とする以上，これは遊び環境を整える上での4か条として捉えることが必要であろう。誘導の形式としては，3種9形式をあげているが，遊戯上の共同の①は，幼児の技能の上に何かを新たに付与しようとするとき，②は幼児の興味が十分発揮されていれば傍観し，興味を強化したい場合は仲間に入るとき，③はまったくの自由に任せるとき，である。これら3種9形式が混合され交代されながら繰り返されて，心も体も幼児の気持ちになりきって遊びの時間・空間をつくりだすのが誘導の構造である。「誘導」を大人の作為と理解すると，遊びは遊びでなくなることはいうまでもない。和田も遊びの原理と教育の方法との間に矛盾を抱えているが，彼が願ったのは，教育という場所が真正としての遊び，純粋経験を得られる遊びを実現で

図表 1-3-6　遊び誘導の形式

	a 誘導の形	b 遊戯上の共同	c 談話の様子
①	幼児の模倣性に依拠し、厳密に誘導者に一致させる	誘導者が幼児と一緒になって楽しむ	幼児がまったく聞き手となる
②	半ば誘導者に模倣させ、半ば幼児の自由に任せる	半ば同伴者、相手となって遊び楽しみ、半ば傍観者のような位置にある	幼児も誘導者も互いに話す。対話
③	幼児の自由に任せて遊ばせ、誘導者は必要な場合のみ指揮と補助を与える	傍観者の位置に立って、ただ幼児の自由な活動を監視する	主として幼児が話す

青木一覧化

きないだろうかという実践への挑戦だったと思われる。

3. 幼稚園教育における遊びの位置づけとアポリア

　1907年といえば世界中に新教育運動が広がりをみせ、自由と自治と労作・自己活動による教育方法が各国で展開された時代である。遊びは、初等教育の一つの方法論として多くの学校で調査研究され、実験もされた。和田が描いた遊戯を基本とした生活をさらに発展させ、幼児の遊びを中心とした、さながらの生活が幼児教育の真髄であるという思想は倉橋惣三によって確立した。倉橋が存命中はその思想の普及に奔走したので、彼の感性と教育者の感性が響き合い、それなりの実践につながっていったと思われる。

　誘導の真髄を倉橋の論理から再確認して、教育が遊びを生活に位置づける場合の論拠を残しておきたい。

（1）　生活本位の真髄とは

　倉橋惣三が『就学前教育』[20]で熱く語った幼児教育法は、全体的な生命の発展、生活活力の増進をめざす自己発展の力の教育である。その教育の特性として倉橋があげた8項目の概略は、次のようである。

① 生活本位 − 生活としての実質を離れず，生活としての自然を失わない生活そのものを本位とする。その第1要件は内なる生命からの発動であり，第2は全的で渾一的とすること。
② 遊戯の尊重 − 生活の実質と自然とがもっともよく現れる遊戯を尊重することが真に生活していること。
③ 社会的 − 人間の生活がほんとうにそれらしくなる要件は社会的なこと。孤独でもなく単なる集合的・集団的でもなく，相互の交渉が行われる生活を送らせること。
④ 環境的 − 生活は注入的な方法や幼児自身の理解や自省を主とするやり方でなく，環境の力により経験と感化を通じて行うこと。
⑤ 機会の捕捉 − 幼児をさながらの生活において教育者の意図を実行する場合は，敏捷かつ適切に機会を受用すること。
⑥ 欲求の充足 − 幼児の欲求充足には限度がある。満足が次の生活を発展させるよう，その時々の心持ちに共鳴して助力すること。
⑦ 生活による誘発 − 幼児の自発性を損なうことなく，環境をもって誘導する。生活者としての教育者の生活性そのものによる生活性の教育を行うこと。
⑧ 心持ち − 生活を生活で教育する方法は，自発性と具体性を有した心持ちがにじむこと。幼児は常に心持ちに生きるとともに心持ちを求め，そこにのみ真の満足を味わう。

そして，グロースの心理的分類[21]を踏まえて，持論としては自我的社会的生活感情を基礎とするものとして，おおむね次のようだとする[22]。

図表 1-3-7　倉橋によるグロースをふまえた遊びの心理的内容の分類

心理的機能の遊戯的実習	① 感覚機関の遊戯的活動 　　触覚，温覚，味覚，嗅覚，聴覚，視覚 ② 運動機関の遊戯的使用 　　身体的運動 　　他物の運動　捜索，破壊，構成，耐力，投擲（とうてき），捕捉 ③ 高等心理能力の遊戯的使用 　　心理能力の実験　記憶，想像，注意，推理 　　感情の実験　生理的苦痛，心的苦痛，驚愕，恐怖 　　意志の実験
社会的衝動の遊戯的実習	① 闘争遊戯 　　直接体力闘争，直接心的勝負，体力競争，心的競争 　　破壊衝動，いじめ，ふざけ，狩猟遊戯，闘争遊戯の傍看 ② 性的遊戯 ③ 模倣遊戯 　　単純運動の遊戯的模倣，戯曲的模倣，構成的模倣 　　内部模倣 ④ 社会遊戯

　　　　　　　　　　倉橋惣三「玩具教育篇」岡田正章監修『大正・昭和保育
　　　　　　　　　　文献集第 8 巻』日本らいぶらり，1978, pp.193-195

　グロースは，遊びの準備説を唱え，「動物は，不完全な遺伝的な要因を持つ事柄を模倣という手段によって完全に学ぶ。……若い頃の全ての遊びは本能に基づいている。……これらの本能は，そこで要求されるほど完全に発達したものではなく，ただ，脳髄の中に完全な形で刻印されているものでもない。従って，本能は若い頃に現れるが，その時期に普段の練習によって完全なものにされなくてはならない」として，心身機能の側面に注目した詳細な分類をしている。

1．遊び的実験
　① 感覚器官の遊び的活動
　　　ア 接触感覚の遊び，イ 温度感覚の遊び，ウ 味覚の遊び，エ 嗅覚の遊び，オ 聴覚の遊び（受動的な遊び，創造的な遊び），カ 視覚の遊び（明るさの感覚の遊び，色の認識の遊び，形の認識の遊び，動きの認識の遊び）
　② 運動器官の遊び的活動
　　　ア 身体器官の遊び的使用，イ 他の物体の遊び的使用（物をいじりまわること，破壊的運動の遊び，建設的運動の遊び，忍耐的遊び，投てきの遊び（単純な投てき，一撃を加えることによる投てき，回転や突きやはね上がりを使った投てき，目標への投てき），動く物体の捕捉
　③ より高次の精神的能力の遊び的使用
　　　ア 精神的能力の実験－記憶（再認，回想），想像（遊び的幻想，記憶内容の遊び的改作），注意力，推理
　　　イ 感情の実験－身体的苦痛，精神的苦痛，驚き，恐怖
　　　ウ 意志の実験

> 2．2次的組織の衝動の遊び的使用
>   ① 闘争遊び
>   ア 直接的な身体的闘争遊び，イ 直接的な精神的接触，ウ 身体的競争，エ 精神的競争，オ 破壊的衝動，カ からかい，キ こっけい楽しみ，ク 狩の遊び，ケ 格闘や格闘的遊びの見物，コ 悲劇
>   ② 愛の遊び
>   ア 自然な求愛的遊び，イ 芸術における愛の遊び，ウ 性的なふざけ遊び
>   ③ 模倣遊び
>   ア 単純な動作の遊び的模倣（視覚的にとらえられたものの遊び的模倣），イ 演劇的な模倣遊び，ウ 内面的模倣，エ 社会的遊び
>
> 山田敏『遊び論研究』風間書房，1994，pp.73-75

　和田が子どもの衝動をもとに分類したのに対して，倉橋は心理学でいう直観や知覚の現象等を踏まえて心理機能の遊戯的実験とした内面陶冶と，社会的衝動としての遊びの分類をしている。遊びにおける心力と行動する力の視点ともいえよう。この遊びの構造を踏まえて全体を構造化することで，教育における遊びの陶冶の実質を捉えようとしたものである。

(2) 忘れられた倉橋の玩具研究

　倉橋はまた，彼独特の含蓄のある言葉でもって「玩具教育論」を展開する。倉橋の「玩具教育論」は，水野，有坂らの子ども期に限定した遊びの実利主義を，再び本質に戻すための集大成といった位置づけになる。玩具叢書の監修者として名を連ねた彼は，「玩具は教育の方便の道具ではない。そんな小さかしいものではない。そんな浅はかなものではない。それ自らの存在として，子どもの全生活に即し，全生活を活かしているものである」[23]，それ以外は玩具ではないとする立場から，玩具の裡に教育を見るとする。水野に続く当時の玩具研究が，教育を以て玩具を律する方向にいったものを，倉橋の論には，もう一度，遊びや玩具を遊戯の本質，原点に戻すもので，モノが豊富になってきて真が見えない世相の危機を予感した，強いメッセージが込められている。

　倉橋は，子どもの衝動，遊びの本質があって玩具の本義が導かれるとして，

玩具の教育性を，①玩具が生活に対して作用する形式的効果（心もちの緩和，開暢，心的欲求の満足，心的活動の誘導と指導），②玩具がもつ特質による教育性（感情上の教育価値，観念上の教育価値，練習上の教育価値）の2視点に置いている。

　今の幼児教育界は，玩具研究がなされているとは言い難い。玩具が教育の方便ではなく子どもの生活を生かす本質的なモノという認識は弱く，教材業者のカタログで教育玩具として選択していくため，玩具本来の意義を失い，消費に重きが置かれた刹那的な満足を得るものが多くなっている。玩具のルーツも，遊ぶことによって生みだされる価値も検討されないままに，環境として提示されているといえよう。また，真に幼児に必要か，どんな活動を促進させたいのかも考えずに不必要な玩具を買い与えたり，玩具による危険が生じたり，所有品を大切にしない習慣をつけたりといった副次的な問題を発生させている現状からみると，和田や倉橋の玩具研究の本来的意味に安堵感をいだく人々も多いだろう。商業ベースの玩具情報があふれる中で，幼児教育界も不必要な消費財である玩具に取り囲まれているからである。

　幼児教育界は，諸外国の遊び理論を吸収して，学校と異なる幼児教育の独自性を強調したが，常に教育に遊びを取り込むアポリアに直面してきた。法的整備が進むにつれ指導の概念が強化され，遊びの本質を教育の中に維持することが困難になる。科学万能の波は幼児教育に早期教育としての知育が導入されたり，潔癖なまでに遊び論を唱えたりしたために，和田に始まる誘導論も指示・命令，禁止・賞罰といった子どもの行き過ぎを抑制する直接的働きかけよりも子どもにとってはもっと厳しい，潜在的な見えない意図で操られる作用が強化されるようになってきたのである。アンリオがいうように実利を求める教育の場で，人間の本能としての遊びが生き延びることは不可能に近いということであろう。遊びの本質を捉え，自然環境を用意し，直接的なかかわりを減じて，自覚，自省，自衛，互助，互楽の子どもの世界をつくりだせる幼児教育者の専門性がないかぎり，実利への誘惑がひたひたと忍び寄るのである。

第2部

保育と遊び

　第2部では,「遊びのフォークロア」というタイトルの示す枠組みの大きさをぐっと狭め,保育所,幼稚園,こども園など,いわゆる幼児教育施設においてみられる遊びを主に取り上げる。そして,乳幼児にとって遊びがなぜ必要かを「実践共同体への参加」という視点から説明することを試みようと思う。この視点から,実践共同体としての遊びとはいかなるものか,そのような遊びはいかに展開され得るか,そのための保育環境のあり方や大人,とりわけ保育者の配慮とは何かについて考える。

　そこで,第1章では,社会の変化に伴って生じている子どもの遊びの変化を踏まえて,なぜ「保育」における「遊び」について焦点化するのかを述べる。それはとりもなおさず子どもたちが遊びの中で多くを学んでいるからであり,第2章では遊びにおける学びの捉え方について,状況的学習論を手掛かりにして考える。豊かな学びのために,保育において豊かな遊びが展開されることが期待されているのであり,第3章では保育における遊びの援助の可能性について考えたい。

第1章

「遊びを中心とした保育」の今日的意義

§1　なぜ「保育」の中の「遊び」か

1．はじめに

(1)　第2部における問題設定

　シリーズ編者が命名した本巻のタイトルは「遊びのフォークロア」である。「フォークロア」というのは，ある地域やある民族によって伝承されてきた有形無形の文化資産のことであるから，読者の皆さんはこの本を遊びの伝承について，あるいは伝承遊びについてのものだと思って読み進めてこられたことだろう。

　「遊び」と一言でいってもどの「範囲」で遊びを語るかによって，論点が異なるものになる。そこで，第2部では，「遊びのフォークロア」というタイトルの示す枠組みの大きさをぐっと狭め，保育所，幼稚園，こども園など，いわゆる幼児教育施設における幼児の遊びを主に取り上げる。そして，幼児にとって遊びがなぜ必要かを「実践共同体への参加」という視点から説明することを試みようと思う。この視点から，実践共同体としての遊びとはいかなるものか，そのような遊びはいかに展開され得るか，そのための環境のあ

り方や大人，とりわけ保育者の配慮とは何かについて考えたい。
　第1部で青木は，遊びを「宇宙の掟によって発生する現象のもとに対他者，対物との不確定な状況に身を置いて，その時々のセンスで身体を反応させていくところに生まれる活動」と定義し，その重要性を根元にある人間の知の形成と切り離さずに論じてきた。青木によれば，モノと人とが繋がることは受苦（＝パトス）を伴う。この遊びにおける受苦，すなわち恐れ，後悔，歓喜などの感情や身体的痛みは遊びの面白さと表裏一体である。遊びに面白さを見いだし，没頭することによって古代より人々は「パトスの知」を獲得していった。つまり，人間は痛みや苦しみを避けて生きることはできず，「パトスの知」を生活の中で暗黙裡に形成してきた。それが「ロゴスの知」（理性による言語的，論理的知）と統合されていくが，遊びによって形成される知はロゴスの知を包摂するパトスの知であり，知の枠組みを形成するために遊びは古代の世から不可欠であったという。
　このようなパースペクティブの中で「知」の枠組みを遊びや生活と関連させて論じていけば，当然，現代の学校教育への痛烈な批判に至る。青木は次のようにいう。
　今日の我が国の学校は子どもの「知」の枠組みを拡大させるために様々な体験学習を導入しているが，これらは本来社会が率先して行うことであって，学校が取り込めば取り込むほど，子どもは「感じる」のではなく，「感じることを教えられる」という本末転倒の状態が生まれている。「パトスの知が科学知や学問知をも包摂する大きな系であるように，社会が学校という場所（トポス）を包み込む構造に転換していくことが自然であろう」（第3部第2章 p.265）。
　そして同じ論理から現代の幼児教育についても，自然環境に乏しく，人工物に囲まれた室内での活動が多い現状を，「生の衝動に反する精神的な受苦」だけがある環境だと厳しく指摘している。
　しかし現代の保育の実態において，青木が理想とするほどの自然に囲まれたり，「受苦」を保障できるそれなりの環境の中で保育を展開している園がどれほど存在するであろうか。むしろ，そのような園は希少であろう。青木

の批判の方向性は理解できる一方で，すでに展開されている保育実践をどう改善するかという具体案を出す必要はないのか。

そこで第2部では，青木の遊び論とは異なる観点から保育の現状を見つめ，遊びを中心とした保育のあり方を追究したいと思う。

園の設置者が考えるべきことと，現場の保育者が考え得ることは常に一致するわけではない。保育者が園舎の構造や園庭の構築環境がよくないと思ったとしても，一保育者でそれを変えることはできない。保育者は与えられた環境の中で，可能な範囲の工夫を重ね，よりよい保育を目指す。その際，可能な範囲の工夫は何を根拠に行われるのか。それは遊びの理解からであろう。子どもにとって遊びがどのような意味をもつかを理解することによって遊びへの見方が変わり，子どもへの見方が変わる。そうなれば，環境の構成が子どもの遊びに適応するようになる。現場の実践者の子どもの見方や保育観を磨くことによって，遊びを中心とした保育は，どんな構築環境下であっても定立できるのではないか。

たとえば次のような保育は，遊びの考え方を深めることによって改善できるのではないか。その園では，外部講師による運動遊びが一斉活動として定期的に計画されていて，一斉活動の時間までが，いわゆる「自由遊び」の時間とされている。そして保育者は次のように言う。

「これから11時までお遊びの時間です。机の上で，絵本か粘土かパズルをして遊びましょう」

つまり，それは暗に「片づけがしやすい遊びをしながら時間がくるまで机に座って待っていなさい」ということである。子どもたちにはそれが日常になっていて，何の不思議も不満ももたずに絵本か粘土かパズルを出してきて，机に向かって言われた通りに遊ぶ。もちろん他者とのかかわりもあるが，それは近くに座った少人数同士である。遊びの工夫にも限界があり，発展に伴ってモノを取り込んだり，空間をつくりかえるという状況は起きない。遊ぶ子どもにとって，これが生と分かち難い充実した遊びとは，とてもいえない。

しかし，もし保育者が遊びの意義を理解し，遊びを育てる意識をもって保

育環境を構成したならば,「11時までの時間つぶし」のような遊びではなく,子どもたちにとって必要な体験が積み重ねられるような環境を設定できるだろう。

私たちは「知」の本質とは何かを再考し,子どもにとって必要な体験とは何か,それは遊びとどう分かち難い関係を結んでいるのかを考えなければならない。

(2) 第2部の目的

遊びはそもそも文化や地域の共同体と分かつことができない。それを教育実践に取り入れようというのである。そうならば,「取り込む」という方向性自体を否定していては,保育実践をよりよくするための提言はできないだろう。

そこで第2部では,「遊び」を「保育」という営みにおける「遊び」に限定し,就学前の子どもに遊びが必要であるという説明原理を再考するとともに,その方法について具体的に実践を通して検討することにする。第1部の「壮大さ」に比して,急に取り扱う世界が狭くなりすぎる印象をもたれるかもしれないが,直面している様々な課題をどう現実問題として引き受けるかという点は,決して小さくないテーマである。以下,その理由を述べる。

遊びを捉える範囲を狭める理由の第一は,かつては地域の大人の文化と不可分であり,地域において展開されていた子どもの遊びはもはや衰退し,遊びはいまや学校や幼稚園・保育所等の幼児教育施設においてのみ保障されているという事実である。第二の理由は,そうならば子どもたちが保育において十全に遊びを展開できるようにするには,どうすればよいかを問い直さなければならないからである。その際,保育者としてどうかかわるかを抜きに遊びを語ることはできないので,子どもと保育者の関係を視野にいれて「遊び」を考えたい。

2. 遊びにおける伝承性の衰退

　昭和30年代生まれの筆者は，子どもの頃，下校後は日が暮れるまで近所の友だちと「鬼遊び」や「石蹴り」「ゴム段」などに興じていた。それらの遊びは地域に存在していた異年齢集団の中で伝えられ，自在に変化させられてきた遊びである。地域の遊び集団は小学生が中心で，学校の学年の枠を超えて形成されていた。遊びが子どもの「生」にとって重要な要素であることに今も昔も変わりはないはずだ。しかし，子どもを取り巻く社会環境はこの40年余りの間に激変してしまい，以前のように子どもは戸外で群れて遊ぶことが条件的に許されなくなった。本能的には必要としているはずなのに，物理的にも時間的にもそれを満たすことができない生活を子どもたちは送っているのである。ベネッセ教育総合研究所の調査によれば[1]，小学生の50％は「忙しい」と感じ，約30％は戸外で遊んでいない。一体，何が変わってしまったのだろうか。昔の遊びの風景にあって今にないものは何か。

図表2-1-1　ある農村の風景（昭和30年代初め）

武藤盈写真・須藤功聞き書き『写真で綴る昭和30年代農山村の暮らし』農山漁村文化協会，2003，pp.20-21

　図表2-1-1は昭和30年代初めのある農村の風景をきりとった一枚である。田植えをする大人とその近くで遊ぶ子どもたちの姿がある[2]。かつて農村には村内に互いの農作業を助け合うシステムがあった。

　大きな子どもたちは作業を手伝うが，この写真の中の子どものように小さな子どもたちは群れて自分たちの一日を自分たちで過ごす。それが大人にとっては何よりの手伝いとなる。この

写真が示すように，子どもは大人の労働の側にいて，「共同体」という安心の磁場の中で勝手に遊んで過ごしていた。目の前の大人の姿は遊びのモデルにもなった。子どもたちは大人の生活とどこかでつながりをもちつつ，自立への道を歩いたのである。

　現代はどうか。社会の仕組みは変わり，大人の労働は子どもの生活から切り離されてしまった。共同体の中で生活することの安心感を得たり，他者と協同して物事を展開したりすることの大切さを学びにくくなった。かつては目の前で繰り広げられる大人の様々な生産的活動は子どもの遊びに刺激を与える役割も担っていたが，今は大人の行為をモデルとすることができず，遊びは貧しくなっている。

　これらの失われてしまった遊びや生活，けれども子どもの「生」には必ず必要な遊びや生活は，どこで補償すればよいのだろうか。地域社会のつながりが薄くなっている今，子どもたちは共同体意識というものをどこで形成することができるのか。その答えは幼稚園や学校等の教育施設にある。

　かつての地域の遊びは小学生が中心に展開されていたが，幼児も遊びの「ルール外の存在」として仲間入りが許されていた。あるいは「特別ルールの仲間」として。たとえば，かくれんぼでは，幼児が一番に見つかったとしても鬼にはしないという特別ルールがあった。幼児がもし鬼になったとしたら，うまく隠れた子を見つけることができないことがわかっていたからである。

　しかし昭和40年代以降，市場経済の発展により様々な分野で開発が進み，地域から空地がなくなった。また，大人の成果主義の価値観に巻き込まれて，子どもたちの塾通いなどが盛んになり，子どもから遊ぶ時間が奪われた。遊びの成立に必要な空間と時間が失われ，地域の異年齢の集団は完全に崩壊した。時に地元のコンビニの駐車場やマンションの敷地内で群れている小学生を見かけることもあるが，おそらく同学年の友だち同士で形成された集団である。多くは1台のコンピュータゲームを中心にして頭を寄せ合っているか，一人ひとりがゲームをしているかである。かつてのように地域の環境を生か

した遊びや，全身的な身体活動を伴う遊びの群れを見かけることはほとんどない。

　小学校生活科でよく行われる実践として，「地域のお年寄りと遊ぶ」というものがある。80歳代後半になる筆者の父親も「地域の先輩と遊ぼう」という地元の小学校の授業に，毎年駆り出され，小学1年生と独楽(こま)回しやベーゴマ回しをしてくる。そこで取り上げられる遊びは「独楽回し」や「お手玉」など，絵に描いたような典型的な伝承遊びで，高齢者にとっては懐かしいが子どもにとって身近なものではない。この類の授業は単発のイベントとしては楽しいし，地域のお年寄りと触れ合う意味はあるが，それが契機になってかつて地域に見られたような遊びや遊び集団が復活することはない。つまり，高齢者から子どもへと遊びが伝承され，子どもたちが自立的にその遊びを展開するようになる姿は見られない。

3．失われた遊びの伝承性を再生するためには

　市井の遊びが本来もっていた伝承の構造を明らかにし，その構造に教育的意義を見いだしている小川博久は，「伝承」を「長期的生活過程の中で展開される観察学習の過程と随時に展開される機会教授を意味している」と定義している[3]。小川は，観察学習とはある行為を「見て」「まねる」ことであり，機会教授とは「見てまねよう」としている未成熟者に対して，成熟者が，時としてその行為をやって見せることであるという。筆者の子ども期の遊びを思いだしてみれば，確かに小川のいうような遊びの伝承性によって遊びは活発に展開していた。低学年女児の憧れはゴム段が上手に跳べる高学年女児であり，必死に「見て」「学ぼう」としていたし，時に熟達者は跳ぶコツを跳んでみせることで伝えてくれていた。

　子どもが何かを「見てまねよう」とする動機は対象に対する強い「憧れ」にある。「憧れ」は親しみのもてる相手に対して起きるといわれており，未成熟者と成熟者の関係が親しく同調的であればあるほど「見てまねる」行為

は動機づけられやすい。かつて地域に存在していた異年齢の遊び集団は「憧れの対象」の宝庫であったように思う。低学年の子どもは中学年や高学年の子どものもっている遊びの技を食い入るように見つめていた。幼児は遊びの仲間に正式に入れてもらうことはできなかったが，排除されることもなく地域の遊びの共同体の中に組み込まれていた。そうしながら，どこにどんな隠れ場所があるかというような場の特性や，道具の扱い方を獲得していた。小川の定義や自分自身の体験から「伝承」を定義すれば，次の3点になるだろう。

- 文化的実践が活発に展開している状況下で生じる現象
- その文化的実践において，未熟な成員にとって憧れの対象となる熟達者が存在し，未熟者の「見てまねる」行為が生まれること
- 時に熟達者による機会教授がなされることによって，その実践に必要な技や知識を未熟者が獲得していくプロセス

　かつてはこのような伝承性の姿勢が遊びの隆盛を支えてきた。遊び集団の年齢幅が広ければ憧れの対象の幅も広いということになり，「伝承」の要素は強まる可能性が高く，遊び集団の構成員が魅力的で多様であればそれに越したことはない。しかし，このような，見てまねることが活動の強い動機になるという状態は，近接した年齢の子どもの間でも起きる。多くの園では冬になると風物詩のように独楽回しが行われる。投げ独楽は紐のかけ方が難しく，幼児にとって容易な活動ではない。しかし先行経験がある子どもの中には上手に回せる子どももいて，他者からの憧れの対象になる。子どもは友だちの独楽が勢いよく回っていると，その独楽が倒れるまで見つめている。そして，紐のかけ方や独楽を投げる一瞬のタイミングに目をこらす。すぐに回せるようにはならず，繰り返し失敗するが，諦めないで取り組んでいるうちにコツがつかめて，少しずつ回せるようになると，試行錯誤に拍車がかかる。「あのようにやってみたい」「できないかもしれないけれど，できるかもしれない」という揺らぎの中で，行為は動機づけられ，主体的に遊びに取り組むようになる。

先述した「地域の先輩と遊ぼう」において，高齢者から小学校1年生に伝えられる遊びが，なぜ単発の体験に終わってしまうのか。小川のいう「伝承」の構造から考えると，子どもが対象に同調性を感じないからということになる。まずこの活動が子どもの内的動機の高まり以前に教師によって「計画」されたものであること。そして計画された独楽遊びやベーゴマ遊びは1年生の子どもにとって日常的ではない遊びであること。しかも憧れを形成するはずのモデルとなるべき「地域の先輩」も，彼らにとって身近な存在ではないこと。これらの理由から，小学1年生にとっては独楽という活動も，それをやってみせる地域の高齢者も，「長期的生活過程の中で展開される観察学習」の対象になりにくいのである。

もはや学校や幼稚園・保育所等といった近代システムの存在を抜きに遊びを語ることはできないだろう。ならば，遊びのもつ伝承性が促す子どもの主体性を保障するために，学校や幼稚園・保育所等は遊びの構造をどう考えればよいのだろうか。

小川は，「これまで，教育実践の場で遊びをどうとりあげるかについて観念的主張が繰り返されてきただけで実践に対して具体的提案がなされてこなかった」とし，遊びを現代社会に生きる幼児や児童に体験させる意義を教育的に捉え，そうした体験の機会と子どもが出会う場を時間的空間的に構成する論を立てる必要があると述べている[4]。

小川がいうように伝承が保障される共同体の復元は，「昔はよかった」というような回顧主義的意味ではなく，現代的に新たな価値をもつ。園がコミュニティの核となって地域とつながり，社会全体で子どもを育てるという意識を生みだすことの新たな価値である。それは子どもにとって心地よいばかりでなく，大人にとっても豊かな生活を提供することになる。地域の人々が園に集い，そこからものやことがらを生みだすような保育実践は，同時多発的に全国で生まれている。その好例については第3部に挙げられているので参照されたい。

幼児教育の今後の方向性への提言は第3部にゆずり，第2部では現実の保

育にどう向き合い，遊びを教育に位置づけるかについて考えたいと思う。

§2 「保育」の中の「遊び」の特長

1．「園」という環境要因

　第2部では幼稚園・保育所・こども園等（以下，「園」と称することにする）の3歳以上の子どもの遊びに焦点化して取り上げるが，その前に，そこに働く環境要因を押さえておこう。

　子どもは家庭でも遊ぶし地域の公園でも遊ぶ，そしてもちろん園においても遊ぶ。これらの遊びは，そこにどのような環境があるか，あるいはどのような人がいるかによって異なる展開を示す。つまり，遊びの成立は取り巻く環境や時間的条件，あるいは人的環境によって規定される。そうならば，園における遊びの成立要因を押さえなければ，保育における遊びの独自性を論じることはできないだろう。

　まず第一に，構築環境の限定性である。認可された園は国の定める設置基準を満たしているわけで，基準を満たした敷地面積，園舎構造，園庭面積をもつ。園の遊びは各園のこれらの構築環境の影響を受ける。

　第二に人間関係の限定性である。園の遊びは「在園児」とその「在園児」とかかわりのある人々との関係性の中で遊びが成立するということである。地域の公園の砂場に集まるメンバーはその日によって違う[5]が，実際に園の中の遊びは，構成員をなす「園児」と称される幼児たちがインフォーマルな集団を構成して展開される。もちろん，一人で遊ぶ場合もあるが，本人が意識しているか否かは別として，その周辺には「園児」と呼ばれる同世代の幼児たちが存在している。異年齢保育や交流保育などの様々な保育形態が見られるが，いずれにしても，子どもの人間関係はフォーマルグループとしての

「クラス」をベースに形成される。持続的安定性の高い人間関係をベースに遊びが展開されるということは，遊びそのものも持続的に展開する潜在的可能性をもっているということである。

　次に，時間的条件の限定性である。ある一定の時間をそこで過ごすという時間的条件下で園の遊びは展開される。それは入園から卒園までの在園期間という長期的時間枠から，一日の単位としては登園から降園までという短期的時間枠までを含む。遊んでいたいからずっとそこで遊び続けるということは基本的には許されず，そのことは，長短期カリキュラムをどう編成するかということと繋がりをもっているということである。

　そして最後に，幼児の保育をつかさどる者としての保育者が存在しているということである。先にも述べたように，幼稚園，保育所，子ども園等の幼児教育施設は，子どもたちがある一定の空間と物的環境の中で，多少の流動性はあるにしても，ほぼ同じメンバーで生活する場である。そして保育者は一定の保育年限の間，保育の当事者として責任をもち，子どもたちの実態に応じて生活を構想する。遊びの主体者は子どもであるが，保育者は遊びのきわめて強い環境要因として働く[6]。

　子どもの遊びは時間的・空間的・関係的限定性の中で，互いに影響を及ぼし合いながら展開する。保育者は時に子どもたちの遊び仲間として存在しながら*，あるいは「見守る」という行為をとりながら，子どもの遊びが主体的に展開できるよう，環境を構成し続けたり，必要な援助を行ったりするのである。

2．保育における遊びの位置づけ

(1) 歴史的な位置づけ

　遊びのもつ伝承性は，子どもの遊びへの主体的取り組みを保障してきた。

＊　小川は保育者が幼児の遊びの仲間として遊びの中に入り込む状態を「状況内存在」と呼ぶ。

では，地域の遊び集団が崩壊してしまった現代社会に生きる幼児や児童にとって，遊び体験はどう保障されるのか。早急に遊び体験の機会と子どもが出会う場を時間的空間的に構成する論を立てる必要がある。地域社会の再生がそう簡単なことではない現代において，おそらく学校や幼児教育施設はもっとも有力な再生装置として働くだろう。

遊びは幼児期にふさわしい学習の手段として位置づけられてきた。東京女子師範学校附属幼稚園の主事であった倉橋惣三は，すでに昭和初期の講演の中で，「幼稚園の保育は，教育のいろいろの種類の中でも，特に対象本位に，実に対象本位に，計画されていくべきものである」[7]と述べ，「対象本位」，すなわち幼児本位の自然な生活の中で，遊戯が尊重されることが保育方法の特長であるとした。『幼稚園教育要領』に示されている幼稚園教育の基本は，この倉橋の保育思想の流れを汲んでいることは明らかである。

旧文部省は大正15（1926）年の「幼稚園令」から平成20（2008）年改訂の『幼稚園教育要領』にいたるまで，遊びを中心とした保育の理念を堅持し，現在では幼稚園教育の基本を以下のように押さえている。

- 幼児の主体的な活動を促し幼児期にふさわしい生活が展開されるようにすること
- 遊びは発達の基礎を培う重要な学習であることを考慮して，遊びを通した指導を中心としてねらいが総合的に達成されるようにすること
- 幼児一人一人の特性に応じ発達の課題に即した指導を行うようにすること

遊びが遊びとして成立する条件の一つは「非手段性」である。子どもはただ「面白いから」という内的動機に動かされて遊ぶ。遊びの主体者である子どもが遊びを「手段」として捉えることはない。しかし保育者は子どもの成長発達を願う当事者として，遊びを通して「ねらいが総合的に達成されるように」働きかけることが求められる。本質的に非手段の遊びを，子どもの成

長発達の過程の上に意味づけ,遊びの主体者がそうとは感じとれないようにしながら,それを発達に必要な経験として位置づけ,教育として成立させなければならないのである。

ところが,我が国は一世紀に及んで遊びを中心とした保育を標榜してきたにもかかわらず,その保育実践が定着しているかといえば必ずしもそうとはいえない。理由は様々に考えられるし,おそらく複層的である。たとえば,

- 遊びを保障するために必要な物的,人的,時間的環境が十分に整えられていない
- 特に人的環境としての保育者自身が,すでに遊びの伝承性が失われた世代に育っていて,遊び体験が乏しい
- 遊び概念が曖昧で,「幼児の主体的活動としての遊び」と,「保育者の計画的な指導」との関係性が具体的に示されにくく,教育の方法として定立しにくい
- これを実現するには高い幼児理解の能力と,遊びの理解力が求められるが,先にも述べたように保育者自身の遊び体験が不足していることもあり,両者の理解力が伴わない
- リテラシーの獲得に偏った早期教育を望む親のニーズがますます高まっていて,保育はそれに馴致しようとする傾向がある

このような現状を解決しないかぎり,いくら国のガイドラインとしての幼児教育の基本として遊びの重要性が強調されたとしても,遊びを中心とした保育実践は定着していかないだろう。この現実をS.D.ハロウェイは鋭く指摘している。

(2) 現在の傾向

S.D.ハロウェイの調査によると日本の幼稚園は三つの教育タイプに分けられ,保護者にもっとも人気があり,園児数が多いのは教師主導の一斉活動

を中心とした保育を展開する幼稚園であるという[8]。このタイプの園をハロウェイは「役割重視型」と名づけている。「役割重視型」の園においては，教師の指導性はもっぱら全員を集めて行う活動の時間帯，すなわち一斉活動の時間に発揮される。日々のスケジュールはびっしり詰まっていて，個人的に活動を選択する時間的・空間的自由はほとんど与えられない。このような幼稚園では，わずかな遊びの時間は子どもの主体的活動の時間帯として放任され，保育者の教育的意図の網目からはずされる。このような園が保護者に好まれるのは，何かが目に見えてできるようになることを学習と捉え，我が子をより早く「できる」子にしたいと願う傾向があるからだとハロウェイは述べる。幼児期の体験として何が大切であるのか。なぜ，遊びは幼児期の重要な学習であるという基本方針は浸透が困難なのであろうか。

　それは遊びをどう捉えるかという問題と結びつく。小川は教育学における遊びの重要性についての主張は近代教育思想の展開と結びつき，子どもの遊びは，子どもの主体性を発揮する子ども期の心性の本質論として位置づけられてきたという。そして遊びは子どもの発達上に自然発生的に発現するものであり，その自然発生的発現こそが子どもの主体性確立につながるものであるという言説を生んだために，教育実践においては，教師は遊びに積極的にかかわらないということになったのだという。

　教育実践としての遊びの位置づけは，ゆえに曖昧のまま，重要な学習であるといわれてきたのである。ハロウェイの指摘したように，教育の方法として「わかりやすい」一斉の活動に人気が集まる背景には，教育実践として「遊び」の位置づけが定立していないということが挙げられよう。

　しかも，保育をする側にとってもこのスタイルが教育の方法として「実践しやすい」からだと思われる。先に述べた幼稚園教育の基本を保育の中で具現化するには，幼児を理解する高い能力が必要となる。しかし，平均勤務年数が短く，若年層保育者が保育を担う日本の幼稚園において，保育者の幼児理解力は必ずしも高いとはいえず，幼児理解から保育を構想する教育は難易度が高い。教師の側が「何を指導するか」を予め決めておける教育方法の方

が，持続的安定的に展開されやすいのである。保育者の資質を高めることは，幼児教育の根幹をなす大きな課題である。

　子どもの遊びを教育実践の中核におく幼稚園教育や保育所保育では，子どもの安全性への配慮を除いては，できるかぎり子どもに好きなことをさせようという自由放任的な自由保育の実践と，遊びの障害となるトラブルの解消として消極的関与をよしとする幼児教育論が一つの極として成立した[9]。子どもの遊びへの大人の関与は，子どもの遊びの本質を侵害しかねないという言説である。しかしもう一方では，遊びを通しての主体性の発揮は幼児期や学童期のみの発達段階に特定される心的特性であるとされるがゆえに，小学校段階での学習を未来的展望として考えた場合，遊びを放置したままでよいのかという論も出現した[10]。

　平成10（1998）年改訂時に，文部省（当時）が『幼稚園教育要領』を周知する意図で発刊した『幼稚園教育要領解説』には，「遊び」は以下のように位置づけられている[11]。

　　自発的な活動としての遊びにおいて，幼児は心身全体を働かせ，様々な体験を通して心身の調和のとれた全体的な発達の基礎を築いていくのである。その意味で，自発的活動としての遊びは幼児期特有の学習なのである。したがって，幼稚園における教育は，遊びを通しての指導を中心に行うことが重要である。

　このように幼児の発達の特性上，遊びが学習の方法として有効であるとし，「幼児の主体的な活動としての遊びを十分に確保することが何よりも必要である」と述べられている[12]。しかし一方で「『幼児をただ遊ばせている』だけでは教育は成り立たない」ともあり[13]，「遊びを十分に確保する」という意味は，時間量の問題だけではないことが示唆される。さらに，「ただ遊ばせているだけでは幼児の主体的な活動を促すことにならない」と続けられている。つまり，遊びを中心とした保育が成立するかどうかは，幼児が主体的

に活動するかどうかにかかっていると読み取れる。『幼稚園教育要領解説』は幼児が主体的に活動するための事例を挙げてはいるが，遊びの展開は保育者の理解力・指導力にかかっているといった論調であり，施設設備，人的時間条件には言及していない。

このようなわかりにくさに比べて，「遊ばせてばかりいてはだめだから，教育する」という「役割重視型」の園の論理は明快で，保護者や社会には受け入れられやすいのであろう。遊びの主体者である子どもにとっての意味を理解することを保育の根拠とするためには，実現可能な明快な保育の方法論が求められているといえよう。

幼児は遊びをより面白い方向へ展開しようとするときに主体性を発揮する。幼児の側から見れば主体的行動は「面白さ」という情動によって突き動かされる。それは大概の場合，保育者の側から見れば発達に必要な経験を積み重ねていることになる。しかし，その逆は必ずしも成立しない。保育者が「これこそが発達に必要な経験である」と思うことが幼児にとって面白さを感じることとは限らない。したがって，「『幼児をただ遊ばせている』だけでは教育は成り立たない」から指導しなければならないと考えるのは適切ではない。遊びの面白さは環境にかかわることによって生みだされる。しかし，同じ環境にかかわり続ければ面白さは増幅しなくなり，遊びに停滞をもたらす。子どもは新奇性や複雑性を遊びに求めるようになり，それを潜在的に可能とする環境を求める。ところが先にも述べたように幼稚園や保育所というのは空間的時間的に限定性をもつ環境であり，四季による変化をのぞいては，そこに何らかの意志が働かなければ環境は変化しない。つまり環境を変化させるものは，季節の巡りが引き起こす種々の変化と，子どもと応答しながら環境を構成していく保育者の存在なのである。保育者の存在，保育者の意図が遊びの展開を大きく左右する。

保育者は時に子どもたちの遊び仲間として存在しながら（「状況内存在」），保育の当事者として同時同空間で展開される複数の遊び集団に対して全体的視野をもたなければならない。また，園における遊びが限定条件つきである

以上,それがより主体的な活動になるために,環境を子どもとともに構成し続けなければならない[14]。環境は構成し続けるものであると認識し,環境を整えるのは保育という営みにかかわる保育者,子ども,保護者や地域社会など子どもとかかわりをもつ身近な大人の役割であることを押さえておきたい。この意味において,「『幼児をただ遊ばせている』だけでは教育は成り立たない」といえよう。

3.発達に必要な体験と遊び

遊びの教育的価値とは何か。古くはプラトン以降,多くの識者,研究者によって議論が展開されてきており,これらの論点は山田敏によって網羅され,整理されている[15]。そのいずれの遊び論においても,幼児の発達において遊びが重要な役割を果たしていることを疑う者はいない。山田は何らかの活動が「遊び」と「なる」ことが遊びの本質であるとし,遊びに「なる」条件として以下の3点を挙げている[16]。

- その活動が,その活動の主体にとって楽しいこと
- 主体にとっては,その楽しい活動自体が目的であって,少なくともその活動が,その外部にある他の目的達成のための単なる手段としての性格をもてばもつほど,その活動は「遊び」の核心から遠ざかること
- 外部から強制され拘束されている,という感じを主体がもたず,要求,意志に基づいて行っている活動であるという感じを主体がもっていること

「何かのため」という手段ではなく(非手段),それが面白いから(内的動機)自ら取り組む(主体性)活動が,遊びとして「なる」条件であるという。遊び論は多様で,遊びの定義も多様であるが,多少の表現の違いがあるにしてもいずれもこの3つの条件を含んでいる。

矢野智司は「今日の幼児教育の課題は，幼児が体験を深めることにある」とし，体験は〈目的－手段〉という系列によって切り取られるものではなく，「体験として遊びを生きるときには，ただ自由で比類なき喜びをもたらしているかどうかが問題なのである」という。体験とは我を忘れて遊んだ時に自己と世界とを隔てる境界がいつの間にか溶解してしまうことだという。その上で矢野は，「経験」と「体験」を峻別し，経験は「自己のうちになかったものと出会い，働きかけ，そして自己に取り込んでいく」ものであり，様々なものを既知の知識の中に位置づけ，整理することであるという。このような「経験」は，「やがて小学校や中学校で教科として系統だった教授がなされたときの，科学的な思考の礎となることが期待されている」[17]のである。

　つまり，子どもが興味ある対象に出会った時に我を忘れて没頭する状態になることに意味があり，その状態において子どもは様々な感情を味わうとともに出会った対象のもつ特性を学んでいく。そうであれば，体験が単発で終わったり，断片的であったりすれば，子どもの身のうちでそれらを関連づけて定着させていくことができにくい。保育という枠組みの中で大人にできることは，どのようにしたら多様な「体験」が関連しあえるかを空間，時間，環境の視点からデザインし，「体験」があるまとまりをもってその子どもにとって意味をもたらす，つまり「経験」となることを企てることであろう。「遊び」といっても，幼児がそこで何を体験し，経験へとつながっていくかに無自覚な保育もいまだに多い。保育者主導の一斉保育において，「必要な体験」は保育者によってもたらされるものと思われている節もある。

　津守真は「子どもが自分自身を打ちこんで遊ぶようになるには，そのかげに，保育者のはたらきがある。ひとつの遊びをとってみても，そこに至る過程をみると，遊びを模索している時間，その相手をする保育者の，肉体的，精神的労働は大きい。」[18]と述べる。幼児の自発的な活動である遊びと保育者はどうかかわるのか。大人の配慮とは何か。子どもの経験を保障しようとするならば，子どもを取り巻く大人の配慮，つまり，子どもの体験がどのように関連づいて経験となるのかを理解し，理解に応じた配慮を行う態度が求

められる。

　平成20（2008）年度改訂の『幼稚園教育要領』では，幼児の生活や遊びにおいて体験の多様性と関連性が大切であると押さえている。体験の関連性とは「ある体験を通して，幼児が心を揺り動かされることで，次の主体的な活動につながっていくということ」と定義づけられ次のように述べられている。

　　　幼児が様々な人やものとのかかわりを通して，多様な体験をし，心身の調和のとれた発達を促すようにしていくこと。その際，心が動かされる体験が次の活動を生み出すことを考慮し，一つ一つの体験が相互に結び付き，幼稚園生活が充実するようにすること。[19]

　「特別な体験や数多くの体験」をさせればよいということではなく，「幼児にとって意味のある体験」を偏りなく多様にもたせることであると説明する。保育者の役割は，一つひとつの体験を充実させた上で，その体験と次の体験がつながるようにすることであるという。「体験」と「経験」は使い分ける必要があるのではないか。ある一つの体験がその子どもにとって意味あるかどうかはその時点ではわからない。一つの体験と次の体験とが関連づいたとき，意味が見いだされる。体験は遊びの中に具現化されたり，何らかの表現をくぐりぬけることによって，子ども自身にも意味が認識されるし，私たちにも見えやすくなる。つまりそれは子どもにとって意味ある「経験」となる。そこに学びがある。ある体験から次の体験へと流れが生まれることを想定して環境を構成するのは保育者の役割だろう。しかし，体験を意味づけ，体験と体験をつなげ，何らかの表現を通して意味を身の内に定着させるのは子ども自身である。保育者は子どもが出合っているその体験が，どのような意味を子どもにもたらし，それがどのように子どもの中で結びついて「経験」となるのかを読み取ることである。「過去」の体験が「現在」の行動にどのように結びつき，自発活動としての遊びを生みだしているのかを持続的に読み取り，かかわることが求められる。

第2章

遊びにおける学びの捉え方

§1　遊びはなぜ大切か

1．遊びから学ぶ権利の保障

　幼児期の発達特性を踏まえて，幼児教育において，遊びは生活の中心と位置づけられている。したがって保育者は子どもが遊びの中で発達に必要な経験を積み重ねられるように援助せよといわれている[1]。我が国ではすでに1951年に制定された児童憲章第9条において，「すべての児童は，よい遊び場と文化財を用意され，悪い環境からまもられる」と宣言されており，子どもの遊ぶ権利を守ることは幼児教育の根幹といえる。

　世界に目を転じれば，「児童の権利に関する条約」(1989年国連総会にて採択)第31条に，「締約国は，休息及び余暇についての児童の権利並びに児童がその年齢に適した遊び及びレクリエーションの活動を行い並びに文化的な生活及び芸術に自由に参加する権利を認める」とし，児童は，遊ぶ機会を与えられる権利を有していると明記されている。

　「児童の権利に関する条約」は，あらゆる国，とくに開発途上国における児童の生活条件を改善するために国際協力が重要であることを認め，児童の

幸福を保障するために締結されたものである。世界的には紛争地や発展途上国において，児童の生命の保持が脅かされていたり，児童が労働の一翼を担わされていたりして，発達にふさわしいとはいえない状況下で暮らすことを余儀なくされている。児童の健やかな発達と幸福を保障するために，子どもの遊びを保障することは大人の重要な役割であろう。このような流れの中で，世界幼児教育機構（通称OMEP）は，2010年に以下のような宣言をだし[2]，遊びの中で学ぶ権利を子どもたちに保障するよう主張している。

　今日，政治的や財政的な諸問題により，多くの政府は私たちの子ども達が就学時（学校生活を始める前）におけるリテラシー（文字・読み書き）と数（算数）の習得，すなわち早期発達を誇張している。こうしたことは，全人格的な子どもの発達を推進する取り組みを行う幼児教育を著しく制限することに至っている。こうした状況は，幼児教育の基本と意義を破壊している。こうしたことは，創造性，想像性，オープンマインド（開かれた心），表現的な芸術性といった不可欠な価値を取り去ることになり，ゆえに遊びから学ぶ権利と喜びに深く影響を及ぼすことになる。私たちは，今，貧困を撲滅し全ての子どもが教育を受ける権利を与えるという国連のミレニアムゴールの目標実現が難しいことを周知している。ゆえに，OMEP世界大会と総会では，地方と国レベルを含むすべての国の政府機関が，計画を再考し財政の再配分を行い，目標を達成するように懇願するものである。

　幼な子は，意欲に溢れ，可能性に満ちた変化をもたらす担い手である。おとなは，子どもの声に聴き，直接彼らに関係している事象に対する彼らの視点とアイディアに気づくことである。
　We know stuff too！（six years old child）
　　　　イングリッド・エングダール（大会委員長）　日本語訳　森眞理

　子どもの全人格的な発達に必要なのは，行きすぎた早期教育ではなく，創

造性，想像性，オープンマインド（開かれた心），表現的な芸術性といった価値に重点が置かれた活動であるという。そして，このような価値に重点が置かれた活動に子どもが喜びをもって取り組むことが大切なのだというメッセージである。国によって子どもたちの置かれている状況は異なる。したがってこの宣言のもたらす意味も異なるものとなる。

　日本においてはどうか。近年，経済格差が広がり，子どもの貧困率が上昇している[3]。看過できないほどの貧困は希望と意欲を子どもから奪い，教育の格差を生むという。子どもに対する教育計画の再考と，財政の再配分の再考は，もはやその国の問題ではない。では私たちはどのような質の教育を，格差なく子どもたちに保障するべきなのだろうか。この点を考える際に憂慮すべき傾向といえるのが，将来の不透明感から早め早めに手を打とうとする社会的風潮やそれによって引き起こされている保護者の不安感である。それらが行き過ぎたリテラシー偏重の早期教育に拍車をかけている原因につながる。

　OMEPの宣言にもあるように，幼児は生活における多様な体験を通して学ぶ存在であり，このような学びが全人的な発達を促す。あまりにも早すぎる知育偏重の早期教育は遊びから学ぶ権利と喜びを子どもたちから奪い取る。子どもの生活を守るための基盤の強化と，子どもたちの発達にふさわしい生活と学びの保障は，大きな問題といえよう。就学前の子どもの教育の基本は『幼稚園教育要領』や『保育所保育指針』において押さえられている。これらのガイドラインが絵に描いた餅にならないように，「子どもの学ぶ権利」を保障することを喫緊の課題として，実践していくことが求められている。

　日本の保育の現状をみれば，第1章でも述べたように，統率がとれる集団性の獲得を目指した一斉活動中心の保育を展開する園はいまだ多い。もちろん，このような園でも遊びの時間はある。しかし，子どもが遊びの仲間も内容も場所も選択して取り組むいわゆる「好きな遊びの時間」においては，保育者による配慮はほとんどなされず，子どもを遊ぶままに放任していること

が多い。保育者は安全管理に気は配るけれども，子どもが遊びの中でどのような経験を積み重ねているかには注目していないことが多い。子どもが遊びの中で学ぶ権利を保障しようとするならば，保育者は子どもがそこで何を学んでいるかを読み取らなければ，学びに必要な環境を準備することはできないはずである。

　言うまでもないことだが，幼児教育が基本として位置づけている「遊び」とは，子どもの「気ままな遊び」にまかせる活動のことを指すのではない。教育の究極の目的は長い生涯を生きていくために必要な自己形成力を養うことである[4]。教育の第一歩である幼児教育の目的は「生涯にわたる人格形成の基礎を培う重要なもの」（教育基本法第11条）であり，幼児期にふさわしい生活を通してその基盤となる自己決定，自己実現の喜びを味わわせることが，自己形成力を育てるためには極めて重要である。保育における遊びは，園という実践共同体の中で子どもが人や環境にかかわることによって生みだす発意としての活動であるが，その活動が自己実現を満たす充実したものでなければ幼児の自己形成力を高めることはできない。情緒主義的に遊びを礼賛するのではなく，遊びは子どもに多くの経験をもたらすという観点から遊びを捉える必要がある。

2．「遊び」の有用性をどう説明するか

　これまでも遊びが大切であることは様々な視点から論じられてきた。近年では遊びの有用性を示すエビデンスを求められるようになり，すでに多くの研究によって根拠を示す努力がなされている。たとえば，杉原隆らの子どもの主体的な遊びが運動発達によい影響を及ぼすことを明らかにした一連の研究である。杉原らは保育時間内に何らかの運動を指導している園がどれくらいあるかを調査し，運動指導をしていると回答した園においては約半数が体育の専門と思われる外部派遣講師による指導者主導の運動指導が行われていることが分かった[5]。さらに運動指導の効果をみるために，運動指導をして

いる園としていない園との運動能力の比較をした結果，もっとも運動能力が高いのは特別な時間を設けて運動指導をしていないと回答した園であることが明らかになった。つまり，運動能力を高めることを目的として指導者主導の運動指導をしたとしても，運動能力は高くならないことが示されたのである。杉原は遊びを自己決定と有能さの認知を追求する内発的に動機づけられ活動している状態と捉え，そのような状態のときに子どもは活発に身体を動かして，運動技能を獲得していくと述べている。

　子どもの能力の一側面に焦点を当てて遊びとの関連を調査した例としては，鳥取大学が継続研究している「すくすくコホート鳥取」がある[6]。幼児期からの追跡調査により，社会性や学力などの観点から幼児期の遊びの重要性を指摘している。特に幼児後期に友だちと遊ぶ体験を十分にした子どもは，思いやりが豊かに育つことを保護者への調査と行動調査で明らかにしている。あるいは，内田伸子はいわゆる難関大学に合格した者は幼児期に十分に遊んでいたということを保護者へのアンケート調査によって明らかにし，遊びはいわゆる受験学力を高めると指摘した。受験学力が価値判断の基準として妥当かどうかは議論を要するが，今の社会では一定の説得力を備えていることも確かだろう。

　筆者も保育者としてあるいは園長として，遊びの必要性を保護者や社会に訴えてきた。たとえば，鬼遊びのような集団遊びをすることで子どもたちはルールを学ぶ。虫をとったり植物を集めたりなど自然にかかわることで好奇心や探究心が育まれるというように。確かに，遊びによって様々な能力が子どもたちの中に育まれるだろう。しかしそれは結果としてのことであって，それが遊びの目的ではない。遊びの教育的効果を，遊びが子どもにとって必要であることの説明原理としたならば，遊び以外の方法でもこれらの力を育むことは可能だと反論されるだけだろう。矢野は確かに遊び体験は社会的認識や科学的認識を発達させるが，遊びについて問うべき論点を効果や結果におくのではなく，プロセスに映してみる必要があるのではないかと主張している[7]。

社会的に遊びの有用性を浸透させるためには，遊んだ結果としてどのような態度や能力が身につくかというエビデンスを示す量的研究も必要だとして，一方で，遊びそのものの価値を「効果」という点からでなく押さえておく必要があるだろう。

「学び」を個々人の中に知識が積み重なったり，ある特定の能力が高まったりすることと捉えれば，矢野のいうように「遊び」よりも効果的な教育方法はほかにある。そうではなく，遊びによって子どもは自分を取り巻く「世界」との関係に意味を見いだし，他者とのつながりを深めながら，主体的に思考し行動を起こすことを経験する。結果として諸能力が身につくことはあるかもしれないが，それを目的とした時点で，遊びは遊びとしての成立条件を失うことになる。世界との関係に意味を見いだすことを学びとする考え方は，レイヴとウェンガーら（Lave,J. & Wenger,E, 以下レイヴらと表記）が提唱する「正統的周辺参加論」の考え方に近い[8]。レイヴらの学習論の要点に沿いながら，遊びにおける学びをどう捉えるかを論じたい。

§2　状況論的アプローチと遊び

1．正統的周辺参加論の考え方

レイヴらは，知識や技能を外的なものと捉え，それを個人内部に取り入れることとする従来の学習観を転換し，知識と学習とは社会実践に参加し，そこで何らかの役割を担うことであるとした。つまり学習とは学習者が所与の知識を吸収し内化する過程ではなく，なんらかの実践共同体への参加することであるとした。レイヴらは学習を社会や共同体やそこでの人々の活動との関係の中で捉えるために[9]，いわゆる徒弟制度を有する様々なフィールドにおける実践を例に取り，そこにはいわゆる「教授－学習」形態による「教え

る」という行為がなくても,新入りは一人前に育っていくことを明らかにした。

　たとえば,リベリアの仕立て屋において,新入りは布を裁断したり,ミシンをかけたりなどの核心的な作業には参加させてもらえないけれども,初めからボタンつけや掃除などを任される。それは仕立てという実践においてなにがしかの役割を担うことである。ボタンつけは簡単な作業かもしれないが,服の製作においてはなくてはならない作業であり,新入りは最終工程であるボタンつけに最初に参加することによって,そしてまた場全体を見通して掃除をすることによって,「仕立て」という実践の全体を学ぶ。そればかりではなく,全人格的に仕立て屋の一員としてのふるまいを学び,共同体へのアイデンティティを高めていく。この学習プロセスについてレイヴらは以下のように述べる。

　　　学習を内化とみるのとは対照的に,学習を実践共同体へ深く参加することと捉えることは,学習を世界にかかわる全人格に関係することと捉えることである。参加という用語で学習を理解すると,関係性が絶えず発展し作り直されることに注目することになる。もちろん,これは,参加する人々,その行為,そして世界との関係を見る社会実践理論と一致する[10]。

　レイヴらは,社会実践から切り離された活動や意味,認識,学習,知識は存在しないと捉えており,したがって文脈から切り離された知識はありえないし,それを個人が社会的実践から切り離された状態で蓄積することを学習とはいわない。学習者にとって第一に重要なのは,まず何らかの実践共同体に参加することであり,知識も技能もどこかにあるのではない。実践共同体に参加し,そこでなにがしかの役割を担い,それをまっとうできるようになる過程で学習者が変容していくこと,それ自体が知識であり技能であり学習なのだとレイヴらは捉える。つまり,学習の発展とは実践への参加の形態が

周辺的なものから十全的なものへと進んでいく過程であり，これを「正統的周辺参加」と呼ぶ。正統的周辺参加論の考え方において，学習とは実際に何がしかの実践に参加することによって行われることであり，学習者は実践の一員として参加の度合いを深めていくこと，つまり十全的参加に向かい，実践において何がしかの一人前になることである[11]。また，それだけではなく，学習者の実践への参加が深まることによって，共同体もつくり直されていく。

先に挙げた例を再び取り上げるとすれば，仕立て屋の新入りがボタンつけを担うように，新入りの参加の様子は部分的ではあるが，実践共同体の一員として十分な貢献をしているという点で正統的参加と捉えられる。新入りは実践共同体の中で部分的な役割を担いながら，その部分における熟達を果たし，同時に，次第により多くの労力や熟練を伴う作業にかかわるようになって実践共同体へのアイデンティティを深めていく。このように参加がより深まる状態をレイヴらは「十全的参加」と呼んでいる。

正統的周辺参加論の功績は，従来の認知主義的学習論に対して「それを社会実践の現場を生きるアイデンティティ構築主体として『全人格』として把握する可能性を開いた」ことであると高木はいう[12]。正統的周辺参加論はそれ自体が教育の形態を示す学習論ではなく，「学習を分析するための一つの見方であり，学習を理解する一つの方法」[13]なのである。

学習を個人の認知の問題として閉じ込めるのではなく，広く関係論的に読み解こうとする状況論的アプローチによる学習の考え方と，効率性を目指す現在の学校教育における学習の考え方には，現状では大きな開きがある。レイヴ自身「状況の中で学ぶという観点から学校教育を捉え直すことは，いかに知ることや学ぶことが社会実践におけるふるまいそのものであるかを多層的に明らかにすることであり，とてつもないプロジェクト」[14]と述べているが，教育の現状をみれば，学習の見方を変換していく必然性は高まっているものと思われる。

では幼児教育に焦点化した場合はどうか。倉橋惣三は『幼児の心理と教育』[15]において，幼児教育の原則の一つとして「生活を，生活で，生活へ」

を挙げ，子どもが生活の中で様々なことに興味を抱き，主体的にアプローチしていく姿を尊重した。生活の実際を教育の方法として取り上げるということは，子どもの学習を社会の文脈から切り離さないということである。実際，子どもは生活の中で出会って興味や関心を抱いたものに積極的にかかわっていき，遊びを生みだす。だからこそ，幼児期の生活の中心に遊びがおかれ，尊重されてきた。この考え方は現在の幼児教育の基本の中にも位置づいている。子どもの傍らにいる大人として，保育者がまず第一に求められることは，子どもが主体的にアプローチしていきたいと思える対象（なにがしかの実践，あるいは物的環境や設備）に子どもを出会わせることであり，子どもの主体的な意欲や態度を尊重することである。このような幼児教育における学習者の経験に応じてカリキュラムを作成するという考え方と実践は，まさにレイヴらの主張する学習論と通底するものである。

　遊びは遊び手の自発性に支えられて展開する。自発性とは心が動くことであるから，遊びの展開は面白いとか，楽しいといった快の感情と分かちがたい。子どもは，モノや人にかかわることによって遊びを生みだす。取り巻く世界とのかかわりと「面白さ」とは双方向的な関係にあり，かかわりが深まるほど，面白さも深まる。この関係は，「活動とは社会的かつ文化的に構築された世界の中にあり，あるいは共にあり，あるいはそこから湧き上がる」[16]というレイヴらの学習の考え方を地でいく教育といっても過言ではない。

２．遊びにおける観察学習

　それではレイヴらの学習観と遊びにおける学習の考え方は，理論的にどのような共通点をもつのだろうか。レイヴらは徒弟制度における学習システムを解明することから正統的周辺参加論を確立した。長年，伝承遊びを研究してきた小川は，子どもの伝承遊びにおける学びの本質は徒弟のシステムと類似していることを早くから指摘している[17]。子どもが遊びに参加していくに

は，そこに参加したくなるような遊び，すなわち文化的実践が成立していることが前提となる。子どもは実践に参加することによって，実践を支えている熟達者に憧れ，そのようになりたいと願う。この構造はまさに伝統芸能における学習の過程と同一であるといえよう。

　たとえば，年長児のお店やさんごっこに招かれてひとしきり遊ばせてもらった小さな組の子どもが，自分のクラスに戻ってくると，すぐにまねてお店やごっこを始めようとすることがある。あるいは，もっとダイナミックな観察学習としては，大人の動きをまねる姿もある。たとえば園の建物の修理にくる大工さんなどの職人さんの動きを食い入るように見ていて，その近くでまねてみようとすることもある。熟達した実践者による実践は，未熟者にとってとても魅力的であり，模倣の意欲を喚起し，行為化を促す。これが学習の成立である。

　東京都杉並区にある私立中瀬幼稚園園長井口佳子は，「園環境に必要なのは花園と工事現場である」という実践知から得た保育論を展開している[*]。「花園」とはすなわち自然環境の代名詞で，子どもが園内の様々な自然にかかわって遊ぶことの重要性を指しているのであろう。「工事現場」というのは，「モノづくりの現場」と言い換えることができるだろう。「本物」のモノづくりの現場が園内で展開されていることによって，子どもたちは道具の使用や段取りなどを見て学ぶことができるのだという。安全管理の観点からいえば，子どもたちが自由に動き回っている場所で様々な工具を使う仕事が行われているのは具合が悪い。だから多くの園では，大規模工事は園が長期の休暇に入ったときに行っている。しかし，子どもにとって観察の対象は道具を使いこなす他者であることを体験的に知っている井口は，あえて改修工事などを保育時間内に行い，子どもたちがそこから学ぶことをもくろんでいるのである。

---

[*]　中瀬幼稚園のドキュメンタリー映画『風のなかで–むしのいのち　くさのいのち　もののいのち』（2010年公開）における井口のナレーションより。

つまり，教える側が「かくあるべし」と要求することに学習者が従う教育カリキュラムを用意するのではなく，そこにあるのは学習者自身が実践にアクセスすることによって学ぶ学習カリキュラムである。このことはレイヴによれば，「熟練者は教える存在ではなく実践共同体においてもっとも十全的に実践に参加する。そのことによって未熟者に対して『ああいう人になること』という具体的な到達点を示すこととなる」と説明されている[18]。実践への十全的参加を促すのは，共同体に存在する熟達者であり，未熟者は熟達者をモデルとして行為し，参加の度合いを深めていくのである。

レイヴによれば熟達者は教える存在ではなく，実践共同体においてもっとも十全的に実践に参加する存在である。その存在そのものが未熟者に対して具体的な到達点を示すのではないか。だから，井口は「保育に必要なのは花園と工事現場である」と述べるのだと推測する。中瀬幼稚園は都心近くの立地にもかかわらず広大な屋敷林を有する。短編ドキュメンタリー映画『屋敷林の手入れと子どもたち』（オフィスハル製作）では，高い木に登って作業する様子を子どもたちが感嘆の声を挙げながら観察する様子がおさめられている。作業後の職人を囲んで，一人の男児が「楽しい？」と尋ねるシーンがある。職人は「楽しいよ。楽しくないとお仕事は上手にならないし，怪我をしてしまう」と答える。質問した男児はこのやりとりから多くのことを学んだのだろうと思う。井口が実践を通して言わんとしていることは，子どもを幼児教育施設の中に閉じ込めて教育を論じるのではなく，園が核となってコミュニティを形成し，子どもをそのコミュニティの中に生きる存在として位置づけるだけで，主体的に学ぶ存在としてその力を発揮するということであろう。このような園を中心としたコミュニティを構築し，地域の再生をも担う存在となるという実践は，実は近年活発になっているのである*。

とはいえ，このような実践は全国の幼児教育施設の中ではひと握りの実践であると言わざるを得ない。地域社会を動かすようなムーブメントを起こす

---

*　千葉県富津市の和光保育園における実践など[19]。

ことは困難であるとしても，コミュニティの中で子どもが育つ原理を押さえた方法を，現実の保育に合わせて考えだす必要があるだろう。子どもが主体的にアプローチしたいと思えるような実践と子どもとをいかに出会わせることが可能なのだろうか。

まず第一は，学習者である子どもが何に興味や関心をもっているかを読み取ることであろう。遊びは「今よりもっと面白くしたい」という遊び手のベクトルが働くために，常につくり変えられる。そこにかかわる複数の幼児の内的な動機の変化や他者との関係性の変化によって遊びの様相は常に変化する。したがって，学習者である幼児自身がその構築に関係をもつ学習カリキュラムを，幼児の行動の中から読み取ることが第一に重要である。

第二に，保育者は自らの行為が子どもたちのモデルになる可能性を十分に自覚することである。子どもは保育者を含める他者と同調し，その同調の中から他者の行為にあこがれ，見てまねるという行為を成立させている[20]。子どもが遊ぶとき，「ああいう風になりたい」という憧れを遊びの構成員の誰かに対して抱く。そしてそれに向かって試行錯誤を繰り返しながら深く遊びに参加していく。レイヴらに言わせればこのプロセスがまさに学びであり，子どもの成長にとって遊びへの参加は欠かすことはできない。

かつては市井の遊びの中に「見て学ぶ」という主体的な学びのシステムがあったものの，地域の遊び集団が消滅した現在において，「見て学ぶ」機会は放っておいたのでは生まれない。ゆえに，子どもの発意としての遊びを活性化し，「見て学ぶ」機会を保障するために，学校への期待は大きい。どうしたら，かつて遊びが有していた「見て学ぶ」という機会や，実践にかかわることによって「関係性が絶えず発展し作り直される」という学習のあり方を保障することができるのかを考えるべきだろう。その際，モデルとしての保育者の役割は大きいものと思われる。

たとえば，かつては地域における幼児は小学生たちの遊びに「ルール外の存在」（それは地域によってはオミソと呼ばれていた）として参加していた。「オミソ」である幼児は遊びのメンバーでありながら，遊びの展開のキーパーソ

ンには決して選ばれない。たとえば，鬼遊びにおける鬼役には選ばれない。なぜならば「オミソ」が鬼になったら遊びが停滞してしまうからである。「オミソ」扱いの幼児は活発に動き回る年長者のまわりをウロウロしながら，しかし自分では十分に成員として参加している気分になりながら，遊びの全体を見て学んでいたともいえる。

　ところが幼稚園・保育所等の中の遊びを考えると，当然のことながら園内に小学生などの年の離れた年長の遊び仲間は存在しないわけで，遊びの大きなダイナミズムの中で年少者としてふるまうという学習の機会は保障されない。ルール外の存在として遊びに参加し，参加する中で遊びの進行を見て学んだり，年長者の技を盗んだりといったことは，そのような機会が大人によって計画されないかぎりできない。特に5歳児の場合は園内の最年長であるがゆえに，園内において自分よりも熟達した他者に出会いにくい。放っておいたのでは幼児の遊びは充実しない。大人の慎重かつ周到な援助が必要なのである。

　第三に，園の独自性を生かした環境を構成することである。幼児たちは多くの時間を園という環境の中で遊ぶために，遊びの状況はそれぞれの園舎構造，園庭構造の影響，その他の環境の影響を受ける。レイヴは，学習者には作業のすべての領域が見られるような作業場のしつらえが大切で，他者の作業を見たり，観察されたりすることによって多くの学びが可能になると述べている[21]。この考えを園における遊びに適応してみれば，子どもたちの遊びが活性化するに適した環境を絶えず構成し続けることといえよう。

　子どもが教育の主体であるとするならば，もう一方の当事者としての保育者が存在しているということである。先に遊びが活性化するためには大人による慎重かつ周到な援助が必要だと述べたが，その役割を保育者が担う。園は幼児たちがある一定の環境，時間の中で，多少の流動性はあるにしても，ほぼ同じメンバーで生活する場である。そして保育者は一定の保育年限の間，保育の当事者として責任をもち，幼児たちの実態に応じて生活を構想する。遊びの主体者は幼児であるが，保育者は遊びにきわめて強い影響を及ぼす。

遊びの展開を援助するという意味で，保育者も遊びの主体者である。

　園の遊びは時間的・空間的・関係的限定性の中で展開する。保育者は時に子どもたちの遊び仲間として存在する。あるいは「見守る」という消極的援助を行う。あるいは遊びが幼児の学習資源として十全に働くように必要な援助を行ったり，遊びの熟達者として振る舞うこともある。園生活には前述したような独自の条件があり，保育者がどう関与するかを抜きにして文化的実践としての遊びを考えることはできない。

　本章では，レイヴらの学習理論に依拠して，遊びにおける学びの重要性を説明しようと試みた。遊ぶことによって子どもは様々なことを学ぶ。何を学んでいるのか，すなわち遊びの効果を説明しようとしたのではなく，レイヴらの理論に依拠して学びの捉え方を変えることで，遊びの説明原理も変わるということを述べてきた。すなわち，子どもが遊びの中で学ぶとは，実践共同体としての遊びに参加し，その参加の度合いが増していくことであるという説明である。そうならば，文化的実践としての遊びが十全に展開していなければならない。園はこの点に関して，どのような方策を立てることができるか。次章では，できるだけ実践事例を挙げながら，このことを具体的に論じていきたい。

第3章

遊びを育てる

§1 「遊びを育てる」という視点

1．「遊びを育てる」という意味

　前章ではレイヴとウェンガーの正統的周辺参加論を手掛かりに，遊びにおける学びとは何か，子どもにとっての遊びの意味とは何かについて考えてきた。文化的実践としての遊びは，子どもが環境にかかわることによって生みだされる。言い換えれば，そこにどのような文化的な環境があるかによって生みだされる遊びは異なるし，展開も異なる。子どもにとって面白味のない環境しか用意されていなければ，子どもはわくわくと心を動かすことができない。あるいは環境だけが用意されていたとしても，そこに生き生きした状況が生まれていなければ，その環境自体に魅力を感じないかもしれない。どのような環境がそこにあって，どう子どもがアフォーダンスを見いだすのかによって，子どもの自発性の引きだされ方は異なるものになる。言い換えれば環境のありようによって学びのあり方は大きく左右される。そうであるならば，保育者は子どもの遊びの状態に応じて子どもや子どもを取り巻く他者とともに環境を構成し，遊びという状況そのものが活性化するように働きか

ける必要があるだろう。このことを「遊びを育てる」と表現することにする。遊びを通して子どもを育てるとはよくいうが,「遊びを育てる」という言い回しは耳に馴染みがないかもしれない。しかし,あえて「遊びを育てる」という視点で保育者はどう遊びにかかわり得るのかを考える。

　前章では,レイヴらの理論に依拠して実践共同体への参加が学びであると説明してきた。レイヴらの研究が,安定したコミュニティーにおける徒弟制の分析から出発していることもあり,学習者は何がしかの実践に参加していくことによって学ぶという理論において,コミュニティーの安定性は重要である。彼らが研究の対象としたフィールドにおいては,共同体として機能しているコミュニティーがあってこそ,学習が成立していたといえる。

　子どもの遊びの場合はどうだろうか。参加することが学びであるという以上,そこに参加していきたくなるようなコミュニティーが子どもにとっても必要だろう。ここでいうコミュニティーとは,安定した集団,文化を背景とした環境,文化的実践としての遊びの状況などをさす。子どもは身近な環境にかかわることによって遊びを生みだす。あるいはまた,すでに他の子どもが展開している遊びの状況に引きつけられて参加が促される。そうであれば,子どもの遊びへの参加の動機を高めるためには,子どもの行為をアフォードする文化や環境,あるいは遊びの状況性のあり方が問われるのではないか。つまり,保育者は遊びの状況が活性化するように遊びに働きかける必要があるのではないか。第2部では遊びを保育の現場における遊びに限定している。保育という場のもつ独自性の一つは,保育者が存在することである。遊びの主体者は子どもだが,保育者もまた,子どもを遊びへと誘う文化,環境,状況を構成する一方の主体者である。子どもの遊びにおける学びが深まるには,遊びの質が問われるだろう。そうならば一方の主体者である保育者は子どもの遊びの志向性を読み取り,遊びの状況がより豊かになるように,すなわち遊びの質が高まるように,子どもを取り巻く環境を構成し働きかけることが求められる。

2.「遊びの質」とは何か

「遊びの質」とは何か。そしてなぜ「遊びの質」が高まるような働きかけが必要なのか。21 世紀を生き抜く人としてどのような子どもを育てたいか，そのためにはどのような生活や教育を保障するかを議論の前提として設定しないかぎり，「保育の質」も「遊びの質」も問うことはできないだろう。極端な話，ロボットのように大人の言うことを聞く子どもを育てることを目標とするならばそれに適した保育の質と方法がある。大宮勇雄は子どもの能動性の発揮こそが重要であり，「遊びの質とは」そこに「価値ある学び」があることだとして次のように語る[1]。

> 受動的な学び手である子どもの中に，自らすすんで情報・支援・他者との交流を求める能動性（＝高いモチベーション）」をはぐくむことが決定的に重要であるということです。付言すると，能動性やモチベーションを価値ある学びとするということは，「何かができる」こと－すなわち知識やスキルの獲得－以上のものを乳幼児は学んでいるということを意味しています。ある場面・活動において何かができるということだけでなく，自分の持っている力を使って（これまでやったことのない）さまざまな場面・活動・関係においても，すすんでなにかをしようとすることに大きな意味を見いだすということです。

大宮がいうように，子どもは生活における過去の経験を生かしながら今の状況に向き合い，より高次の課題に取り組もうとする。幼児教育は義務教育およびその後の教育の基礎を培うものであるとされているが[*]，基礎とはこのような能動的な学びの構えを培うことではないか。子どもの中に，自ら進んで情報・支援・他者との交流を求める能動性（高いモチベーション）をはぐくむような遊び体験が必要なのではないか。このような観点から，「遊び

の質」は問われるべきではないかと考える。私たちは生涯にわたって取り巻く社会や人々と関係をもちながら生きていく。そうならば，その人のライフステージに応じて，その人なりの能動性を発揮し，関係を意味あるものと感じて生きるほうが，望ましいだろう。このような「前提」において幼児教育の目的は，生来的に乳幼児がもっている能動的な学習能力を尊重し，幼児なりの「世界と自分」の意味づけの拡大を手助けすることではないかと考える。

　日本保育学会において今日的な保育課題を追究することを目的として設置されている課題研究委員会は，保育制度が大きな転換点を迎えている今日的な状況で，制度のあり方がどのような方向に向かうとしても，子どもの生活や育ちを保障する上でもっとも基本的な課題の一つになるであろう「遊びの質」を研究テーマに定めた。保育者および保育研究者を対象にした質問紙調査[2]で，質の高い遊びと思った事例を記述するとともに，その状態を的確に表すキーワードを挙げるというものである。収集されたキーワードをカテゴリー化することによって，その出現頻度の高さから，保育者や保育研究者が何をもって遊びの質が高いと判断しようとしているかを明らかにした。すなわち「質の高い遊び」とは「協働協同協力」「自主自発自律」「集中熱中没頭」「共有共感イメージの共有」などの姿が見られる状態を指し，「質の低い遊び」とは，大人が一方的にかかわるような遊びであったり，「マンネリ」した状態のことを指している。

　「高い」と「低い」を表すカテゴリーを比較して読み取れることは，遊びの質が高まるには，大人の適切なかかわりが不可欠だと考えられていることである。さらにここからは，保育者は遊びの質を二つの方向から捉えようとする傾向があることがわかる。一つは子どもの対象への向き合い方についてである。興味や関心をもったものに「自主自発自律」的に取り組む状態を評

＊　「学校教育法」第 22 条「幼稚園は，義務教育及びその後の教育の基礎を培うものとして，幼児を保育し，幼児の健やかな成長のために適当な環境を与えて，その心身の発達を助長することを目的とする。」

第3章 遊びを育てる　149

価し，そこに「集中熱中没頭」する状態が望ましいと考えている。そして，もう一つの方向は，他者とのかかわりの深まりである。他者と「協働協同協力」「共有共感」し，「イメージの共有」がみられる状態を遊びの質が高いと捉える傾向が読み取れる。

では「自発自律」「集中熱中没頭」という個々人の内的状態と，「共有共感」と他者とのかかわりの状態はどのように関係しているのだろうか。遊びは興味や関心をもった身近な環境にかかわることによって生みだされるものであり，対象に主体的にアプローチしていく意欲や態度が尊重される。つまり，遊び手の自発性に支えられて展開する。自発性とは心が動くことであるから，遊びの展開は面白いとか楽しいといった「快」の感情と分かちがたい。この感情が原動力となって，子どもは遊びがより面白くなるようにモノやコトや人に主体的にかかわっていく。年齢が高くなれば，他者と協同によって生みだされる遊びの複雑な状態を楽しむようになり，「共有共感」の感情や「協働協同協力」の態度が同時に育まれていく。

遊びの質が高まるとは，このような循環のプロセスの深まりと，そのことによって個々の子どもの経験が深まることなのではないか。「質の高い遊び」というある遊びの形があるわけではない。能動的に実践にかかわって，モノや人とのかかわりを深めるプロセスが子どもにとっては「学び」であり，その学びの状態をもって「遊びの質」は問われるべきである。事例を通して考えてみよう。

　事例　見て，サラコナ（3年保育3歳児，3月上旬）
　A児が，テラス際の園庭にテラスに向き合って座り込んで砂遊びをしている。本物の粉フルイ（目の細かいザルに取っ手がついたもの）の中に手近な砂を入れ，鍋の中にコシた白砂をためる遊びである。A児の側には，同じように砂をふるうという遊びをしている女児もいる。A児は，ふと顔を挙げて観察していた私と目が合うと「このサラコナ触ってみて」と言う。傍らにいた園長にも「見て」と誇らしげに鍋の中身を見せた。次

にA児はフルイの中の粗い砂も別のカップに貯めだした。しばらくすると，サラコナの砂と，目の粗い砂の両方を比べて触ってみていた。

　園長はこのA児の姿を「成長」と捉えた。入園当初は園長の顔を見ると，遊びをやめて飛びついてきていたということだった。この日のA児の姿から，園がA児にとって安心して暮らせる場だと認識されていることがわかったと述べた。その安心感を基にして，この日のA児は会話はまだないけれども，同じ学級の他児の傍で同じような行為を繰り返すことができたのだと思われる。環境（砂）や道具（粉フルイ器や鍋）にかかわり，自分なりの遊びの目的（サラコナを作りたい）を見いだし，それに没頭するうちに次の課題（サラコナをいっぱい貯めたい，あるいは粗い砂と比べたい）を見いだした。「サラコナ作り」は，砂をフルイにかけるという行為としては単純な遊びだが，A児は砂に能動的にかかわることによって「対象」が変化することに没頭した。このような姿は今まで見られなかったということだから，「サラコナ作り」はA児の成長に意味をもたらした遊びと捉えられる。

　このように遊びへのかかわりが以前より深まり，その子どもの育ちにとってかけがえのない経験となるような遊びをもって，遊びの質を問うべきだろう。

§2　遊びの展開の動因

1．「面白さ」の追究

　遊びの展開は，面白いとか楽しいというような快感情に支えられていると述べた。もちろん，遊ぶ中では友だちとけんかをしたり，うまくいかないことに出会ったりして，不快感も味わう。しかし，それを凌駕する面白さが原

動力となって，子どもはその遊びへの参加の度合いを深めていく。遊びの展開のもっとも大きな動因は，遊びはどうしたらより面白くなるかという方向へ子どもの志向が働くことである。子どもは遊びがより面白くなるようにモノやコトや人に主体的にかかわっていく。

　小川純生は「面白さ」はどのようなときによりよく得られるのかを，エリスの最適覚醒理論とチクセントミハイのフロー理論に依拠して考察した[3]。小川が引用したチクセントミハイはロシアの心理学者であるが，多くの人が幸せを感じる瞬間を「フロー体験」と命名した。フロー体験はどのような時に生じるか。チクセントミハイによれば，「能力［skill］が挑戦目標［opportunities for action］と適合している時に生じる」[4]という。小川はこのフロー理論に基づいて，「面白さ」を獲得できるかの全体的工夫・方法論が「遊び」であると定義づけ，個人の情報処理能力に応じて，それに合った情報負荷，そしてそれをもたらす情報の量と質が必要であると述べている。

　そうだとすれば，逆に，適切な情報負荷がかからなければ，遊びの面白さは減退するといえる。そのような状態では子どもの遊びは消滅する場合もあるし，そのまま継続されることによって「マンネリ化」する場合もある。適切な情報の負荷がかからなかった場合の遊びの展開を，例を挙げてみよう。

<u>事例　ゴムの力で船を動かしたい</u>（3年保育5歳児，7月上旬）
〈状況〉2階にある保育室には製作コーナーがあり，牛乳パックなどの空き箱のゴム動力で動く船作りが保育者によって提案されている。子どもが自由に遊びを選択する時間帯に，数名の男児が船作りに取り組んでいる。1階のテラスにビニールプールが用意されていて，船ができ上がった幼児はそれを浮かべに階下に降りてくる。2階の保育室からテラスを見通すことはできない位置にある。観察者である筆者はテラスでビニールプール周辺の遊びの記録をとっており，保育者は保育室で製作の手助けをしている。

保育室で船作りをしている幼児が数名いて，テラスのビニールプールでは船が出来上がった男児が3名，船を浮かべている。
　A児の船は，プロペラの位置が上方につきすぎていて，ゴムを巻いても，回転するプロペラが水面に届かないために前に進まない。B児の船も同様にプロペラの位置が悪く，進まない。B児は，ビニールプールの水を手で自分の船にかけ始める。小さなプールの水が波打ち始め，A児の船も揺れてしまう。するとA児はB児に向かって，「水をかけるのをやめて。自動で動いちゃうじゃない」と抗議する。しかし，B児はそれをやめない。
　A児は突然，「そうだ，水が足りないからだ」と言い，プールの水を増やすためにペットボトルに水を入れてきては注ぐという行為をとり始める。何回か水道とプールの間を往復しているうちに，B児が「それは僕が使っていたのだ」と言いだし，取り合いが始まり，A児が泣く。そこへ保育者がやってくる。両者の思いを保育者はていねいに聞き取り，他児も別のペットボトルを差しだしてくれるが，A児は気持ちを立て直すことが出来ず，船を浮かべる遊びをやめてしまう。

　A児はゴムの力で船を動かしたいと思っていたのだろう。B児の行為によって波が立って船が動いてしまったときの残念そうな「自動で動いちゃう」という言葉は，A児の思いの表れだろう。そこに彼の探究心を知ることができる。
　A児の探究は次に「水が少ないから進まないのではないか」という方向に向かう。プロペラが水につかないことに問題があることには気づいたらしいが，それが自分の船の構造に問題があるとは思わず，プールの水位が上がれば，プロペラが水を掻くと考えたようだ。波打つ水面から「水」に問題があるのだとイメージしたのだろうか。水位を上げようとする行動は，A児の疑問から生まれたもので，A児は自分なりに，問題解決のための行動を起こしたといえる。

A児の一連の動きを，前述した子どもの経験の深まりを読み解く観点で分析してみよう。A児の遊びの目的はゴム動力で船を動かしたいということであり，船を前に進ませるためにどうしたらよいかを追求する方向に遊びへの期待を抱いていた（目的意識は深化）。そこで，水嵩を上げれば前に進むと考えたわけだが（環境へのかかわり），同じ場で遊ぶ友だちへ自分の気持ちをうまく伝えることができず（他者とのコミュニケーション），結局は当初の遊びの目的を深めることはできなかった（状況の再構成の問題）。もしそこに，うまく前に進む船をもっている友だちがいたらどうだったろうか。あるいはどうしたら前に進むかをともに考える「誰か」が傍らにいたらどうだったろうか。

　「水位を上げて試す」ことも十分にできず，あるいは船を作りなおすという方向に遊びを展開することもできずに遊びが終わったことで，A児の探究心が充足されたとは思えないし，遊びへの参加の度合いが深まったとはいえないだろう。

　この事例のように，子どもは面白さを追求する志向の下で，様々な偶発的な出来事を取り込んだり，出合う環境に主体的にかかわっていく。そうすることによって遊びは変化し続ける。その変化が，道具の目的的な使用を深めたり，他者とのかかわりを深めたりする方向に働く。

2．新奇性の取り込み

　子どもは取り組んだ遊びが面白く，自己充実すれば，「楽しかった」「また続きをしたい」と思う。そして繰り返す。繰り返しを通して遊びの展開に必要な行為パターンを獲得していく。たとえば「おうちごっこ」を始めようとする子どもが，まず積み木で空間を囲ってその場を家に見立てたり，ヒーローごっこだったら，同じように積み木で囲った空間を基地に見立てたりするようなことである。積み木で空間を仕切って遊びの場を作るということは，現実と虚構を空間によって仕切ることであり，そこに入る人は虚構状況を共有

するメンバーであることを明らかにする。そして，状況を共有しない人は勝手にその中に入ることができないという暗黙の共同規範を生む。そのことによってよりメンバー間の仲間意識は強められ，その意識に支えられて遊びは持続的になる。

　しかしこの状況は遊びの展開にとって「諸刃の剣」のようでもある。なぜならば，行為のパターン化や仲間の固定化が進むと，やがて飽きがきて遊びがマンネリ化するからである。フロー理論に拠れば，遊びに没入できなくなっている状態とは，個人の技能に応じて挑戦の機会が与えられない場合に起きる。先に紹介した日本保育学会課題研究委員会の調査によれば，「マンネリ」している遊びは「質が低い」遊びとしてカテゴライズされる。マンネリを脱するには，「面白い」という快感情を高めたり，新しい挑戦の行為が生みだされるような新たな情報の取り込みが必要なのである。そこで子どもは獲得した遊びにおける行為のパターンのうえに偶発的な出来事を取り入れ，新たなスクリプトを生みだしたり，場を再構成したりして新奇性を求める。遊びの展開とは，このように子ども自身がもっているある程度の予測と秩序パターンの繰り返しと，偶発的な出来事の取り込みという不測の積み重ねのプロセスといえる。

　このプロセスにおいて幼児は深くモノや人とかかわり，共同の規範を確立しながら，遊びという「実践共同体」をつくりかえていく。そして遊びを積み重ねることによって，子どもは，目的に向かって仲間と力を合わせて活動を展開する醍醐味を感じるようになるのである。

　次の事例を通して，子どもたちがどう行為のパターンに新たな情報を取り入れて遊びを展開しているかを考えてみよう。

<u>事例　ミニ四駆レースごっこ</u>（2年保育4歳児，7月上旬）[5]
〈状況〉学級のほとんどの子どもがB型ブロックをつなげて車をつけたものをミニ四駆に見立て，積み木で作ったコースを走らせている。このブロックは入園当初から環境として設定されていたもので，初めのうち

は長くつなげて剣に見立てることを楽しみ，その次には複雑に組み合わせてロボットを作ることを楽しんでいた。保育者が車輪部分を提示したことがきっかけとなり，車づくりがはやり始めたということで，筆者がこの園を訪れたときは，数日前からほとんどの子どもがこの遊びに参加しているということだった。

① 10数名の男児がブロックで作ったミニ四駆をもっている。ある子どもは手にもったまま歩き，ある子どもは車を作り直している。A児が「コースを作ろう」と言い，積み木を並べ始めると，てんでに動いていた子どもたちはさっとA児のまわりに集まり始める。コースといっても積み木の板で坂道を一本作ってそこを転がすものだが，スタートの場所に長い列ができた。
② そのうちに列が乱れ，偶然二人が同時に転がすようになる。するとコースを長くしようと積み木を運んでいたA児が「レディーゴー」と合図をかける役をとり始める。しばらくA児の合図で二人ずつ転がして競うデュアルレースが展開する。
③ そのうちに列の後方で待ち飽きたB児が，C児の車と自分の車を合体させる。長くなった車は実際にはうまく坂道を転がらなかったために，C児はもとの車に戻したが，B児は今度は別の友だちに「長くしよう」と提案する。
④ 一時間近くたち，C児は自分の車を改造している。A児はコースを作りなおしている。
⑤ 友だちと車をつなげて楽しんでいたB児は，今度は自分たち自身が長くつながって歩き始め，保育室から出て行ったが，戻ってきた時には頭に鉢巻を巻き，ヒーローごっこを始めた。

一連のミニ四駆の遊びの状況は次のように展開した。
① 一人ひとりが車を作り，坂道を転がす（設定された環境からの触発）

② 二人ずつ転がして競い合う（偶発性の取り込み）
③ 車を合体させて長くする（偶発性の取り込み）→④-1　車の改造へ
　　　　　↓　　　　　　　　　　　　　　　　　→④-2　コースの改造へ
（新しい遊びの派生）
　⑤ 自分たちが長くなって歩く→ヒーローごっこへ

　この遊びの元々の発生は保育者がＢ型のブロックを保育環境として用意したことにある。2か月間，ブロックで何かを作る経験が積み重ねられ，また，それに同じようなものを作る他者への関心が高まったことが重なり，ミニ四駆の遊びが始まったものと思われる。Ｂ型ブロックは幼児に親しみやすく，入園当初の時期に適切な遊具として意図的に設定されたものである。そこに車輪部品を提示したことも新たな遊びの展開を望む保育者の意図的・計画的な援助行為である。この事例において子どもは，始めは保育者が意図的に構成した環境のもつ潜在的可能性を感受して（例：車輪部品は転がるのでブロックを車に見立てられる，板積み木は斜めにすると何かを滑らせることができる等），遊びを生みだした。（例：板積み木でコースを作り，車を走らせる遊び）。そして，次に偶発的に起きたことを取り込んで遊びを展開させている。
　たとえば，①から②への展開のきっかけは，順番が待てずに同時に車を転がしてしまった偶発的な動きと，その状況を素早く読み取り，スタートの合図をかけたＡ児の動きの出合いである。Ａ児が合図をかけた途端，並んだ列で押し合いへし合いしていた子どもたちは，自分の行動に意味づけられたことで，次の遊びのイメージをもつ。
　②から③への展開のきっかけは，「列になって順番を待つ」ことから，車を長くつなげるというイメージが生まれたことである。突然にそれまでつながりのない子どもたちが集まってきて「長くつなげよう」といったわけではない。「友だちとつながっている」という身体イメージから，ブロックも長くしたいというイメージが発生したことが想像できる。この瞬間，子どもたちの遊びの目的はどこまで長く転がすかではなく，「つながる」ことにある。

「つながる」イメージから,「つながって歩き回る」という行為が生まれ,これがきっかけとなって次の遊びであるヒーローごっこが生まれている。ミニ四駆の遊びとヒーローごっこは異なるテーマをもつ遊びであるが,唐突に新しい遊びが始まったわけではない。面白さを追求する過程において偶発的な出来事を取り込むことによって,つまり新奇の情報を取り込むことによって展開したといえよう。

　西村清和は,遊びは偶発性によって始まり,停滞によって終わると述べている[6]。多くの遊びは過去の経験のうえに偶発的な出来事を取り込んで展開していく。「予測」と「不測」の間の絶え間ない往還によって,遊びの目的はそのつど生みだされる。予測は経験の積み重ねから生まれ,不測はモノや場の変化や他者の行為や関係性の変化などの偶発性によって生じる。経験のうえに変化をもたらす要因がなかったら,遊びは停滞してしまうのである。

　このように書くと,遊びが停滞することはいけないことのように思われるかもしれないが,そうではない。西村のいうように,一つの遊びはいかに面白く展開したとしても,やがて山を越し,停滞して終息するのは必然である。終息の仕方は様々である。一つのテーマを十分に遊びきり満足して遊びを終える場合もある。鬼遊びのような全身的な運動遊びによく見られ,十分に身体を動かすことによって充足し,次に静的な活動へと自然に移行することが多い。一方で,前項で取り上げた船作りの事例のように,人間関係の葛藤から不満足のままに終える場合もある。あるいはミニ四駆の遊びの⑤のように,ミニ四駆への興味は薄れたが,友だちと「つながる」という経験が引き継がれ,別の遊びが始まる場合もある。問題としたいのは,「停滞」したままの状況を受け入れてしまい,より高次の課題に向かう面白さを追求しなくなることである。そして,それを放置する保育者のあり方である。

　「停滞」は子どもに不満足感や葛藤といった負の経験をもたらすが,それは裏返せばその状態を変えていきたいというエネルギーを生む基ともいえる。しかしそれも,友だちとの遊びに満足した経験や遊びに没頭する感覚が子どもの中に蓄積されていなければ,「停滞」の状態をなんとかしたいとい

う思いは湧かないだろう。「停滞」が次の活動への動因になるためには，遊びこむ感覚の蓄積が必要である。また「停滞」の状態を脱したいと思っても，新奇性に富んだ環境との出合いがなければ，状況を変えることはできないだろう。次の遊びに向けて状況を再構成するためには，遊びの志向性の根源となる魅力的なモノや出来事との出合いが不可欠である。

§3　モノ・コト，人とのかかわりの深化

1．遊びの成立を支える二つの軸

　前節では遊びの展開の動因を，遊びの面白さの追求とそれに伴って生じる新奇性の取り込みという2つの観点から述べてきた。子どもは魅力あるモノやコト，あるいは人と出会い，かかわることによって，より高次の課題を見いだしながら遊びを展開する。その状態を面白いと感じるとき，多くのことを学んでいるといえよう。
　モノやコトとのかかわりと人とのかかわりは別個に論じられることが多いが，遊びの展開の実際を見ていると，両者は関連し合っていることが多く，遊びの成立を支える重要な軸となっている。実際に，モノやコトなどの向き合う対象に対する興味と他者との関係の両方が安定している場合，遊びは持続的になる。先のサラコナ作りの事例を振り返ってみよう。A児がサラコナ作りに没頭したのはもちろん，かかわることによって変化する対象（砂）の面白さであるが，それを支えているのは他者とのかかわりの安定感である。担任や副園長への信頼感が生まれたことが対象に落ち着いて向き合う心性を支えている。子どもが遊びに集中し没頭している場合，表層的には遊びの時間的持続が長くなるが，逆に時間的持続が長ければ集中しているとはいえない。遊びが深化発展するとは，表層的な時間の長さの問題ではなく，実践へ

の関与が深まり，子どもの内的課題が深まるという自己拡大の問題であると捉えたい。つまり，「活動に関する興味」と「他者との関係」の二つの要素を軸に，どう遊びに関与し得るかが重要である。福島真人は実践共同体について次のように述べる[7]。

> こうした実践共同体というのは，真空の広場ではなく，多かれ少なかれ，既に前もって「構造化」されているという事である。ここで構造化というのは二つの意味においてである。一つは，実践活動を行う他の行為者間の構造であり，他方は，実践活動に直接関係する，道具を含んだ物理的な配置である。そして，この二つの構造は相互に密接な関係をもっていて，もしこの二つの間に齟齬があると，この実践共同体自体の効率が不安定なものになるのである。

ミニ四駆の事例でいえば，実際に転がる車をつけた造形物と板で作った坂道が子どもたちの興味や関心を引いていたことと（福島のいうところの「実践活動に直接関係する，道具を含んだ物理的な配置」），そばにいる友だちと競争したり，順番に待ったりすることさえ面白い人間関係（福島のいうところの「他の行為者間の構造」）の二つの軸が働いていたから，遊びの課題が更新されていったものと思われる。

2．遊びの質を捉える視点

子どもの遊びの質とは，子どもが実践に深く関与していきながら，出会った世界との関係を深めていくプロセスであると仮定し，そのプロセスを読み取る軸を「モノ・コト等の対象とのかかわり」と「他者とのかかわり」の二つの軸でみることとする。

ただし，この2つの観点だけではおおざっぱな捉え方になってしまうので，子どもの遊ぶ姿を具体的に読み取る視点と図表2-3-1のような構造が必要で

図表 2-3-1　子どもの遊びの構造

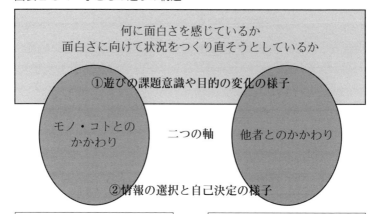

あろう。

　興味や関心をもった対象にかかわることによって自分と世界との関係に意味をつけ，深めていくプロセスが遊びにおける学びであるとしたら，まず，能動的に対象とかかわっている子どもの状態に着目する必要があるだろう。すなわち，子どもが夢中になっているところの面白さは何かという点である（①）。子どもは遊びのどこに面白さを感じているのか。向き合う対象そのものへの関心や，それにかかわることによって引き起こされる変化に魅せられている場合もあるだろう。あるいは好きな友だちとともにいることに楽しさを感じている場合もある。あるいはその両方が合わさって，対象への取り組みがより面白くなっている場合もある。

子どもは遊びに取り組む中で，より面白さを追求しようとして新たな情報を取り込んでいく。それは偶発的な出来事の場合もあるし，必然的な出会いの場合もある。新たな情報の中で次なる遊びの課題を自己決定していく（②）。その際も，モノやコトといった興味や関心の対象となる文化そのものとのかかわりと，子どもを取り巻く他者とのかかわりとの二つの軸が遊びの成立を支えている。

様々な遊びに任せていて，モノ・コトとのかかわりが深まるような環境が提案されなかったり，他者とのかかわりに躓いている場合の援助がされなかったとしたら，遊びの質は高まっていかない。つまり，発達に必要な経験は積み重なっていかない。「遊びを中心とした保育」とは，主体性尊重という名のもとで遊びを「放任」する保育でもなければ，逆に「教えなければ子どもは学ばない」と考えて，保育者が一方的に構想する保育でもない。子どもの活動の様子を読み解くことによって，子どもの経験の深まりや学習の道筋を読み取り，その上に立って次の生活や遊びをデザインする保育である。菊池里映は，保育者が子どもを理解しようとするとき，遊びの状況に眼差しが向けられず，個人の行動特徴に着目してその行動を修正しようとする援助が多いと指摘する[8]。子どもはなんらかの活動の中で経験を積み重ねていくのであり，その活動がどのように展開されるかはとても重要である。保育者は遊びの状況がどのような動機づけや要因によって変化していくのかを理解しておく必要があるだろう。

3．参加の深まりを促す遊びのテーマ

子どもの遊びへの強い意欲は様々な要因によって支えられているが，もっとも強い要因は自らが体験したことがらであるように思う。体験したことによって膨らんだイメージが，身近な周囲の環境と結びついたとき，遊びのテーマが生みだされる。子どもが身近な環境にどう意味をつけて，遊びの状況を生みだしていくのかを事例を通してみてみよう。

事例　遊びの発生－日本旅館ごっこ（5歳児）
　男児数名が砂場に大きな穴を掘って遊んでいる。穴を掘った後，男児たちはほかの遊びに移っていったが，残された穴を見たＳ子が，「露天風呂みたい」と言い，旅館ごっこを思いつく。Ｓ子は前週末に家族と温泉旅行に行ったという。そこでの体験と深く掘られた砂場の穴が結びついて"日本旅館"をイメージしたようだ。
　Ｓ子は砂場の「露天風呂」から保育室までスノコを渡した。そして，スノコの先の保育室内に，中型箱積み木で囲った客室を作る。そして自分は「おかみさん」の役割をとり，泊まりに来るように保育者を誘う。保育者が露天風呂に入っては客室に寝るという動きをすると，数名の子どもが客となる。
　5日目には客室に見立てた空間に「化粧部屋」がいるといって，ドライヤーや鏡台などを空き箱で作り，ますます旅館らしくなる。客になる幼児が増えたので，Ｓ子がノートを作って名前を書いてもらったり，予約をとったりし始めるのを見て，Ｔ子とＹ子が「アルバイトをさせてほしい」と申し出る。
　保育者が旅館のガイドブックを家からもってくると，Ｓ子を中心に旅館のメンバーが頭をつき合わせて雑誌を見入る姿がある。メンバー間で旅館のイメージが共有されたようである。

　子どもの遊びは様々なきっかけによって生まれるが，この事例のように実体験がきっかけとなることがよくある。実体験と目の前の環境が結びついてイメージがわき上がり，体験を再現したい気持ちが高まる。園の環境と体験がもとになったイメージが結ばれるとき，モノや場が見立てられ結ばれることによって，遊びが生みだされるのである。
　環境から触発されるだけでなく，子どもは環境に主体的にかかわってそれの意味を変化させようとする。日常的に使用しているスノコが旅館の渡り廊

下に見え，ただの砂場の穴が露天風呂に意味づけられる。子どもは自ら考えて環境にかかわり，意味を変化させていく面白さを味わう。

事例　モノとのかかわり・人とのかかわり
　　S子は料理を各部屋まで運ぶというイメージをもっている。しかし保育室の中にキッチンセットは一セットしかなく，そこでは4歳児が"雪のレストランごっこ"を展開している。S子が4歳児に「貸してほしい」と交渉しにいくと，自分たちもレストランを始めたばかりだからだめだと断られるが，4歳児から「私たちが日本旅館にお料理運ぶ」と提案される。S子はいったんは同意するが，"雪のレストラン"から届くのがホットミルクと聞くとそれを断り，製作コーナーで茶色の画用紙を切り貼りして舟型を作り，赤い画用紙で「刺身」を切って盛りつけた。

　日本旅館の場づくりを楽しんでいたS子だが，「女将（おかみ）」の役割をとることによって役に応じた振る舞いを考えるようになる。S子は料理をお客にだすことをイメージする。そこで生じたのが他者との相互交渉である。「キッチンセットを貸してほしい」と交渉したり，「貸せないけれども私たちが日本旅館にお料理を運ぶ」という応答を得たりしている。自分の思いを主張したり他者の動きに合わせて調整しようとしたりする姿といえよう。その場の状況に応じて，子どもなりに思いや考えを主張したり，折り合いをつけたりする経験をしたといってよいだろう。
　その後も"日本旅館ごっこ"というテーマの遊びの中でS子のとった行為は実に多様であった。旅館らしい空間をつくりだす，「女将さん」という役割をとって振りを楽しむ，必要なモノを用意したりする。また，遊びの流れを生みだすために他者とイメージを共有しようとする。その過程では自分の思いを実現させるために他者とかかわり，交渉したりもする。経験は総合的で，単発的ではない。
　この遊びを強く動機づけていたのはS子の実体験である。この実体験，す

なわちＳ子の温泉旅行に家族と行ったという体験は，Ｓ子が多重の実践共同体に属していることの証であるし，実践共同体とかかわりをもった体験だったと言い換えることができる。Ｓ子を旅行に連れていった「家族」という共同体，旅行先でかかわりをもったであろう地域共同体，あるいは旅館という実践共同体である。子どもたちの遊びは園の中で行われているからといって，園の中に閉じられているものではない。子どもはそれぞれが多重の実践共同体を生きる存在である。

　「遊びを育てる」という観点からいえば，保育者は子どもが多重の実践共同体を生きていることを踏まえて，遊びを理解する必要があるだろう。子どもは体験したことをよく「遊び化」するが，その姿を「子どもらしくて楽しそう」と理解するだけでは不十分である。Ｓ子は「園児」でありながら，「家族の中の子ども」として体験したことを基に，「女将」の役割をとって，日常の園空間を日本旅館に作り変えた。子どもは「体験を遊び化」することによって，複数の実践共同体に生きる存在としての自分を確かめているのではないだろうか。

　「旅館ごっこ」の事例でも明らかなように，遊びの名づけとなるようなテーマが浮き彫りなると，遊びは俄然，活性化する。Ｓ子が園の日常空間を日本旅館に見立て，女将の役割をとって「振り」の行為を楽しむことで，その場の状況性が豊かになった。活き造りのお刺身を紙で作ってお客に供したり，忍者ごっこの４歳児たちが旅館に来るようにと，「このおんせんは　かたなきずに　ききます」と書いた立て札を立てたりなど，大人でもわくわくしてしまうようなことを次々と考えていた。それと相関するように他者とのかかわりも深めていた。担任が持ってきた温泉旅行のガイドブックを見ながら，「アルバイト役」のメンバーに「うちの日本旅館，次はどんな露天風呂がいいと思う？」と相談したり，４歳児にキッチンを貸してほしいと交渉に行くなどである。

　このようにしてＳ子の遊びのイメージが明確になることによって，他者にもそれが何の遊びであるかがわかりやすくなり，お客が増えたり，旅館の

仲間になる子どももでてくるなど，他者の参加の動機が高まる。後からの参加者はその場の状況に応じて自分なりのイメージを膨らませて行動することができる。そしてそれによって，場の状況性はより明確になっていくのである。遊びの輪郭が「テーマ」によって次第に明瞭になることで場の状況が豊かになり，複数の幼児が遊びの目当てを共有することができるようになる。

このような遊びの経過を見ていると，テーマ性が豊かな遊びにおいては，一人ひとりの子どもの遊びへの動機が高く，協同して場やものを作ったり用意したりする行為が生まれやすいことがわかる。言い換えれば「個のイメージの追求」と「友だちとの協同追求」の両者がからみやすいのである。

このような遊びのテーマはどこから浮き上がってくるか。旅館ごっこのように子どもの過去の体験から発生することもある。環境にかかわることによって浮き上がることもある。オリンピックイヤーにオリンピックごっこが始まるように，社会の事象とのかかわりの中で生まれることもある。現代ではテレビの影響も大きい。保育者には，芽生えたテーマ性が子どものイメージを広げる可能性があるかを見極め，よりテーマ性が鮮明になるような環境の構成や，自身も遊びの状況内存在として振る舞い，状況を活性化させていく働きかけが求められる。

4．協同的な活動としての遊び

（1） 個の課題追求と他者とのかかわり

S子は「旅館ごっこ」の中で女将さんの役割をとることによって何を学んでいたといえるのだろうか。ミードは子どもが虚構世界を生成し，その中で役割を取得することによって，直接的に行為している自分以外の他者の態度を必然的に取得している」と述べている[9]。つまりS子は女将さんの役をとることによって，自分がかかわる実践共同体（S子の例でいえば旅館ごっこという遊び）において，そこで求められる「振る舞い」を他者との関係性の中で考えたり，ものを操作したりすることを学んでいる。これは社会参加の基

礎となるものである。

　社会参加とは自分が属する共同体においてそれぞれの市民が自己を発揮し，そうすることによって社会にその力が生かされて，何らかの変化が引き起こされ，その変化が個人の幸福に還元されるということだろう。社会参加には他者と協同して物事を進めるという要素が不可欠である。これはまさしく，遊びにおいても重要な要素といえよう。

　大宮は子どもたちが熱中し，困難なことに取り組む中で，次第に多くの友だちとかかわるようになり，心からの協同の中でたくさんのことを学ぶようになると述べ，協同的な学びを「対等なかかわりの中での自発的な学び」と定義している[10]。

　旅館ごっこの始まりはＳ子の個人的な体験からだった。遊びはじめは，Ｓ子個人のイメージの追求だったといえるだろう。しかし，その遊びが面白そうであることから，仲間が加わるようになり，友だちと一緒に温泉の雑誌を見て相談したり，役割を分担したりするようになり，旅館ごっこは友だちとの協同追求の遊びになっていく。友だちと協同してものごとを考えることによって，個人のイメージもより深まるようになり，Ｓ子は宿帳を作ったり，旅館の仕事を分担するよう考えるようになる。友だちとの協同の追求が個人の追求にフィードバックされ，循環していく（図表2-3-2）。

　個の追求と他者との協同追求は双方向性をもちながら深まっていくと考え

図表2-3-2　協同的活動（遊び）に必要な要素

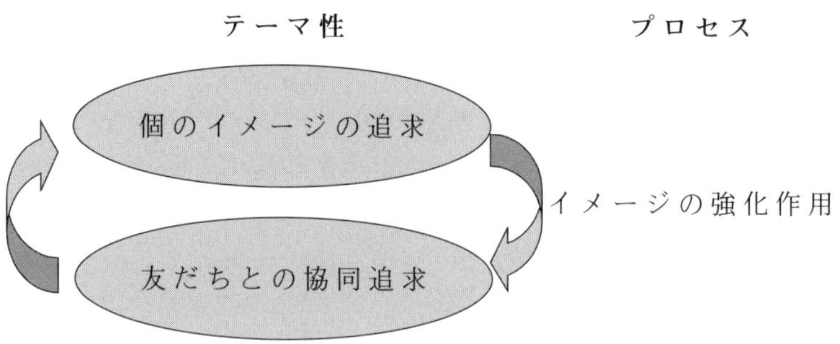

テーマ性　　　　　　　　　　　　　プロセス

個のイメージの追求
↕
友だちとの協同追求

イメージの強化作用

られる。

(2) 協同的活動における自己課題の多重性

「協同性」とは，複数の子どもが共通の目的をもち，互いに調整し合いながら実現していく過程のことであり，個々の自己発揮が「実践共同体」に還元され，それがまた個別の子どもの経験へとつながっていく。小学校以上の学校教育においても協同的な学びは重視されており，学びの連続性という観点からも，幼児期から自ら進んで環境にかかわり，友だちと協同して物事を進める力を育むことは大切であろう。協同というのはただ単に協力し合うということではない。個の自己発揮が実践に生かされ，仲間に共有され，そこからまた新たな課題が生成されるということだろう。仲間との目的がわかり，その中で自分がしたいことやするべきことがわかり，具体的行為としての協力関係が生まれるということである。事例を通して考えてみよう。取り上げるのは，動物園ごっこという行事に向かう子どもの姿である。この間の担任の保育記録と観察者の第三者記録から，子どもたちがどのように遊びの課題を高次化しながらこの活動に参加していったのかを考える。

① 協同的な活動の発生

事例　動物園ごっこ（3年保育5歳児，10月中旬から11月上旬）[11]

〈状況〉10月中旬，担任は子ども達の実態から，気の合うグループの遊びは安定しているが遊びが単調であり，やりなれた遊びを繰り返していると考え，学年の目当てに向かってグループで活動を展開する経験が必要なのではないかと考えた。そこで「学年の目的に向かって，やりたいことや必要なことを友達と一緒に取り組む」という「ねらい」を立てた。

ちょうどその頃に長期の指導計画に位置づけられていたのが「動物園遠足」である。例年，この時期の遠足という共有体験は，子どもの中に深く印象づけられ，それからしばらくして計画されている造形展の動機づけとして大きな役割を果たしていた。予測通り，動物園遠足はインパクトのある共有体験

となり，遠足の翌日，家から動物を空き箱で作ってくる子どもがいたり，園で動物の絵を描こうとする動きが生まれたりした。そこで保育者は，この動物をめぐる活動は，十分に「ねらい」に向けた活動となる可能性があると考え，動物づくりから協同的な活動としての「動物園ごっこ」へと発展するように援助の方向を定めた。翌日の記録を見てみよう。

保育記録　10月20日（遠足の翌日）
　牛乳パックをつなげながら「何か動物作れないかな」とつぶやいていると，NとMが「キリンを作りたい」と言ってきた。牛乳パックを繋ぎ合わせて大きなキリンを作り始める。降園時に学級の子どもたちに紹介すると，Mは「明日は色を塗りたい」という。Kが「僕も絵具やりたい」と言うので「自分で動物を作って，それに塗ったらどうか」と投げかけると「じゃライオンがいい」と答える。すると他の子どもからも「シマウマがいい」「トナカイがいい」などと次々に声があがる。「動物園にすればいいじゃない」という声もあがる。明日から大きな動物作りがあちらこちらで始まりそうである。

　保育者の中にはある程度の予測があったため，実は，製作に使える大量の空き箱が用意されていた。タイミングよく材料を提供できたこともあり，次の日から，いくつかの気の合う自発的なグループが，一人では到底作れないダンボールを使った大型の動物を作り始めた。自分たちが作りたい動物を，一緒に作りたい友だちと共同で作るという活動の始まりである。
　動物作りは他児にとっても魅力的に映り，次々に自分たちも動物を作りたいという幼児たちが現れ，結局，8つのインフォーマルグループが思い思いの動物作りに取り組み始め，子どもの中から，「動物園ができるね」という声が上がる。保育者がその声を学級全体に紹介したところ，自然発生的に動物園ごっこをやろうということになる。

② 学級の目的の自己課題化

動物作りが始まって5日目の10月25日のシマウマ作りに取り組んでいるグループの記述をピックアップしてみよう。

> 保育記録　10月25日
> シマウマが出来上がってきたので「看板があるとわかりやすいね。ほかには何があるといいかな」と問いかけると，「入口と出口」「チケット」「エサ」という声があがる。それまでは「シマウマを作る」という自分のグループの目当てaに向かっていたが，この瞬間から，動物園のシマウマという，全体の中の自分たちというイメージbが明確になったようである。「動かす人はいらない？」「鳴き声の役は？」「柵がいる」「ライオンはシマウマを襲うから気をつけよう」というようにイメージがどんどん広がる。

このようにして，動物が出来上がり始めるこの頃から，子どもたちの中にはa〈気の合う友だちと動物をつくりたい〉という遊びに対する自己課題と，b〈学年全体の動物園ごっこに位置づきたい〉という学級全体の方向性を意識した目的が生まれる。aの子どもの遊び課題は，bの学年全体が向かっている活動に包摂されるようになり，子どもの自己課題は多層化する。

これは保育者が立てた次のねらい，「学年の目的に向かって，やりたいことや必要なことを友だちと一緒に取り組む」に向かう姿と捉えることができる。子どもたちの遊び課題は「動物園を開く」という点と，そのために「動物園に必要なものを友だちと一緒に考えたり用意したりしよう」という点にあり，二重の目的をもちつつ遊びに取り組んでいるといえる。

③　自己課題の多層化　〜グループの遊びの目的と全体の目的への意識〜

本事例はいわゆる造形展という行事に向かう子どもの事例である。園には年間にいくつもの行事がある。本来，行事というのは生活の節目であり，それがあることによって生活に潤いを与えるものだが，保護者を迎えて「見せ

る」場としての意味もあり，見栄えを重視して子どもを指導し追い込んでいく保育も散見される。保育者主導の行事に向けた活動と，子どもが主体的に進めていく活動の違いはどこにあるのか。

　本事例でも，動物園遠足の日程を決めたのは保育者だし，遠足の体験が造形展のテーマにつながると予想したのは保育者である。しかし10月20日と25日の記録を見るかぎり，子どもたちは学級（学年）全体で動物園を開いて小さい学級や保護者を招こうという目的（①学級全体の課題）と，そのために仲間とグループを作って動物を一体ずつ作ろうという目的（②グループの課題）と，自分は動物作りでどのような役割をとろうか（③個の課題）をもっているように読み取ることができる。以下の10月28日の記録はワニを作ったグループの記録であるが，3つの課題を子どもたちが意識していることがわかる。

　　保育記録　10月28日
　　　MとSが2人でワニのきばを作っている②③。昨日「エサが新聞紙」と言われ，悔しがっている様子だったために担任はセロファンを用意しておいてやっている。SとNは2人で丸めた新聞紙にセロファンを張り始める②。一人一つずつ作っているが，うまくセロファンが貼れないときは二人で協力して作業を行っている。
　　　作ったエサが大きくワニの口に入らないらしく，Sが一人で新しいエサを作っている間，Nがワニに触り，口を開け閉めしていると「ワニワニこわれちゃった！」「大変だ！」と言ったり，「ワニワニはどれが好き？」と聞き，Nがワニを動かしてエサを選ぶという遊びを始める③。
　　　このようにしてワニで遊んでいると，Sは作業しながら「準備今日までだよ。まだ終わってないから」「ワニワニのプレートもポスターもできてない」と言うと①，Nが「じゃあ早く終わらせてまたワニで遊ぼう」と言う。Sがポスターを描き始めると，その姿を見てNも描き始める①。Mはしばらく2人の様子を眺めていたが「そろそろ餌の時間かな」と

ワニのもとに餌をあげにいく③。2人がついてこず，ポスターを描き続けていたのですぐ机に戻りポスターを描き始める。Nは「ワニワニを見て描く」といってワニの元へ向かう①③。

仲間と協力して作り上げた動物に子どもたちは愛着をもっていて，遊びの中で大切に扱おうとする姿がみられる。図表2-3-3のように下位目標が上位目標に包含されており，全体の目標に向かって仲間と互恵的にかかわりながら個人の目標とグループの目標を明確に保持している。子どもたちが主体的に行事に向かう時というのは，このように活動の目標に対する自己課題が多層的で，全体と部分を意識しながら自分の役割を担って実践にかかわっていく状態であるといえよう。

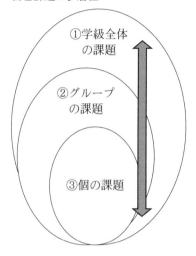

図表2-3-3 活動の目標に対する自己課題の多層性

翌日，動物園は年中・年少を招いて無事に開かれたが，それぞれのグループの子どもたちは説明係になったり，飼育員の振りをして自分たちが製作した動物の世話をしたりして，生き生きと動いていた。一連の活動を通して，子どもたちは体験から遊びを生みだすこと，自分たちの生みだした遊びが大きなうねりとなって学級全体（学年）で一つの目標に向かう達成感を味わったことだろう。このような保育は年長後期に展開されることが多いが，多層的な自己課題をもちながら他者と協同して物事をつくり上げる経験は，小学校以降の協同学習に引き継がれていく。

第2部では，子どもが学ぶということをレイヴらの状況的学習論に依拠して捉えてきた。すなわち子どもが遊びの中で学ぶとは，目の前の文化的実践である遊びへの自らの意志で参加し，自分なりに役割をとりながらより実践

に深くかかわりをもっていくことそのものに，多くの学びがあるという立場である。とすれば，遊びを積み重ねていくうちに多重の役割をとったり，多層的な目的をもつようになるということは，まさしく，遊びの中で学んでいるといってよい。

§4　遊びを育てる保育者

　最後に，遊びにおける保育者の役割について述べ，第2部のまとめとしたい。その前に本章で焦点を当ててきた「遊びを育てる」という考え方を振り返ってみよう。文化的実践としての遊びは，子どもが環境にかかわることによって生みだされる。裏返せば文化的環境のありようによって生み出される遊びは異なるし，展開も異なる。そうならば，子どもがわくわくと心を動かし知的好奇心が高まるような文化的環境，あるいは実践が「そこにある」ということが重要であり，保育者の役割は，文化的実践としての遊びが活性化するような働きかけを必要に応じて行うことといえる。

　働きかけといっても目の前に展開する遊びへの個別的具体的な関与もあれば，どんな保育を展開するかを長期的かつ広いパースペクティヴで見直すという関与の仕方もある。後者でいえば，園全体の教育のあり方を見直す事例，たとえば園庭の改善を行うといったアクションリサーチが多くある[12]。園全体の教育の方向をどうするかは本書1部に譲り，本節では，明日の遊びの援助をどうするかを日々悩んでいる保育者も読者であることを想像し，比較的短期のスパンでどう子どもを理解し遊びの援助に生かすかに焦点を当てたい。

1．子ども理解が起点

　ある園ではバス登園のコースがいくつかに分かれていて，最初のバスから

第3章　遊びを育てる　　173

最後のバスが到着するまでに60分程度の時間差がある。その60分が遊びの時間となっていて，登園した子どもから順次好きな場所で好きなことをして遊んでよいことになっている。観察していた製作コーナーには若い保育者がいて，製作コーナーにやってくる子どもたちと対応していた。一人の3歳児が「手裏剣を折ってほしい」と要求したので，保育者はその場にあった小さな紙で手裏剣を折ってやる。手裏剣ができるとその男児は，「小さな手裏剣だ」とうれしそうに友だちに見せて歩く。すると自分にも折ってほしいという3歳児が保育者の前に列になり，結局，その保育者は遊びの時間が終わるまで手裏剣を折り続けていた。手裏剣を折ってもらった子どもたちはしばらくそれをうれしそうに手にしていたが，手裏剣からイメージされるような遊びが生まれることはなく，全員がしばらくすると自分のカバンにしまっていた。

　この様子を見ていてわかったのは，この保育者は子どもにとって遊びは重要であると認識しており，子どもが「やりたい」と思う気持ちを尊重してかかわろうとしているということだ。しかし，残念ながら，子どもが主体的に遊ぶということの実相と，そこにおける子どもと環境のかかわりの意味についての理解が不足していたと言わざるを得ない。

　どうして男児は手裏剣がほしいと言ったのか，男児のその前後の行動の中に手裏剣が必要となるような脈絡はあったのか。たとえばそれがあったとしても，手裏剣は何のために必要だったのか。そして手裏剣を作るとして，どのような素材でどのように作ることを提案すれば，彼らが自ら環境にかかわって次の遊びの文脈を生みだすという主体的行為につながったのだろうか。

　個人の情報処理能力に応じて，それに合った情報負荷がかかることによって子どもは遊びの面白さを感じる。折り紙で折る手裏剣は難易度が高すぎて3歳児では技術的にたいてい作れない。しかも紙が小さすぎることで彼らの情報処理能力を超えてしまい，適切な負荷になっていない。先生に手裏剣を作ってもらう嬉しさは味わったかもしれないが，自分で遊びに必要なものを

作る面白さを味わうことはできなかった。だから，そのものへの必要感が高まらず，それを使って遊ぶという行為に至らなかったのではないかと思う。

　保育者が手裏剣作りに追われている傍らで，次のような遊びの姿もあった。一人の男児が近くにあった紙を何気なく手でちぎった。すると偶然に新幹線の車輌のように見え，次には意図的に紙を「車輌」に見えるようにちぎった。彼は2輌の新幹線を手で持ち上げ，嬉しそうに空中を走らせた。環境にかかわることで偶然生まれた「形」を，あるものに見立て，その見立てに基づいて，次には意図的に環境にかかわった姿である。結局，「新幹線」の遊びはそれ以上には広がらず，手裏剣と同様にカバンの中にしまわれてしまったが，もし，保育者がその姿に注目することができていたら，何らかの応答をしたのではないか。それは嬉しそうに新幹線を走らせる子どもと眼差しを合わせて喜びに共感することかもしれないし，あるいは，線路が描けるような紙を提案することかもしれない。子どもが生み出した遊びを後押しするような何らかの働きかけが子どもの遊びを支えていく。子ども理解に即した何らかの応答があったならば，この遊びは全く異なる展開になっていただろう。

　子どもの今現在を捉えるところから，環境の構成は始まる。子どもが何を求め，何を経験しているかを捉えることによって，さらに必要な経験は何かということが想定され，そのために必要な環境が浮き彫りになる。一にも二にも子どもを理解することが重要である。

　ではどのような視点で子どもを理解すればよいのか。以下のような視点とプロセスで理解することを提案したい。

① 子どもの言動から，遊びの何に（モノ，コト，人など）面白さを感じているのかを読み取る。
② そこでモノやコトや人とどのような関係を結んでいるのかを理解し，子どもが抱えている課題を見いだす。
③ 課題を乗り越えるのにどのような経験が必要なのかを考える。
④ その経験を満たす可能性のある環境（遊び・活動を含む）は何かを考え，提案する。（仲間になって動く，環境を提案・提示する）

⑤ その結果として子どもの遊びの状態がどのように変化するのかをみる。

2．子ども理解における空間俯瞰的視点

遊びの援助で困難を感じるのは，一人の保育者が複数の子どもに対して責任を負っており，一人の子どもや一つの遊びを持続的に理解することができにくいからである。遊びを中心とした保育では，同時進行でいくつもの遊びが展開している。ある一つの遊びにかかわりをもてば，他の場所での遊びを見ることができないのは保育者の身体的宿命である。この宿命を簡単に解消することはできない。複数の遊びを均等に見回っていたら，どの遊びをも十分に理解することはできない。どこの遊びにかかわることが最優先かを判断してかかわることが求められる。当然，多くの遊びはある点とある点とを結んで理解せざるを得ない。この宿命を背負いつつ，どうしたらできるかぎり適切に子どもたちの遊びに向き合えるか。保育者には意識的に空間俯瞰的に遊び全体を理解しようとする構えが求められるのである。

空間俯瞰的な視点が必要な理由は他にもある。子どもはインフォーマルグループを形成し，仲間とモノや空間にかかわることによって遊びの状況を生みだす。しかし，一つひとつの遊びは独立して存在しているのではない。一つひとつの遊びの状況は時間と空間を共有することによって互いに影響し合っている。子どもは周囲で進行する様々な遊びから意識するしないにかかわらず情報を取り込み，潜在的な課題をため込む。したがって保育者が今まさに向き合っているインフォーマルグループの遊びや，向き合っている子どもに関する情報だけでは，そこに横たわる意味を理解することはできないのである。

このような空間俯瞰的な視点をもちつつ，持続的に一つひとつの遊びを理解する眼差しを磨くために有効だと思われるのが「保育マップ型記録」と名づけられた記録方法である[13]。保育環境図に同時展開の複数の遊びをマッピングするもの（図2-3-4参照）で，記録の内容は，〈どこで〉〈誰と誰が〉〈何

をしていた〉という基礎情報に加え，前項で述べたような子ども理解から援助へのプロセスを記録する方法である。この方法は，保育全体を一枚の写真のように思い浮かべ，それぞれの遊びの状態を俯瞰して把握するように保育者を意識づける。この意識は自分の保育行為や保育動線の自覚化も促す。つまり，自分は今，全体の状況の中でどこの遊びにかかわるべきか，どこの遊びは見守るべきかについての自覚化である。もちろん，保育という生きた状況においては，偶発な出来事への対応や突発的な緊急事態への対処などがあり，常に柔軟な判断力が求められるが，それもある程度の見通しをもっていればこそ時間的に対応できる柔軟性といえる。

東京学芸大学附属幼稚園では，河邉の提案した「保育マップ型記録」を改編し，ほぼ毎日書き残している。記録中のA，B，Cの意味は，Aが「経験している内容」，Bが「必要な経験」，Cが「具体的な援助としての環境の構成」となっており，上述の記録の視点（p.174）を対応させるならば，Aは①と②の視点，Bは③の視点，Cは④の視点ということになる。八木はこの記録を書き続けることによって，保育者として子どもを理解する眼差しが磨かれるとして次のように述べている[14]。

　子供の姿，遊びの様子を書くだけでなく，意識してABCを書くことで，今，子供たちにどのような経験をしてほしいのか，そのための教師の援助を考えることができる。子供たちが楽しんでいることは，その場でもとらえやすいが，必要な経験や教師の援助については振り返って考えることで見えてくる。それが，うまくいくこともあればそうでないこともあるが今の姿を理解しつつ，先を見通して子供の育ちを考えることが大切だと思う。―（中略）―記録を重ねることで，子供たちの育ちも見えてくる。すぐには見えなくても，記録を振り返ることで育ちを感じることもある。

保育者には，一人ひとりの子どもを深く持続して理解する眼差しと同時に，空間俯瞰的に複数の幼児を捉える眼差しが同時に必要である。この二つの眼

差しを交感させて幼児を理解しなければ，明日の保育の構想につながらないだろう。八木が述べているように，記録は子ども理解を深めるために必要なツールである。記録の中でも「保育マップ型記録」は，理解を構想につなげる有効な記録法といえる。この記録の特徴は遊びの志向性を空間的に捉えようとしている点にある。志向性を捉えるとは，過去の子どもの言動からそれを予測することである。保育の当事者が子どもの向かう方向の予測をもつことは，その延長上に援助の方向を見いだすことを可能にする。つまり，本記録は，「過去」を根拠とした「今」の子ども理解と，それを根拠にした「未来」の予測に基づく保育構想とを連動して思考するように保育者に意識づける。この「保育マップ型記録」は，意識化のプロセスの中に保育全体を俯瞰し，遊びと空間の関係を捉える視点を潜り込ませる。このプロセスは，子どもが主体的に環境にかかわることによって湧き上がる学習プログラム（遊び課題）を読みとり，それを起点にして次の保育を出発させるというプロセスそのものである。つまりこれは，「遊びを中心とした指導」を教育の基本とする幼児教育の方法を担保するものであるといえよう。

図表 2-3-4　保育マップ型記録の一例

つき組　6月20日（金）　天気 晴れ　欠席 Y児

| A：幼児の経験している内容 | B：必要な経験 | C：具体的な援助としての環境の構成 |

全体の様子
- 朝一で5グループが動物当番。9:30過ぎに終わる。友達を待って遊びが始まらない姿もある。
- ほし組にあった OHP をつき組に移動したことでいろいろなものを映して遊ぶ幼児もいた。
- 朝からサッカーの日本vsギリシャの話をする幼児が多い。家で見てきた様子。興味をつなげていきたい。

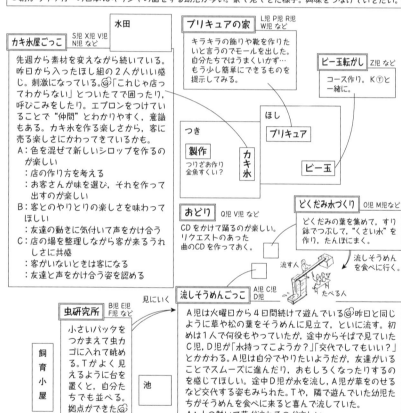

第3章 遊びを育てる

今週のねらい
○自分のしたいことに合わせてものを作ったり試したり工夫したりする。
△友達の考えに触れたり，遊びに取り入れたりする楽しさを感じる。
□身近な生き物，植物の変化に気付き，興味をもってかかわる。

学級活動の様子
○帰りに集まって「アオムシのぼうけん」のグループのお話を読んだ。1グループの最後で「ちょうちょになりました」と終わると「えーっ！ちょうちょになったら第1巻で終わっちゃうじゃん」と6巻（6グループ）までのつながりで考えていた幼児もいた。「そのちょうちょが卵をうんで，第2巻から新しいアオムシになるってことは？」という声も。おもしろい！

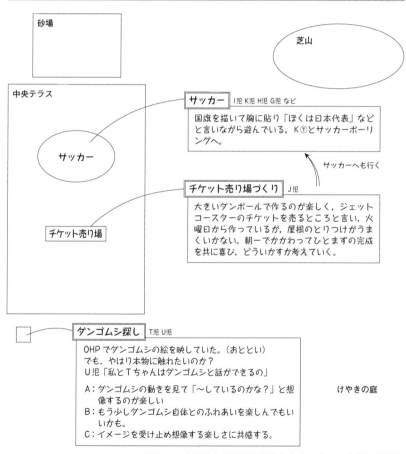

記録：東京学芸大学附属幼稚園小金井園舎　八木亜弥子教諭

第3部

遊びと場所(トポス)のエコロジー

　人間が育つのは地球という一つの生命体の内であり，人類が生きる基体を置いてきた場所で歴史的時間，空間の意味・技術・道具を創造してきたからである。それは，衣食住という生きるための営みとともに遊びという本性の発露をコントロールしてきた過程でもある。

　第3部では，遊びと場所(トポス)のエコロジーに視点を当てている。第1章では，パトスの知が紡がれる場所(トポス)の諸相に視点を当て，就学前教育施設がもつ遊びの伝承と環境との関連を考える。都市化や教育の成熟化によって子どもの生の現象が奪われたといっても，子どもたちの本性が死んでいるわけではない。類としての自然回復，自然環境の回復が生の回復につながると考えるからである。

　第2章では，エコロジカルな共同体づくりにチャレンジする人々を追っている。その背景にある思想，そして市民と共同する実践から，子どもの生を護り，次の類につなげる循環を捉えている。

　子どもの生の危機は，教育等の人為的なシステムが成熟し閉塞化する，ほぼ一世紀ごとに繰り返されている。ここでは古代から未来への引き継ぐ課題として，遊びのフォークロアの場所(トポス)を考えたい。

第1章

遊びから生まれる物語の場所(トポス)

§1　子どもの物語の舞台

1．生の物語が生まれる場所(トポス)

　人間が文化を形成してきたのは，記憶という過去を再現する言葉や文字の発明があったからである。今日，人間の記憶はコンピュータや映像機器によって外在化され，今まで人間が背負ってきた記憶を保持し続けなければならないという感覚は薄くなっている。漢字や英単語は電子辞書に，計算式や統計は計算機やコンピュータに，世界の農産物や石油，鉱石の生産高や世界地図，首都名，国旗や人口等もコンピュータの検索によって最新の情報を得ることができる。過去に記憶した情報の古さに比べれば，はるかに広域にわたる新しい有効な情報が早く得られる時代である。記憶する情報を外在化することに慣れるにしたがって，筆者などは1週間前の出来事は曖昧になり，翌週の予定ですらコンピュータに依存しなければ記憶に留め置けないという事態も発生する。全盲の友人が，5年先の演奏予定，何十年も前の出会いまで鮮明に記憶していることに比すと，記憶の外在化に依存しすぎた愚かな自分には，生の物語もすぐに色あせて忘却される運命にある。外在化を担う機

器には直接的・具体的な体験を得る身体を置く基体となる場所(トポス)はなく，ひたすら記号に向き合う時間と技術があるだけだからであろう。

物語が生まれる遊びのフォークロアは，場所(トポス)を必要とする。矢野智司が言うように，生命現象としての〈自己－メディア（技術・身体・道具）－世界〉[1]の語りは現実の場所(トポス)があってのナラティヴである。たとえ，天国であったり地獄であったり空(くう)としての空間であったりする物語でも，場所があっての物語である。その場所には，ある意味が附与されていて，それが歴史的時間を積み重ねた意味であることもあれば，合意による新規の意味を生成する場合もある。ここでは，遊びのフォークロアの必須の条件である場所(トポス)について考えたい。人間が遊びによって場所(トポス)との関係をどのように身体内に構成していくのかに視点を当てて場所論(トポス)と身体論とを捉えていく。

(1) 場所と時間と想起的記憶

外在化できる学問知や科学知に対して，パトスの知は外在化できる知ではない。受苦を伴った身体知と融合している大いなる意識系統に構成されていく知で，きわめて人間的・暗黙知的・肉感的・非合理的なものだからである。メルロ＝ポンティが「私とは私の身体である」というように，身体という"地"あっての外在化できる知の統合である。機器を媒介として外在化できる知はだれでも利用できるが，外在化できない知こそ，その人間自身の基底をなすものであり，それは体験・経験に裏づけられ，受苦・情動を伴った想起的記憶として身の内に置かれるものである。パトスの知は，自然的・文化的・歴史的な場所(トポス)における生活の営みという異なる世代の人々と相互作用する空間的・時間的・ナラティヴ的（物語る）な状況の中で構成される。外在化できない身のうちにある知は，記憶を喪失しないかぎり生涯にわたって暗黙知あるいは想起的記憶＊として，あるいは中村雄二郎の言葉を借りれば"かたち"として身体に宿るものである。

① 場所(トポス)と身体

場所(トポス)について，中村は四つの視点を挙げた。再掲すると，一つめは，"根

拠的なものとしての場所"で基体の隠れた存在根拠として共同体や無意識や固有環境という意識的自我が成り立つ場所である。二つめに"身体的なものとしての場所"で，周囲の環境・空間的な場所は，身体的実存によって意味づけられ分節化されている。活動する身体は皮膚によって囲まれ個体として存在するが，皮膚によって外部に開かれており，拡大された身体の隅々まで感覚を行き渡らせながら生き，活動している。三つめに，"象徴的なものとしての場所"で濃厚な意味と方向性をもっている。四つめに"問題の具体的な考察と議論にかかわるものとしての場所"問題・論点・ヒントなどの隠された場所(トポス)である。

その場所(トポス)は，人間に見える場所であると同時にまた見えない場所でもある。メルロ＝ポンティがいうような肉に染み込んだ位相を形成する基底となる場所といえよう。メルロ＝ポンティは，人間の身体，つまり肉（ここでいう肉とは内部から加工され構成されていく塊）は，「物質でも精神でも実体でもない。古人は，水，空気，土，火，について語るために『原質』(élément) という語を用いたが」，その意味するところは，「時間空間上の個体とイデアとの中間にある類属的な事物のことであり，いわば受肉した原理であって——(中略)——肉はこの意味において」存在の原質であるとする。そして肉は，「事実ないし事実の総和ではないが，それにもかかわらず場所と今とに貼りついている」「事実を事実たらしめ」「同時に，諸事実が意味をもつようになる所以のもの」[2]とする。私の身体は見るものであると同時に見えるものであり，何がしかの場所（他人の観点）から見られるものでもある。また触れるものであり，同時に触れられるものとして自分自身を外側から感じるものである。これと同様に，大地という"地"とそこから芽生えた万物，"図"との関係も同様で，身体は一つの個体的な原理だが，肉は類属的な受肉の原理で，身

＊　想起的記憶（青木久子『教育臨床への挑戦』萌文書林，2007より）
　　中村雄二郎は「イメージ的全体としての世界を地平として過去の諸事実を立ちあらわれさせる記憶である」として，ベルグソンのいう運動的記憶（習慣的記憶）と表象的記憶（想起的記憶）の後者をいうとする。時間を伴った五感の統合感覚としての心象をいう。

体内部で肉が肉自身に再帰している円環の全体をなしているからこそ，身体は肉の概念によって宇宙全体へと拡大されるとする。内部から構造化されるこの肉の構造化は，次元性をつくりだし，回転軸や蝶番(ちょうつがい)を内部に含んだ位相空間を形成するのである。

　つまり，決して分離することのない，癒着し，差異化した肉の襞(ひだ)やくぼみが，言語によって意味を形成していくのである。村上隆夫は「存在とは決して終わることのない差異化」であり，「人間は身体をもって世界のなかの一点に位置しているのであって，この身体において世界の肉を分有し，この身体において世界の肉と『臍の緒(へそのお)』でつながっている。したがって人間にとって存在は，見えない側面を含んだ厚み（épaisseur）をもって現れるのであって，人間は『身体の厚み』をもって『世界の厚み』に接触している」[3]と，メルロ＝ポンティを語る。この身体の厚みでもって眺められる世界の厚みが，知覚の遠近法的展望(パースペクティヴ)のもとに現れる世界の奥行きなのである。決して分離することのない癒着し，差違化した肉の襞(ひだ)やくぼみが意味を生成していくということである。

　その厚みでもって世界の厚みに接する身体は，今という時間と場所と切り離すことはできない。すでに場所(トポス)自体が，宇宙と円環的に作用しながら歴史をもち，身体の存在根拠を提供し，肉を差違化して襞やくぼみをつくりだす述語的身体が作用し合う時間と空間をもち，隠された象徴的な意味や言葉による論点や議論を包含しつつ，"地"と"図"を構成しているからである。換言すれば，場所(トポス)は厚みをもった身体の肉を構造化する基底であり，厚みをもった世界をパースペクティヴに映しだすことを可能とする時間空間だといえよう。

　② 場所(トポス)と出来事の記憶

　フッサールの現象学やメルロ＝ポンティの現象学から存在論へと展開した学問の視座は，意識としての自己に根拠を置いた近代科学の知から，受肉した身体あっての知として位置づけられた。メルロ＝ポンティの存在論からみれば，科学知だけでは自己をも崩壊させることが自明となっていることから

わかるように，パトスの知を構成する遊びの衰退もある意味，共同体，無意識，固有環境という人間の存在根拠を失った結果ということができる。我々が記憶を想起して，ある状況を語る場合，必ず自分と場所と出来事が介在し，ある時間内の状況を浮き彫りにする。たとえば，電車に乗り遅れた状況を想起して「4時半に起きて自宅から駅まで10分歩き始発電車に乗ろうとしたが，公園を出たところで転び足首をくじいて痛みが激しく，早く歩くことができずに乗り遅れた。そのため予約した飛行機に間に合わなかった」と他者に遅れた事情を語る。私という存在根拠を支えるのは自宅という固有環境であり，駅までは身体的に拡大して無意識でも活動できる空間であり，アクシデントという非日常的な出来事が，時間的・空間的な意味を変えてしまい，他者に了解を求める問題・論点を出来事として提示する。こうした想起的記憶による物語は，自宅から駅までの距離，途中に公園があること，転んだ場所が公園を突っ切った出口の辺りだったという場所と時間とを切り離しては語れない状況性をはらんでいる。外在化された知識情報は，単体でも活用されるものだが，受苦や激情の出来事や情報は，場所(トポス)の状況・出来事や時間と切り離せないといえよう。

　必然の世界が支配する環境に，個人が積極的に関与し，変革し，新たな環境として創造することが可能な状態をつくりだすことを「状況」とし，その状況をも含み込んで時間や空間や範疇的諸関係に規定され現れているものを「現象」というなら，想起的記憶を物語ることは"過去の行動について構成された新しい行為"であり，物語はこうした自分が関与した状況から生みだされる現象だといえよう。中村は，「想起的記憶は，共通感覚や言語とともに近代世界から排除された。想起的記憶とは，経験を表象として喚起する自発的な記憶のことである。これは〈純粋記憶〉（ベルグソン）とも呼ばれ，生命体としての人間のもっとも本質的な自己への立ち帰りであり，人間としてのアイデンティティを示すものである」[4]として，言語と密接な関係をもった社会的な行為としての想起的記憶に生命体そのものをみている。パトスの知が，まさに生命現象であり，関係の相互性であるというのも，言葉を伴う

想起的記憶として自発的に記憶され，織りなされ，物語られるアイデンティティを示す本質だからである。

(2) 想起的記憶の物語

物語について，ベイトソンも「お話＝物語とは，関連 relevance という名で呼ばれている種に属する結びつきが，複数個つながってできたもの」で「人間は物語で考える」[5]とする。そして，物語で考えるのは人間だけの特性ではなく，森林やイソギンチャクもすべての精神が共有しており，どんな小さな物語も世界が根本で統一されているところに行き着くとする。

「丸暗記は記憶ではなくて単なる習慣であり，暗記されたものは，それを物語として話されるときにはじめて本来の記憶になる」[6]といわれるように，記憶として詰め込まれる知識は記憶ではないとすると，幼年期に遊びによってパトスの知を獲得することは，想起的記憶の土壌を耕し，身体を通した物語によってアイデンティティを形成することと言い換えることができる。

要素主義に反対し，受肉による系・構造の形成を提唱してきたメルロ＝ポンティが，身体が「一つの〈意味〉を自分自身で分泌して，それを自分の物質的周囲に投げ出し，それを受肉した他の主体たちへと伝達する」「身体こそがみずから示し，身体こそがみずから語る」[7]というように，彼は，物語る言語は身体の一つの表現機能と捉え，ソシュールの言語学に傾倒している。思考をもって世界に対する身体図式は，身体という未分化の"地"に"全体が諸部分に先立つような現象"としてゲシュタルトを浮き彫りにする。ソシュールの言語学も，一つの国語は独立した意味をもつある言葉が寄り集まってできるのではなく，ある言葉が言語体系を構成している他の言葉との関係によって意味をもつとするものである。ソシュールによって解明された，言葉は国語の体系という「全体が最初にくる」考え方は，知覚や身体の形態(ゲシュタルト)が示す性格と同じで，「われわれがソシュールから学んだのは，記号というものが，ひとつずつでは何ごとも意味せず，それらはいずれも，或る意味(サンス)を表現するというよりも，その記号自体と，他の諸記号とのあいだの，

意味のへだたりを示しているということである」[8]とする。つまり赤が単独であるのではなく赤を語るには橙や黄色との相違があって赤が語れるのであり，花を語るには茎や葉との関係において花が語れるのである。そして，身体が肉への沈殿作用によって習慣として過去の行為の形態を保存していくように，言語(ランガージュ)の形態(ゲシュタルト)も人間の言語能力として身体に沈殿する。この身体に習慣化されて沈殿したものが，国語(ランゲ)の全体構造だと考えたのである。村上は「『国語(ランゲ)とは，それによって主体が初めて話すことができる宝庫であり，可能性の体系なのである』。人間はつねに身体の無意識の前人称的な生活に支えられて，この身体の暗黙の生活を基礎として初めて意識的で人称的な生活をおこなうが，それと同じように人間は，国語(ランゲ)という身体的伝統を基礎にして初めて言行為(パロール)をおこなうのであって，国語(ランゲ)にもとづくこれらの言行為(パロール)の総体が人間の言語(ランガージュ)をなしているのである」「人間の知覚や行動について科学がつくり上げてきた先入見を排して，むしろこのような科学の基礎となっている『生きられた世界』へと立ち返ること」[9]を目指したメルロ＝ポンティの言語観を説明している。メルロ＝ポンティは，言語は言語の体系に意味作用があるのでなく「思考によって解体されふたたび作りあげられるときに意味作用をもつ」もので，言語が「何か或る思考や事物を直接的に意味するようなことがあるとしても，それは，その内的な生から派生した」[10]二次的なもの，つまり，「経験的な言語の沈黙」から「物のなかにとらえられていた意味を解放する言葉」は客観化された言語(ランガージュ)から言行為(パロール)への還帰によって可能になる。"生活世界への回帰，とりわけ客観化された言語(ランガージュ)から言行為(パロール)への還帰が絶対に必要"とし，話す主体を回復することを目指すのである。

　幼児は，話すのが好きである。遊びについて語る場合も，様々な受苦を伴った状況が語られる。「朝，園の日の当たらない所の土が盛り上がっていたので，靴で踏んだらざくざく音がして，ぴかぴか尖ったものがいっぱいできた。あれは氷だよ。手でもったら溶けてしまったもん。明日もやりたいけど手が冷たいし，どろどろになってしまうね」と。当然，パトスの知の物語には場所や時間が付随している。関東地方で霜柱は，寒い日の朝のうちでないと見ら

れない現象であり，北側の日陰だからこそ土が隆起する。それを踏んだときの感覚は，音と足裏の感触と目で確認され，手にもって溶ける様は体性感覚を通して，冷たいとかどろどろと感じ取られる。霜柱の場所と身体の変化は，己の行為の結果発生した現象として物語ることにより，その状況が意識のうちで確認される。

　また，遊びにおいて働く無意識的な第六感が，理屈ではなく，諸感覚がよく統一されて使用される暗黙知の統合された感覚だということは，回旋塔への飛び乗り・飛び降りや竹馬などの遊びなどからも類推できる。しかし，科学知に光が当てられたルネサンス期以降，視覚が優位性を増し，事物や自然と身体との距離がとられて，視覚が事物や自然を対象化する方向に進み今日に及んでいる。〈普遍性〉〈論理性〉〈客観性〉の科学知はこの論に依拠している結果，時間も空間も宇宙論的な意味を失ってしまった。受苦を感じる体性感覚（触覚，圧覚，冷覚，温感，痛覚，深部感覚）は，筋肉感覚や運動感覚と密接に結びついていて，その上に触覚が働くのであって，体性感覚が五感を総合させ，優れた第六感を磨いていくのである。ここに中村のいう共通感覚（五感がしっくりいく感覚）がある。「場所」と「時間」「想起的記憶」は，統合された共通感覚をもたらすものであり，パトスの知を語るうえで重要なキーワードなのである。

(3)　生きる時間の概念

　「時とは固(もとより)如何なるものであり，如何にして考え得るものであろうか。時とは無限の過去から無限の未来に向って進み行く無限の流(ながれ)と考えられる」[11)]とした西田は，現在を中心として過去の現在，現在の現在，現在の未来が包み込んでいるもので，現在なくして時はないとする。しかし，現在はつかむことができない瞬間なので，絶対無の場所的限定として自由なる人が限定され，自己自身が限定されることによって現在を限定する。その限定があっての過去や未来である。換言すれば絶対無の場所で「自己が自己自身を限定する所そこが現在である，永遠の過去より来(きた)るものは此に来り，永遠の

未来に出てゆくものは此から出て行くのである」[12]。自己限定という判断が成立するのは，自己が自己を見ることを意味するわけで，生きる時間の概念は，その人の中にある。

「生きられる世界」それは，場所がすべての個体に現存したり背後に潜んでいるように，時間も個体の背後に，「さらに，これらの他のすべての個体の背後にもまたそれらとは別のもろもろの個体」[13]にも現存したり潜んだりしているものである。メルロ＝ポンティは私たちの身体が見られたり触れられたりするものでありながら己を見るものとする客観的身体と現象的身体の表裏の統合が，「時間の統合，空間の統合，空間と時間との統合，両者の各部分同士の『同時性』（空間のなかでの文字どおりの同時性，ならびに時間のなかでの比喩的な意味での同時性），空間と時間との編み合わせ」[14]によってなされるとする。

この自己限定した場所と時間によって編み合わされ語られる言葉や表現が，その人の経験であり，その経験を綴る物語は，現在を軸に過去と未来にわたって開かれているのである。そして遊びと場所(トポス)は，現在を限定することによって織りなされる物語を創出しながら，知の構造を形成しているのである。

現在を限定できずに流れる時間に身を任せ自己喪失していく人々に，時間を取り戻す物語として有名なミヒャエル・エンデの『モモ』に，こんな言葉がある[15]。

　　人間はじぶんの時間をどうするかは，じぶんじしんできめなくてはならないからだよ。だから時間をぬすまれないように守ることだって，じぶんでやらなくてはいけない―（中略）―時計というのはね，人間ひとりひとりの胸の中にあるものを，きわめて不完全ながらもまねて象(かたど)ったものなのだ。光を見るためには目があり，音を聞くためには耳があるのとおなじに，人間には時間を感じとるために心というものがある。そして，もしその心が時間を感じとらないようなときには，その時間はないもおなじだ。

エンデは，時間とは生活であり，人間の生きる生活は，その人の心の中にあり，生きる物語は生きられる時間の限定と行為によって身体に沈殿させた想起的記憶としてあることを「モモ」を通して強く訴える。「よい暮らしのために」「将来のために」と必死で時間を倹約し，せかせかと生きる繁栄した社会の病理現象を告発したこの物語は，場所と時間を自己限定できずに"生きること"を奪われ荒廃していく人間社会を象徴しているといえよう。

2．集団教育施設の場所の位相(トポス)

遊びが最初から教育的意義をもって語られると，遊びは遊びの本質を失っていきやすい。やはり生きる上での飛躍や願望・畏敬・怖れ・闘魂などという衝動に源があろう。地域の子ども集団が縦社会を構成して遊び，知らず知らずのうちに遊びが伝染する場合と違って，集団教育施設における遊びは環境によって刺激が調整され，発達を主導する。しかし，遊びの世界は幼児，教師双方の純粋経験がものをいう世界であるだけに，教師自身が遊ぶ人でなれば身体が面白く躍動することもなく，子どもを信じて介入しないような節度を保つことは難しい。当然，固い空気の中で遊びが他者に伝染することもない。良寛が，「日々日々　又日々／間に児童を伴って　此の身を送る／袖裏の毬子　両三個／無能飽酔す　太平の春」[16]と遊びほうけたのも純粋経験の世界であったように，その世界に我が身を置くことは，教授することよりも難しい。

古代から日本の遊びは，場所での即興性にある。純粋経験に我が身を置かない遊びの指導は，教授・訓練と一緒になってしまう危険性を常にもっているということである。「遊びを中心としたさながらの生活」は，幼児教育界の神話として人々に語り継がれて今日に至っているが，倉橋の論理を神話化したために，東基吉や和田實らが願った遊びの真髄は人々に伝わらず，脱神話化の動きを加速して知識伝達型になっているか，あるいは遊び体験の質が

高まらないまま遊びの重要性を標榜する内容の空洞化現象が発生しているのではなかろうか。

日本の就学前教育は，遊びの場所をどのように規定してきたのか，そして今，どこに行こうとしているのか，それを捉えることも遊びのフォークロアを考える視座になる。

（1）「天地は真の保育室なり」

1876年，国内に初の東京女子師範学校附属幼稚園が開設された当時，庭には園児一人 $1 m^2$ の畑があり，遊園と川と池と森とがあり，砂場が用意されていた。そして庭は自由な遊びの場，保育室は恩物を学ぶ場，遊戯室は会衆の場といった意味をもち，それ以外の施設は付き人や教職員が使用する場として構成されていた。場所が意味をもって区分されることで，生活の流れが生まれ，幼児が自由に遊べる場と時間が誰の目からも保障されることになる。

しかし，明治末から，東基吉らの研究によって恩物が籠に入れられ遊具となるにつれて，恩物指導がなされた保育室は，雨天の日の遊び場となっていく。東は，就学前教育機関が「遊び」を保育事項として取り込むことについて，「幼児に取りては為すことなくして閑散に時を過す事は其最も苦痛とする所なり。―（中略）―真正の教育とは幼児の発達の程度に適応せる事項を与へて此活動性を満足せしめ以て幼児をして自ら其心身諸力を修練して自然の発達を遂げしむるに在り」[17]「此時代に於ける幼児の活動は専ら遊戯の形式に於て顕はるゝものにして従つて遊戯は保育事項中最も主要の地位を占むべく保育時間中の大部分を之に充つることは又自然の結果なり」[18]としている。ここに日本の就学前教育における遊戯の位置づけが明確になされる。東のいう遊びは，遊びそのものを目的とした純然たる遊びで，今日の遊びを手段と見紛う，大人の作為によって遊ばされるような遊びではない。

その考え方を具現化する遊びの場所について東は，「天地は真の保育室なり。新鮮なる空気美麗なる草木鳥獣は何れも之が装飾の具たり。石塊土砂落

花落葉等は皆悉く天地自然の恩物として此拠に散在し自由に幼児の選択に委せられざるはなし」[19]として，遊園こそが幼児を誘掖(ゆうえき)する幼稚園の生命であるとする。彼が幼児を指導するのに自然の保育室は"広潤な原野で悠々として花笑ひ鳥歌う間"としたように，フレーベルも室内は雨天等やむを得ない時に使用するのであって，幼児の遊びには自然界を利用するのがもっとも自然であるとしたことを強調する。そして遊園には，花壇・菜園の栽培，家禽・家畜の飼養や，砂壇鞦韆(ぶらんこ)など，遊びに関する装置の必要性を挙げる。

　関東大震災（1923 年）によって崩壊し，建て替えられた現在のお茶の水女子大学附属幼稚園は，再建当時でもなお付き人の部屋を残し，廊下の高い天井は荘厳な空気を漂わせ，廊下を挟んで日当たりのよい保育室と北側の管理室が大人と子どもの区分を示し，保育室から庭へ，森へと開かれている。それぞれが自立した存在として，子どもは子どもの世界を味わえる場所となっている。ここに通う幼児は上層階級の子弟という象徴的な意味をもち，遊びが許容される恵まれた環境に置かれている。それは都会地の一部の階層にみる就学前教育施設という場所(トポス)での意味附与で，当然，市井の子どもたちの遊び場は家の外に，あるいは野良や港湾，山林など親の労働の傍らにあったのは本書第 2 部の写真（p.116）の通りである。こうして意味附与された舞台を背景にして，子どもの遊びの物語が紡ぎ出されるのである。

（2）　大自然の場所(トポス)

　明治末から見直された天地の間を遊びの場所とする実践は，四半世紀もするとまた室内に引き戻されていく。それは，幼稚園の増加とともに，絵本やレコード，玩具などの媒介物も多くなり，文化を教えることを教育とする人々の増加と都市化現象によって，身近なところに天地の間が少なくなってきたことを意味する。

　1921 年，外遊途上から病気をもって帰った大阪毎日新聞記者の橋詰良一は，床に伏しながら 9 人の我が子らの喧噪を戒めるまわりの大人の険悪な様に，「大人の要求希望と子供の要求希望とが一致するものではない。—（中略）

—大人と子供とを雑居させて置くことは双方の間に損失のみあって利益のないこと」[20]として新聞社後援による幼稚園設立を構想する。その檄文に，場所(トポス)の根拠をみることができる。

　まず自序で「私は，百の空論よりも，寧ろ一つの実行を貴びます。天下は実行よりも，空論を貴いものと考え，空論を学者のする事だと思って居ます。空論は往々に理想と混同されます。理想は実行の可能と不可能とを問はないものです。―（中略）―学者でもない私達は，直ちに実行を成就することが人間としての最も大切なことだと考えて居ります」[21]。次に計画の動機の中で，「子供は子供同志の世界に住まはせるが何よりの幸福―（中略）―幼児も幼児同志の世界に行かなければ，互いに真の理解ある生活，真の同情ある生活，真の要求を共にする生活を営む事は出来ません。でも，大人には自分の膝下に置かなければ子供は幸福でないといふ親切すぎた考へが，伝統的に抱持されて居ます。―（中略）―子供は無用の援護や無用の助力を要求しないばかりでなく，反ってその御節介を五月蠅(うるさ)がり，嫌ひ，憎む傾向があります。その上に動もすればその大人の愛着を利用して，自分の我が儘(まま)を遂行しようとする場合さえ生まれて来ます。―（中略）―ほんとに，子供を喜ばせる道，子供をよくする道は，子供同志の世界に置いてやることです。さうして子供自身に，自覚，自省，自衛，互助，互楽する世界を創ってやらなければ真の子供の幸福は望まれません」[22]。「子供同志の世界をつくるのに最もよい所は，大自然の世界です。―（中略）―建物に拘泥して人工的の汚れに憧れ易い人々の心を清く革むるためにも，自然に没入することが，どれくらゐ簡便で意義深いものであるかを三思したいものです」[23]と。

　これを教育という立場でもなく社会施設という視点からでもなく，「人間道」として構想し「幼児の教育は，人間としての成育を心のうちからも，身の外からも健全に基礎づける」こととして，海外でヒントを得たという「ハウスレス・キンダーガーデン」をもとに「家なき幼稚園」を構想している。橋詰の理念は，子どもと若い先生が大自然という場所で，遊びを通して自らの行為を自覚し，省察し，衛り，互いに助け合い，楽しみを生みだしていく

生活を目指すということである。ここに大自然を舞台背景とし緩やかな時間が流れる子どもの世界が生まれることになる。かつてフレーベルが，人間の本質を，人間の中にある神的なものを意識し，十分に認識し，明確に洞察すること，さらに自己の決定と自由とをもって自己の生命のなかで表現し，活動させ顕現する方法や手段を提示することが人間の教育である[24)]とした思想と通底するものである。

　家なき幼稚園は朝，絵馬堂前に集まり（雨天や酷暑の日の場である絵馬堂は翌年バラック小屋に），畳み椅子や机を作る馬（机を支える脚の部分のみのこと）と板，木煉瓦，ゴザ，楽器，紙芝居や絵本などその日の必要な物を乳母車に積んで，今日は神社の森の境内へ，河原へ，原っぱへ，川へ，林へ，粘土取りにと季節と子どもの遊びの欲求にあわせて自然の中に出かけていく。一日，そこで遊んで夕方帰るという生活である。彼が保母に毎日の子どもの姿を記録したノートを求めた中に，若き保母の感性と子どもの感性とが響き合う大自然を舞台とした物語が生まれることになる。この場所(トポス)での記録の一端を捉えてみよう。鳩の死に遭遇して記述された日記の一節である[25)]。

　「先生又お墓をつくつてやりませう」今更の様に子供の言葉にうながされて冷い鳩のむくろを抱いて鳩の墓（前に鳩を埋めた所）のある下の草原へおりて行つた。「あッ古い鳩のお墓こけてゐるわ」「お花も無くなつてしまつてるヨ，可哀想に」「この鳩，前の鳩のお隣に埋めてやりませうね」「先生お隣に埋めたら，どつちも淋しく無いね」「土の中でお話しするか」「そんでも死んだら神様になるヨ」可愛い無邪気な会話がいくらでも続く。－（中略）－静かに穴の中へ横たへた。やはらかな草を着せて，その上から土をのせ，お砂をふりかけました。キヨちやんが石を拾つて来た。徹ちやんと輝一さんが松の木を折つて来た。墓の石に「ハトノオハカ」とかいた。

　この物語は，自然に恵まれた園の子どもの世界では，今日でも見られる風景である。墓を作り，草で覆ってから土をかける。草花を飾り墓標を立て「ナ

ムアミダブツ」と拝む。死後の世界を少しでも寂しくしないようにと心根を寄せ，それぞれがもてる知識を実践して野辺の死を祀る。どんな民族にも死者を弔う儀式がある。死の弔いが遊びかと問われれば，ここでは土に返す遊び事といえよう。墓という象徴的な場所がもつ意味は，歴史的身体に刻みつけられている営み事の世界を模して遊ぶから伝承がある。しかし，昨今の土庭のない園では，園庭でのニワトリやウサギなどの動植物の飼育栽培はできにくいため，金魚や小鳥を飼育する。動物も大自然の中ではなく箱の中にあり，その死に出会うと新聞紙に包んでゴミ箱に入れる物語になる。土葬から焼却の時代と考えればゴミ箱も焼却への一過程であり，焼却の方が正しいことになる。その物語に違和感を感じるのは舞台背景が異なる世代の弔い観だが，土空間が無くなれば，新しい弔い事として焼却文化が伝承されていくのであろう。

　家なき幼稚園の野では歌がよく創作される。柳の枝で製作をする際に，「小さい男の子がさも嬉しさうに　出来た出来た　うれしいよ　出来た出来た　うれしいよ　と枝を高くさし上げて，振りながら歌ひました。いい曲だ，だまって聞き入つたが，ノートにひかえて見ました。皆も口の中で合唱して居るやうに見えました」[26]

　その曲が次のようである。

531-	531-	2255	3-0	531-	531-	2255	1-0
デキタ	デキタ	ウレシイ	ナ	デキタ	デキタ	ウレシイ	ナ
（ソミドー	ソミドー	レレソソ	ミー	ソミドー	ソミドー	レレソソ	ドー　）

　ハンカチに砂を入れてふくらませて遊んでいる際に「誰かが『ヤア狸のおなか』と言ひましたから外(ほか)の子供さんもみんなはやし立てました。『たアぬきイの　はらつウづみ　ポーンポン』こんな曲をつけてうたひ出しましたで，それに合してオルガンを弾きますと今度は，腹鼓をたたき乍ら踊り出しました」[27]。まさに野の演舞場である。

$\frac{2}{4}$ 3533 | 2123 | 2 0 | 2120 |
　　タヌキノ　ハラツヅ　　ミ　　ポンポン
　（ミソミミ　｜レドレミ　｜レー　｜レドレー｜）

数字は音階（　）内の音，数字下の線は♪♪♪♪で一線が符点八分音符，二重線が 16 分音符を示している。

今日，多くの保育現場で見る既習の楽譜にある歌を教える物語と違い，思わず口をついて出る歌を無意識に遊びながらも，音階も終止形も現代音楽の形式に合っている。歌の記録は随所に見られて，野に出ると歌いたくなるのが子どもであることがわかる。つまり音楽は，子どもの即興的に口ずさむ歌に教師がオルガンを合わせていくもので，教師の弾くピアノに子どもを合わさせるものではない。自然に言葉を歌い，音楽を生成する主体が子どもの側にもあり，身体を通して生み出される遊びなのである。子どもたちが野を行く道々，歌いながら歩いたという歌の歌詞に，恵まれた籠の中で遊ぶ鳥と天地の間で遊ぶ子どもが比較されている。

図表 3-1-1　「家なき幼稚園」の歌[28]

橋詰せみ郎 作詞・山田耕筰 作曲
天地のあいだが　おへやです
山と川とが　お庭です
みなみな愉快に　遊びましょう
大きな声で　うたいましょう
わたしがへやは　大きいな
わたしが庭は　ひろいな
町の子どもは　気のどくな
お籠のなかの　鳥のよう

天地の間が生み出す物語は，生命現象を強め，生の原点をうかがわせる。就学前教育で論争の的となる文字の読み書きについても物語は異なる。たとえば，次の例は教えないのに字をいつの間にか自然に覚えていく子どもの物語を捉えている。

荒神様の境内に寄付者の石碑が沢山並んで居ます。「アッ」。あまりに頓狂な子供の声に驚かされて後を見ますと，山本から通つて居る金岡重一ち

やんが山田という字を見つけて指さして居るのでした。「山本の山という字があるワ」。しばらくすると金百圓といふ字を見つけて「金岡の金といふ字がある」。すると他の子供が大阪といふ字を見て「大といふ字がある」また，和という字を見て「口といふ字がある」とその作りだけをおさへていって居ます[29]。

野にある子どもたちの物語は，このように生の現象にあふれたもので，室内でかかわる人工的なメディア（媒介物・媒介者）とは異なる。閉鎖的な場所（トポス）でつくられる大人の企図に満ちた物語とは学びの意味も違う。たとえ教師が意図的に働きかけたとしても，そこに遊ばせたいといった作為は少ない。子どもも教師自身も遊びたいのである。文字の拾い読みも，発見して遊ぶ対象としてあり，子どもの学びの場は地域社会へと広がっている。

瀧の中腹にできた涼み台に登り，普段見る視界と違う景色を見て，帽子を脱ぐ。教師がその帽子を集める。

　　池田先生が「みんなのこれを上から落とすから下で受けなさアい」とおつしやる，さアみんな下へおりる，おりる。小さい石の段々を……そしてみんなは上を向いてお手々を受けました。一つ，二つ，三つ，四つ……「としちゃんの」「とよちゃんの」－（中略）－そして，そして，もつともつとみんなのを，ふわり，ふわりと上から落としました。きやつ，きやつと言ふ歓喜の声が湧き上ります。お腹が痛くなるほど笑ひましたが，とうとうおしまひに，ひとつのかわいいしやつぽが，すだれの上にひつかゝつて了ひました。今日もほんとにおもしろい一日でした[30]。

腹を抱えて笑いこける日々が楽しいのである。面白いから遊ぶ，それは子どもだけではなく教師の世界も同じである。教師が遊び場所と媒体となるメディアと時間の環境調整はしていても，遊びそのものの援助という概念はこ

こには見当たらない。子どもたちがある場所に飽きるまで遊び尽くすと行き先が変わることは、教師が意図しなくても場所のもつ環境やそこに附与された意味が変わり、日本の四季がさらに環境やメディアに変化をもたらしてくれるので、自然や社会の環境構成力に依拠することになる。自然の環境構成力は、必然性とともに偶然性を多く含み、環境が子どもに呼びかけ、アフォーダンスを探索させる。宮澤賢治の心象スケッチではないが、彼が物語を書くのではなく、星空や木々や電信柱が彼に呼びかけて物語を提供してくれるままに心象をスケッチした、その自然界との関係が生みだす世界である。野という場所には、すでに社会が意味づけた内容が含まれ、自然の変化とともに変化してはいるが、子どもの遊ぶ空間は子どもたちが物理的自然と子ども自身の身体的自然が呼応するままに意味が生成されていく。子どものつぶやく言葉は、賢治のように自然に呼びかけられてスケッチする心象の現れとみることができる。

図表 3-1-2　野でする遊び[31]

〈ごっこ〉
かくれんぼ、鬼ごっこ、めんない千鳥、ふるせんとまとめて、中の中の小ぼんさん、汽車ごっこ、ままごと、戦争ごっこ、剣劇、座り鬼ごと、子とろ、うずまき鬼ごと、わらべうた、砂山のすべりごっこ、トンネルごっこ、兵隊遊び、砂の粉屋ごっこ、草の上でのお話ごっこ、猫とねずみ、歌劇ごっこ、日傘で遊技、目隠し鬼
〈ゲーム〉
手拭落とし、帽子とり、じゃんけんあそび、石けり、走り競争、靴かくし、座り当番、マリ送り、スプーンレース　技能のボート流しリレー、角力、凧揚げ、羽根つき、丸とび
〈自然物〉
摘草、いなひき、魚釣り、雑魚トスカン取り、草の上でのお話ごっこ

青木分類

家なき幼稚園は、環境の変化を求める子どもの興味と教師のもつ情報・興味が遊びの場を選択させるという意味で、環境の構成者として自然と子どもが中心に位置づく。そして、教場が野にあり時間割はないとはいえ、9時から午後1時ないし3時頃までという制限はある。60名の幼児に4名の若き保母という環境条件もこれに加わる。橋詰が若き保母としたのも、教師臭さのない天真爛漫さが子どもと響き合うからであろう。晴天であれば朝の集会と祈りののち、回遊、弁当、お話などが、雨天であれば自由画や音楽、ゲームなど銘々に行われる。家なき幼稚園では、週に一回程度、英語が15分か

ら20分,木煉瓦などの手技が15分から1時間,書き方が40分程度行われ,随時お話やゲームなどが遊ばれるという流れはあるが,その遊びを選択し時間の流れを決めることに子どもが参画できる。

英語について橋詰は,「幼時に覚えた郷土の言葉が,後年其の郷土人に逢ったとき卒然として再燃し正に郷土人たるの資格を以て話し得る事実」同様,「外国語なしに世界的知識の門戸を叩き得るまでの自由を持たない」[32]として,近所の米国婦人に遊びにきてもらい幼児に話を聞かせている。野を場所とするからこそ,新しい世界の門戸を叩く英語という道具に接することで自由を得る道を用意する文化的側面もみられる。

こうして,家なき幼稚園として生まれた保育の形は,〈自覚,自省,自衛,互助,互楽〉という理念を,野の教場で行うことを保護者や地域社会という共同体が支える背景があっての子どもの物語である。それはまた,対自然,対人,対モノとの関係の中から教育内容が生まれる物語である*。

(3) 自由遊びと誘導・課業の場所(トポス)

一方,1935年に出された東京高等女子師範学校附属幼稚園の記録から,遊びの物語の相違を捉えてみたい。倉橋惣三は,「幼稚園は幼児の世界である。そこでは,一切が幼児の生活に出発し,幼児の生活に帰着する。その幼稚園に於ける幼児の生活を,発揮せしめ,充実せしめ,その正しき発展を経過せしめる途が保育案である」[33]としてその必要性を説くとともに,保育案が保育方法を固定させ,惰性化・機械化し,保育者の独創を妨げ,園の活気を失う元凶となる危険も捉えながら,系統的保育案を試行している。

各現場が創意するための一例として掲げた内容は,①自由遊び,②生活訓

---

* 家なき幼稚園はバラックがあることから自然幼稚園と改称され,1929年から7年の間に7園の姉妹園ができて,1934年橋詰の死去まで続く。1940年,園舎が建て替えられ室町幼稚園と改称。1950年には園庭を買収,2年後には学校教育法に位置づく幼稚園として認可されている。戦後,法的整備がなされたので,野を保育の場とする施設は認可されることはなくなり,それらは自主保育に移管している。

練（生活の誘導），③誘導保育，④課程保育に項目区分される。

① 自由遊びとするのが，遊びそのものを目的とする純然たる遊びである。
② 生活訓練は，共同生活をする上で自己規律を目指した指導である。
③ 誘導保育は，きれぎれのもの，離ればなれのもの，突然のものではなく主題から興味・動機性が促されて生活の具体性の裡に統合される経験のまとまりのある活動で，ここでは誘導という指導がなされる。今日でいう主題活動あるいはプロジェクト活動の位置づけに近いものである。
④ 課程保育は，唱歌，遊戯，談話，観察，手技の保育5項目の活動や教材を組織計画したもので，課業性の危険を自覚しつつ行うことが必要とされる。
⑤ このほかにラジオを聴く，音楽鑑賞，名画鑑賞，行事等も組織されている。

　筆者が称する遊びのフォークロアは，ここでいう自由遊びである。倉橋は，自由遊びに施設設備と自由を置いて，幼稚園の生活の中心を為すとしている。教育機関であり，同年齢集団が共同生活をする場としては，当然，教師の指導性も必要になる。また，社会環境の変化や次の時代に向けた新たな資質を取り入れることも必要になる。その教師のイニシアチヴが生活の誘導，主題のあるまとまった活動，5項目の課業，芸術鑑賞と行事ということになる。
　生活訓練とはよい習慣づけであって，一斉にそろえることではなく一人ひとりの生活に与える調整と指導である。内外の靴を区分し始末する，食前の手洗いや食後の歯磨き，水道の止栓，準備や片付けをするなどから物を大切に扱うなど，生活全般にわたる。生活しながら気がついたら自然に身についていたという方法で行われ，生活をともにしながら感化されていくが，これは遊びではない。3歳児の入園当初は，手洗いに行って水道の水で遊ぶ，片付けながら遊ぶといった区分の曖昧さはあるが，集団生活の時間経過とともに

に，4，5歳児が生活行動を遊びとすることはなくなる。

　誘導保育は，4月であれば玩具作りを主題として新入児に風車を作ってあげる，市街作りとして空き箱で園近辺の道路や店を作る。あるいは子どもの日が近くなったら金太郎・熊・猿などの見本を見せて節句までに持ち帰れるように作る，といった活動である。市街作りは10週にわたるもので，個々に製作したものを集め，街として一つのものにする過程を遊ぶ。しかし，これは遊びを手段としており，子どもの側からするときっかけと方向は教師から投げかけられたとしても，面白ければ遊びになり，つまらなければ課業になるといった性格をもつ。誘導の内容が遊びでないことが5歳児の「お正月」の保母の記述から捉えられる。

　　幼稚園も世間並みに年の暮が押し迫った様な忙しさが満ちてゐた。羽子板の絵も，子供達の手で，24日までに出来上がらせ度(た)い，今学期のお仕事も24日までに型をつけ度い，まゆ玉もつくり度い，ぬりゑもお正月前にして置くものを仕上げ度い，と思ふ心持ちで，遂，子供達の心までも忙がしいものにしてしまつた様だつた[34]。

とあるように，社会生活を取り入れて生活を，生活で，生活へとする教師の発案から始まる。正月になると2週間にわたって歌留多，お手玉，双六，カレンダー作りが行われ，翌週からは旅行ごっこを主題として停車場，切符，トランクなどを作る活動が行われている。誘導が，教師との共同なのか，仲間同士の共同なのか，あるいは教師の潜在した指導性で引っ張るのかで，目的的な活動でもなく遊びでもなく，遊ばされ発展させられる課業になる。

　倉橋の前任者として幼稚園主事に従事した和田實は，「幼児は遊戯においてその天真を発露し，その自我を実現した時に茲(ここ)に天与の個性は十分に発展することが出来る」[35]とする社会学的見解と自己実現説をとり，遊びは幼児の衝動，衝動の満足から得られる興味を根拠とする自発活動で，遊びによって発達し，遊びによって未来を準備するとした（第1部 p.96）。遊び研究に

徹した和田が，遊びにおける誘導について以下をあげている[36]。

① 褒めるという積極的暗示と逆にけなすといった消極的暗示があるが幼児には積極的暗示が有効であり，
② わがままを諫める積極的命令と行いを禁ずる消極的禁止があり，
③ 幼児に行為の適否を伝達する賞罰

　衝動から発生する遊びを主要な時間とする以上，危険な行為や仲間との軋轢，行きすぎた闘争，物の乱雑な扱いなど，子どもだけでは解決できない課題に対して，指導する手立てをもたなければ，同年齢集団の遊びは弱肉強食の世界になる。この時代に和田のいう誘導は，系統的保育案でいう誘導とは違い，遊び衝動の爆発的な発露，わがままへの抑止力という意味合いが強いと思われる。賞罰には，賛辞・否定辞，快き許容，不満足な拒絶といった精神的賞罰，有体的賞罰（ものを与える），叱責がある。つまり，すべてが衝動から発する遊びなら教師の暗示や命令禁止，賞罰という誘導も自覚，自省にとっては必要な作用なのである。
　系統的保育案は，衝動の発露に対する誘導より，活動に対する誘導の色合いが濃い。2週間にわたる歌留多，お手玉，双六，カレンダー作りや旅行ごっこの誘導は，それを発展させるため，仕上げるための誘導で，たとえ和田のいう①から③の手法は同じでも誘導する視点が違う。子どもは教師の賞賛や暗示によって活動をやり遂げたに違いない。誘導という言葉が，個人的見解を経て遊びの指導として使われ，それを遊びの盛り上がり，満足，子どもの自主性として錯覚して捉える危険をここに見ることができる。
　課程保育では，振りつきの歌が，談話は昔話や創作話が，観察は身近な生活の場や道具，動植物を対象に行われる。つくし摘みをしながら形と色と香りを観察させるといった具合に行われるが，これも子どもはたとえ遊び気分で行っても遊びではない。つまり就学前教育施設における遊びを中心とした生活の場所(トポス)には，純粋経験としての遊びと，遊びを手段として誘導される主

題活動，課業の意味が附与されていて，その時間的比重が子どもの生活を支配しているのである。

　もちろん，家なき幼稚園もすべて遊びかというとそうではない。礼拝やお話，遊戯・唱歌，手技，英語といった活動があり，月により日によってそこに要する時間配分も内容も異なる。だた回遊を中心に野に川に森にと出かけたり友の家庭を訪問したり，木陰で話を聞いたり弁当を食べたりと，生活する場が屋外で，必然に合わせて学習が組まれ，遊びの時間は純粋経験としての遊びが保障されるところに生まれる物語の違いがある。教育の場所（トポス）である以上，保有する内容に未来へとつながる展望がなければ，家庭においた方が子どもは自由を得られる。橋詰が野における〈自覚，自省，自衛，互助，互楽〉を掲げて未来への展望を描くのに対して，倉橋は園での自由遊びと誘導，課程保育においていてそれを描く。それは，園が自然に恵まれた上流階級の師弟が集う場所（トポス）という背景をもっていたことにも起因するといえよう。日本の保育界をリードする役割を担って，倉橋が教師に実践を試みさせた系統的保育の内容試案は，この遊び概念の混沌を整理したかにみえたが，純然たる遊びと遊びを手段とする誘導や課業を一日の生活の自然の流れに組んでいく難しさは残されたままということになる。

　そして，この誘導と課程保育案は，それ以前室内の保育室が雨天の生活の場としてあった意味から，晴天でも室内が生活の場だけでなく課業の場，誘導を伴う遊びの場としての意味をもつ先例[37]になったといえよう。

（4）『保育要領』『幼稚園教育要領』にみる遊びの場所（トポス）

　系統的保育案に基づく先導的試行は，全国の保育を自由遊び，誘導，課業の時間と分断することになったが，1948年の「保育要領」において再び自由遊びとして一本化され，一日の中心に遊びを置くことにつながる。系統的保育案の誘導保育や課程保育は自由遊びに収斂されている。ここで純粋経験を得る自由遊びについて次のように概念規定される。「子供たちの自発的な意志にもとづいて，自由にいろいろの遊具や，おもちゃを使って生き生きと

第1章 遊びから生まれる物語の場所

遊ばれる遊びが自由遊びである」と。そして「活ぱつな遊びのうちに自然にいろいろの経験が積まれ，話し合いによって観察も深められ，くふうや創造が営まれる。また自分の意志によって好きな遊びを選択し，自分で責任を持って行動することを学ぶ。子供どうしの自由な結合からは，友愛と協力が生まれる」[38]とされている。

自由に遊ぶということは，自分で責任をもって行動する学習の場となることであり，その場所は，子どもが環境を最もよく利用することができるように，子どもの遊びを見て設計や設備が変えられていく場所である。また，系統的保育案の内容を取り入れないということではなく，それらを環境として取り入れて子どもが遊びとして展開するということである。そう

図表3-1-3　自然の経験（要旨抜粋）

4月－小川あそび 　要旨　めだか・おたまじゃくし・たにし等を捕り，ささ舟を流し，春の自然を体験させる。
5月－草花つみ 　要旨　野原で草花をつんで遊ばせ，春の自然を楽しむ。 　花…つめくさ・れんげそう・たんぽぽ等。 　草…のびる・はこべ・すいば等。
6月－かえるつり 　要旨　小川や池などで，かえるやえびがにをとって遊びながら観察させる。
7月－水あそび 　要旨　砂場で水鉄砲をしたり，じょうろで水をまいたりして遊ばせる。
9月－秋の草花つみ 　要旨　すすきの穂が出，はぎが咲くころ。秋の野原でおもしろく草つみをして遊ばせる。
10月－どんぐり拾い 　要旨　どんぐりがおちるころ，どんぐりを拾って遊ばせる。
11月－落ち葉拾い 　要旨　雑木林の中にみちびいて落ち葉を拾いながら遊ばせる。
12月～3月－雪あそび 　要旨　適当に雪が降った時，雪投げや，雪だるまを作って遊ばせる。

文部省「保育要領」1948，「自然観察」[39]

した意味をもつ場所（トポス）での教師の役割は，当然，よき遊びの仲間であると同時によき観察者になることであろう。子どもの遊びに入れてもらい，楽しみの質と環境との関係を把握し，設備や時間・空間を再構成していく。まさにプレイリーダーのような黒子の役割である。

そのため，運動場は日当たり，排水がよく，夏には木陰をつくり，冬には日光が十分当たるよう落葉樹を植える。できるだけ自然のままで，草の多い丘があり平地，窪地，段々があり，幼児が転んだり走ったり自由に遊ぶこと

ができる環境とする。さらに，小山，菜園，花畑や池を用意し，雨天や霜どけ期に遊べる場，固定遊具空間も設けるとする。そして，こうした庭で予想される自然の経験が列挙されている。このほかにも，音楽環境の充実やお話や対話，絵画製作といった活動が幼児の選択によって遊びと連動し，あるいは取りだされて指導されるという環境のありようも詳細に記されている。

　しかし，学校教育法に位置づいた就学前教育は，望ましい経験や活動の6分野を明文化し，それらを総合させた指導を謳うことになる。それが1956年の「幼稚園教育要領」である。学校教育法第77条（1947年）に規定された教育目的達成のために，具体的な5つの目標を掲げ，指導計画を作成して「幼稚園の幼児は，次に述べるような具体的な目標を達成するように指導されなければならない」とされた。自由遊びという言葉が消えて，遊びは活動内容として「友だちといっしょに，仕事や遊びができる」「遊び場などのきまりが守れる」「ごっこ遊び・劇遊びなどによって，生活感情を表現する」手段となっている。指導されなければならない対象となった幼児は，場所(トポス)における生活の主体者ではなくなり，場所(トポス)も望ましい経験や活動を提供する指導計画によって教師が主導する文化を色濃くもつことになる。

　学校として確立する時代の要請がそこにあり，主客が入れ替わる就学前教育の大転換を迎えたことは，場所(トポス)の色合いも変えていく。「幼稚園教育要領」と同年に出された「幼稚園設置基準」に関連する団体として1952年に設立され研究されてきた全国幼稚園施設協議会編になる『幼稚園のつくり方と設置基準の解説』（1957年）には，新しい時代への希望と，従来かかえてきた施設設備環境の課題が浮き彫りにされている。つまり従来から施設設備の重要性がいわれながら，建物は幼児を知らない建築家任せ，遊具も幼児を知らない業者任せ，そして施設設備と教育課程とつながらない矛盾への問いを含めて，就学前教育の物理的場所を形として描いている。園舎，室内は近代的な設備を整えた文化的，公共的拠点として設置基準によるとして，ここでは，園庭の意味附与が詳細に述べられている点に注目したい。それは，法律の内容を物理的環境とその環境の考え方で補完する意味が込められているからで

ある。

　幼稚園では最近まで「運動場」ということばは使われなかった。明治の初年には庭園と呼び，「幼稚園令」では遊園と使っていた。「運動場」ということばがはじめて公式に使われたのは「保育要領」によってである。その後「幼稚園基準」「幼稚園設置基準」にも「運動場」となっているので，今後は「幼稚園」の「お庭」も公式には「運動場」とよぶことになる。―（中略）―幼稚園においては，英語の Playground ということばがそのままあてはまると考えられよう。それはいろいろのプレーをする場所である。すなわち，いろいろの遊び―それは幼児の生活である―をする場所であり，その遊びそのものによって，あるいは遊びを通して望ましい経験を得ていく場所として考えられるのである。ただ，ここで注意しなければならないことは，Play-ground の Play を，Work（仕事）と対比した Play（遊び）の意味にとって，その意味でのプレーをする場所として幼稚園の運動場を考えるかどうかということである。こどもの生活にはプレーの面と，ワークの面とがあることは事実で，米国のようにこの両者をはっきりと区別して取扱うことは一応もっともであると考えられる。けれども，幼児の生活そのものから考えた場合，遊びと仕事とは区別しにくいものであり，両者を意識的にはっきりと区別して指導することはちょっと問題がある。日本の幼児教育界で使っている「遊び」ということばは，深い意味をもっているものである。すなわち，遊びと仕事が分化する以前の状態，いいかえれば，遊びと仕事を未分化のまま包蔵した統一された活動の状態だと考えられる。したがって，このような意味の「遊び」をする場所として運動場を考えるのが最も適切であろう。すなわち幼稚園の運動場は「屋根のない保育室」というように考えるべきである。さらに，フレーベルの Kindergarten を字義そのものから解釈するならば，むしろ，幼稚園では運動場が主であると考える方が適切であろう[40]。

『幼稚園のつくり方と設置基準の解説』には「幼稚園教育要領」の基本で失われた「遊び」の言葉がまだ生きていて，小学校とは違う運動場の意味を強調する。米国のプレスクールのグランドとも違う Kindergarten とする根拠が述べられているところを再掲してみよう。「すなわち，遊びと仕事が分化する以前の状態，言い換えれば，遊びと仕事を未分化のまま包蔵した統一された活動の状態」これが日本の幼稚園で共通理解されている遊びだということである。米国のように課題意識が芽生えた5歳児はプレスクールとして新たに学ぶ媒介物の提供が制度化されている国と違い，3歳から6歳まで成長発達のもっとも著しい時期の幼児を一括りにして一つの場所に収容するわけなので，未分化から分化への差違の状態を受け止めそれぞれの子どもの遊びの満足をつくりだす Kindergarten が必要なのである。それが，「屋根のない保育室」つまり庭は「保育室や遊戯室などの園舎との間には何等等価的な差別はない」場所として，年齢の高い子どもにも十分な遊びの満足がもたらされるように提言されている。「天地の間は真の保育室なり」とする東基吉以来の思想がここには位置づいている。

　特に「都市の幼稚園の運動場は面積を広くとり，樹木や草花を多く植え，小山をつくり小川を流すなどして，できる限り自然的につくり上げ，幼児が自由にのびのびと活動できるようにすることが望ましい」として，自然環境を整備する必要性をあげる。また「人工的な機械・器具を使っての遊び，人間関係を中心とした遊び，自然を中心とした遊びの三つの場所から構成されることが望ましい」とする。起伏のある林，小山等のある場所は「人間，とくに日本人にとって樹木は離れがたい存在である。まして幼児にとってはなおさらのことである。春はつぎつぎに咲く木々の花をながめ，それをとって遊び，夏は新緑に自然の生命力を感じ，木かげで語り合い，秋は木の実や果実の収穫を楽しみ，落葉をひろい，冬は木々の静じゃくを感じ，雪や霜による変化におどろきとよろこびを感ずるなど，四季の変化にともなってそれぞれの生活が行われる。また木々の間を走りまわり，樹木を求めて集まる小鳥や昆虫などを観察したりとらえたり，木々の下草の観察や草摘みなど，幼児

が自然に親しみ，その生活経験を楽しく豊かにするためにぜひとも必要である」[41]として，子どもの遊ぶ場所を自然の中に置く意味を説いている。

しかし，高度経済成長期を境に，社会から「遊びの3間（時間・空間・仲間）」が失われ，遊び集団を育んだコミュニティーも失われ，また幼稚園等の天地の間の遊びの場所(トポス)も衰退していく。室内が主となるにつれて伝承性という遊びが本来もつ年齢を超えた身体的伝染性，身体的共感性が園庭につくりだせなくなったのである。また，遊びへの没我体験がない世代が親や教師になり，子どもの本性を押さえることを躾けとして，遊びの面白さもその伝承性が類にとって重要なキーワードになることにも気がつかない。状況に埋めこまれた場所で正統的参加者として学ぶ過程を失ったために発生する事故は，社会問題となり，遊具を取り払い，里山や原っぱや川を立ち入り禁止にし，事故が発生しない場所づくりへ転換する。ここに社会全体に自ら遊ぶ子どもではなく，事故なく遊ばされる子どもが育つ場所(トポス)が出来上がっていったといえよう。

(5) 遊びを中心とした保育の場所(トポス)

再び就学前教育の基本に「遊び」という言葉が登場したのは，1989年の「幼稚園教育要領」である。第1章総則に「幼児の自発的な活動としての遊びは，心身の調和のとれた発達の基礎を培う重要な学習であることを考慮して，遊びを通しての指導を中心として第2章に示すねらいが総合的に達成されるようにすること」とされた。時すでに遅く，コミュニティーが崩壊し，子どもの遊び集団や遊びが町から消えて，「遊びを中心とした総合的な指導」は困難を極めることになる。小学校の生活科にも「遊び」という言葉が登場するほどに，衝動に満足を与え興味に発展する力が衰えてしまったのである。

環境を通すことを基本として就学前教育に遊びが再登場したものの，高度経済成長期からフロー体験を得るような遊び経験していない教師も多く，その遊びの捉え方は様々になる。また，こうした時代に遊びを啓蒙・普及しようとする人々も，遊びの本質を捉えにくい。遊びの重要性を謳い，人類が遊

び期を失う危険を提唱する小川博久は,『遊び保育論』において,ホイジンガらの遊びの定義は定義として,それが失われた要因である仲間,時間,場所がある幼稚園等がなぜ,遊びの場とならないのか,それを遊びの場とするための仕組みを提唱する。

その仕組みとは,モデルとして感化する保育者は表現者であること,幼児全員が遊び環境構成者として位置づけられること,そして登園後1時間から2時間程度の室内遊びの必要性を唱えた保育室の空間づくりである。「外遊びより室内遊びのほうが見てまねる活動,つくる活動が中心であるため,想像力や知力を使う余地が大きく,落ち着いて行う活動が中心であるため,小学校の時間とも整合性が高いと思われる」[42] として,保育室内のモデルとなる保育者と製作コーナー,ままごとコーナー等の位置を明記する。平成時代になって多くの園が,コーナー保育と称して室内に子どもを閉じ込め誘導性の高い保育がなされたのも,遊べない子どもを抱えた実践現場のジレンマであろうか。

遊びの誘導や援助の必要性が強調されればされるほど,教師の過剰な働きかけによって純粋経験としての遊びは萎えていく。まして逃げ場のない狭い室内である。子どもは教師の目を気にし,意図を読み取り,相手に合わせて遊ぶため,物語は子どもの身体を離れて教師の物語へと転換していくのである。こうした遊びの場所の取り扱いが,教師側のもつ時間割と室内の環境構成で分断されて推移するか,教師と子どもの呼吸で混沌としながらも自然の中の時間の流れでできるかの差違が生まれている。その時間の差違は,教材を教えるか,陶冶財が生みだされるかの差違でもあり,物語の主語が教師なのか,子どもなのかの差違,暗黙に場所(トポス)に附与された意味の差違・文化の差異をつくりだしていく。

一方,生活科においては,体験を重視し,個性を尊重することを目指して,学校,家庭,地域との生活の連続性,学習の場の拡大が挙げられている。学びの場が教室を飛びだすということは,学校や教室のもっていた場所(トポス)の文化が社会に開かれる側面と,社会のもっている文化が児童の身体的体験を通し

て教室・学校の場所(トポス)に取り込まれることを意味する。社会から隔離してきた学校という場所(トポス)は，生活科の目標が示す「具体的な活動や体験を通して，自分と身近な社会や自然とのかかわりに関心をもち，自分自身や自分の生活について考えさせるとともに，その過程において生活上必要な習慣や技能を身に付けさせ，自立への基礎を養う」ところに転換した。

　休み時間の遊びはあったが，教科において「遊び」という言葉を使うことも小学校教育の歴史始まって以来である。生活科の指導書には「現今の児童の遊びは，ボタンの操作が中心で工夫の余地の少ない道具によっていることが多い。このことは生活の中でも同様で，仕組まれた枠の中で生活している児童が少なくないのである。このような児童の生活実態を踏まえて，その改善を図るため，身近にある自然物や児童の創造的な発想や工夫が十分生かされ発揮されて，遊びや生活が豊かになるものになっていくこと」[43]とし，その直接体験が表現されることと一体になることを企図している。学校教育で遊びを取り上げれば取り上げるほど，子どもの衝動の発露，自ら形成する活力が失われたのである。生活科の遊びが，前述の目標達成のための教育手段としての遊びであるか，純粋経験を得られる遊びであるか，それは教師の力量に委ねられた。

　筆者が生活科実施前に先導的試行を行う現場と共同で開発した研究[44]では，対象に没頭する子どももいるが大半の子どもは教科としての枠の中で誘導される内容を学習する意識をもっていた。それは今日の生活科においても変わらない。つまり発達という有能性をねらう教育において，生命現象としての遊びを教科に組み入れるのは至難なのである。また子どもの発達からみても課題意識が芽生えた5歳以降の段階では，自己課題達成の過程に楽しみを見いだすようになっているからである。

　それでも，学びの場が拡大し，座学から動的学習へと転換し，自立を目指す方向は，教師の目線を変え，多様性を受け入れる素地となる。生活科の授業の場所(トポス)は，徐々に従来の教授の意味を参加と共同的学びへと変えていく風になった。それが1998年，3年生から「総合的学習の時間」として，「自ら

課題を見つけ,自ら学び,自ら考え,主体的に判断し,よりよく問題を解決する資質や能力を育てること」「学び方やものの考え方を身に付けること」「問題の解決や探究活動に主体的,創造的に取り組む態度を育成すること,自己の生き方についての自覚を深めること」[45]を主たる目的に,21世紀に求められる資質を付加していくことになる。中高学年においても,学びの場が地域社会へと拡大し,また地域社会から多様な人材が参加してきて,徐々に自己形成する場所(トポス)の形は変化している。しかし,一旦,地域社会で失った遊びを取り戻すのは,人間を取り戻すというほどに根本的な問題で簡単にいくものではない。学校は,常に家庭では補えない力をつける場所(トポス)としてあり続けなければならない宿命にあることを思うと,識字は家庭で,遊びは学校でという笑えない転回や,学校滞在時間を短くして遊びや労働時間を家庭や地域社会が担う,といった役割分担の見直しが必要になるのであろうか。

(6) 平成の遊び空間の設計

園施設の遊び環境のつくりかたに対する国の見解が示されたのは,1993年の「幼稚園施設整備指針」である。これは,それぞれの学校や園の理念,敷地の地勢や独自性,地域との調和,これからの課題などを盛り込んだ建物と自然環境を考える指針である。「幼稚園教育要領」が改訂になるたびに見直される指針によって建物構造も空間のありようもまた自然環境も見直すことができるもので,かつての鉄製のぶらんこ,すべり台という画一的な遊び空間づくりより,独自性を打ち出せるものである。その基本方針(2010年改正版)に,

1. 自然や人,ものとの触れ合いの中で遊びを通した柔軟な指導が展開できる環境の整備
2. 健康で安全に過ごせる豊かな施設環境の確保
3. 地域との連携や周辺環境との調和に配慮した施設の整備

が挙げられており,園空間が遊びの場であるとともに健康と安全が維持され,地域の幼児教育センターとしての機能をもった外部に開かれたものとしての意味づけがされている[46]。本巻の性格上,遊びに関連する内容を概括すると次のようである。

① 幼児の主体的な活動を確保し,幼児期にふさわしい発達を促すことのできる施設として遊びの場を十分に確保すること
② 自然の中で伸び伸びと体を動かして遊ぶなど幼児の興味や関心が戸外に向き多様な自然体験や生活体験が可能となる環境,感性を育てる環境
③ 人とのかかわりを促す工夫
④ 多様な保育ニーズへの対応など時代に即応した環境整備

特に自然との共生が随所に述べられており,「幼児が自然環境と触れ合い様々な体験をすることができる,また施設自体が環境教育の教材として活用されるよう」「環境負荷の低減や自然との共生等を考慮し」「再生可能なエネルギーの導入,緑化,木材利用等の環境教育を踏まえた計画」を先導することとしている。遊び場だけでなく,園全体を自然と共生する空間として描くことが現代的課題になっている。

園庭計画については章立てで,運動スペース,遊具空間,砂遊び場,池や小川や水遊び場,泥遊び場,飼育栽培の場,ビオトープ,憩いや集い,交流,発表の場としてのステージ,ベンチ等が挙げられ,さらに樹木,植え込み,芝生,花壇など緑化スペースをゆったりとることで四季折々の草花や野鳥,昆虫等の生態を観察したり郷土の自然に接したりして,自然との共生を図るよう指針している。

「幼稚園施設整備指針」は,まさに東基吉がいう「天地は真の保育室なり。新鮮なる空気美麗なる草木鳥獣は何れも之が装飾の具たり。石塊土砂落花落葉等は皆悉く天地自然の恩物として此拠に散在し自由に幼児の選択に委せら

れざるはなし」[47]を彷彿させる。ここには，遊び場，遊び仲間，遊びの時間を失っていく子どもたちの居場所づくりこそ，次の時代に引き継ぐ課題であることが示されている。もちろん，ギブソンのアフォーダンス概念，レイヴやウェンガーらの状況的学習理論，中村のいうトポス論，様々な脳科学理論，西田の生命論等様々な知見が背後にあることはいうまでもない。また矢野の生命論的転回や海外の教育にみる自然回帰現象等も念頭に置かれていることがうかがえる。

§2　遊びを規定する要因

1．生活の流れと遊びの内容

　就学前教育施設における遊びを語る一つの位相が，第2部に詳述された遊びの質であるなら，もう一つは前節の場所(トポス)と時間であり，三つめは本節の生活の流れという位相である。生活とはモモがいうように時間であり，私たちの身体を時間が通り過ぎていく流れである。昼行性の人間は，サーカディアンリズムに支配され，太陽の運行に合わせて体内時間が動いていく。どんなに遊びが楽しかろうと睡眠しないわけにはいかないし，空腹を満たす食料を補給しないわけにはいかない。食事，睡眠，排泄，清潔，衣服調整という生きるための生理的欲求を満たすために一日を区切る時間が生じる。特に乳幼児期は，食事と睡眠等の基本的欲求充足が生活に快をもたらす重要な要因であり，年齢が低ければ低いほど睡眠時間は長く食事回数も多くなる。それを除いた時間がすべて遊びの時間かというとそうではない。沐浴，日光浴に始まり検診に行ったり家族の予定につき合ったりする。

(1) 一日の生活

3歳以上の集団生活であれば，生命の維持活動のほかに遊びや社交，行事などの生命を活用する活動もあり，生きるための労作に参画する活動もある。生活は自然の循環という枠組みによるとはいえ，生活の枠組みは遊びを規定する。

日本の幼稚園開設の1876年当時，一日の生活時間の流れは，朝の室内会集30分，博物修身等の話30分，形体置き方45分，図書及び紙片組み方45分，午後の遊戯1時間半といった内容が組まれていた。「系統的保育案」においても週単位で活動が組まれて一日の生活の流れをもっていた。また，家なき幼稚園も回遊を中心として自然な流れを取りつつも，自由な遊びの時間以外に遊戯唱歌，手技，お話，英語など月の活動時間を累計して，自由遊びが平均1時間15分，回遊が2時間，手技が32分等，時間量と内容を関連させて生活の質を押さえている。それは今日，指導計画として一日の流れを組み立てる中で，あるいは一日の実践記録を整理する中で，自由な遊びの時間がどれ程かをみることができる。

恩物中心の指導から，遊びを中心とした指導へ，そして系統的保育案が，全国の保育に新しい指導計画のありようを示したものの，ふたたび「保育要領」では自由遊びが中心的位置を占めて生活の枠組みを示している。

「幼稚園における幼児の生活は自由な遊びを主とするから，一日を特定の作業や活動の時間に細かく分けて，日課を決めることは望ましくない。－（中略）－幼稚園の毎日の日課はわくの中にはめるべきでなく，幼児の生活に応じて日課を作るようにすべきである」[48]。

登園　8:00〜9:00　母親が勤労者である場合は適当に早くする。
朝の検査　登園した幼児の健康状態を順々に調べる。
自由遊び　自由遊びの間に音楽・お話・リズム・観察・絵画・粘土・紙細工等のいずれかを幼児の自由な選択にまかせて行う。時には20分程度，一緒に集まって行うのもよい。

間食，休息の後，自由遊び　散歩につれてゆくこともある。
昼食　11時30分から12時30分まで。
休息　約20分。
帰りしたく　12時50分，1時帰宅。
（3時帰宅の場合には昼寝をしたい子どもは1時間程度昼寝をし，午後の自由遊びの後，間食をして帰る）

この流れでいけば，自由に遊ぶ時間は十分ある。自然環境が豊かにあり時間が子どもの身体にあってゆったりとしたのどかな生活が描かれるといえるだろう。

(2)　生活時間に占める遊びの割合

　1956年の「幼稚園教育要領」で指導計画作成が義務づけられた頃から，子ども全体が見えなくなり，園内だけの小さな時間の枠組みをもつところが多くなっていく。筆者らが，園内の時間的な条件と物的な環境条件と一日の生活の流れとの関係性を捉えた研究（図表3-1-4：都内5地区5園の3，4歳児学級を対象に，毎月平常時1回，一日の生活の流れと遊びの内容を把握し分析）では，3歳児は，年間を通して自由保育，設定保育，あるいは長時間保育にかかわらず，遊びと生活が主で，教師の意図する活動は15分前後と短い。中には，自由な遊びの中で個別にBの活動を組んでいるところもみられる。
　また，長時間保育をしている園だからAの遊びの時間が多いということではない。9時から13時半までの比較でいくとV園3歳児が一日に占める遊び時間が24％〜32％に対してⅠ園，Ⅱ園の方が46％〜60％と遊び時間が保障されている。生活行動に30％〜40％の時間が取られるのは3歳児の特徴といえよう。遊びの内容は，V園の方がやや遊具・玩具での遊びが多いが，それほど変わりはない。午睡，間食後に遊びがあるとはいえ，2時前後に帰宅する幼児も帰宅後1，2時間公園などで遊ぶので，13時半までの生活の流れが園の中心となる遊びの時間と内容を規定していくといえよう。

第1章 遊びから生まれる物語の場所　217

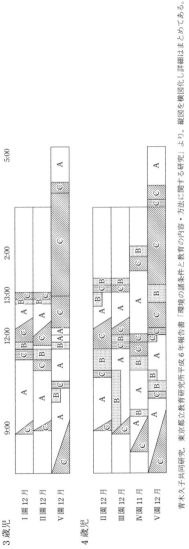

図表 3-1-4　都内にある5つの幼稚園の一日の生活の流れ

青木久子共同研究、東京都立教育研究所平成6年報告書「環境の諸条件と教育の内容・方法に関する研究」より、縦図を横図化し詳細はまとめてある。

A □ 自由選択の遊び　B ▨ 保育者の意図的活動　C ▨ 片付け、食事、午睡等の生活行動

2015年以降のこども園3歳以上児の生活の流れ予想

朝、全員が揃うまで2時間、この間は個々の遊び、9時から14時まで正規の教育課程だが午睡有の場合は、午後5時まではV園と同様、午睡と遊びが入り、以後減員して遊びをしている。
午睡無の場合は、1日の時間が長いか、午前の遊びや活動と午後の遊びや惰性に流されると、自我の危機に陥る危険も予想される。園庭の自然環境に恵まれず室内に閉じ込め、そこにある遊具だけの遊びで惰性に流されると、自我の危機に陥る危険も予想される。野や町に出たり、セッションによる好きな活動に没頭したりといった工夫が必要になる。

一方，4歳児になるとⅡ園，Ⅳ園のようにBの活動が急増してAの遊びの時間は1日の教育時間の5割以下になっている[49]。Ⅱ園は，Aの遊びの時間が4月で25％，9月で22.2％，12月で33.3％と3歳児期より半減している。4歳児になってBの活動が増えるのはどこも同じ傾向ではあるが，Aの遊びの時間が小さく区分されることで遊びの内容に大きな変化が見られる。Ⅱ園の遊びの内容は，4月はままごと，基地ごっこ，ぶらんこ，すべり台，描画，折紙，巧技台だが，6月になるとおうちごっこ，ロケットごっこ，ぶらんこ，すべり台と物を出さずに短時間で遊べる遊びに限定されていく。9月にはごっこが一つ，ぶらんこ，すべり台，一輪車と水での遊びだけである。Ⅲ園の6月が，お姫様ごっこ，迷路ごっこ，宇宙ごっこの他，雲梯，鉄棒，すべり台，砂場，音楽，水やり，カメやモルモットと遊ぶといった多様性があるのに比すと，4歳児は課題意識も芽生えてきて遊び内容は自由に使える時間の長短で決めるようになっていることがわかる。生活の流れの組み方と遊びは，子どもに時間がないからという諦めも，十分遊べるという希望もつくる要因になっているということである。この時期から体内にあった時間は，外に移り，時間に追われる生活が始まっている。遊びの質は，物理的環境や友達関係だけでなく，こうした一日の生活の流れと深く関係しているのである。
　2015年から日本の保育制度は一元多様化する。3歳以上，就学前までの幼稚園，3歳未満の保育所は従来通りだが，こども園は，朝7時から夜8時まで開設が義務づけられ長時間児11時間，短時間児8時間の他，時間外として13時間託児の幼児もいる。9時から午後2時までは正規の教育課程時間とすると，Ⅴ園のような生活の流れだけでなく，午睡なし，あるいは午睡が自己選択の場合もあり，個々にプログラムが違うという多様性もみられる。遊びが分散する上に，1施設では遊び環境が同質になりやすく，遊具等にも限界があり，遊びの時間が延びることを単純には喜べない。幼児にとっては，生活の流れ，内容の変化と，生活空間，出会う人の変化，食べたり飲んだり生理的欲求を自由に満たす時間や虚無に過ごす時間などのリズムが必要である。まだ一元多様化の途に就いたばかりなので，これから様々な工夫がなさ

れよう。しかし，施設内に囲われた時間が，子どもを無能にしていきかねない危険を孕んでいることを自覚し，それを回避する生活時間と内容を講じない限り，幼児期に発展させたい自発性・自主性は絵に描いた餅になりかねない。

　エリクソンは，幼児後期の発達課題を，〈自発性対罪悪感〉とした。「各発達段階において，すべての子どもには，驚異に値する力強い新しい展開がある。それがあらゆる物に対する新しい希望と新たな責任の構成要素となる。それこそ自発性の感覚であり，その広い一般的特質である。──（中略）──すなわち，躓きや不安に多少つきまとわれながらも危機が解決される。その時，子どもは突然，人格的にも身体的にも『一つにまとまる』ようにみえる」[50]とし，その自発性の力が培われると，溢れるエネルギーは失敗をすぐに忘れさせ，不確実なこと，危険にすら見えることへ向かってより適確に接近することを試み，果敢に取り組むようになるとする。幼児期に遊びが重要というのもこの果敢に取り組む自発性は，人生のすべての段階でなくてはならないものだからである。その自発性から生まれる好奇の衝動や新たな体験への挑戦的態度が，自己課題意識である。問題意識・課題意識とは〈ある事態などに対し，その重要性を見抜いて，主体的にかかわり合おうとする心のもち方〉といわれる。自分から果敢に鉄棒の回転や逆上がりに挑んだり，竹馬や一輪車といった遊具を乗りこなしたりするのも，自己課題意識に基づいた自発性である。

　この自発性が発揮できる遊び環境があれば，幼児は失敗したりくじけたりする罪悪感をものともせず不確実なことにも挑戦する。しかし，その遊び環境が惰性化し，制限されていると身体をもてあます。幼児が自発のエネルギーをもてあましている原因が遊びの環境，空間，時間，仲間の不足にあることに気づかないと，教師は課業を与えることでその力を使わせようとする。4歳学級になって教師の意図により条件が加味された活動の比率が高まるのは遊び環境が発達欲求に合わないことが多い。やることがない幼児は，与えられた課題でも問題解決をする過程に関心を移し，やがて，与えられることに

馴れていく。こうして乳児期からの発達課題を越えてやっと獲得した自発性を失うと，自分の時間・魂を他人に預けていることに気づかなくなる。これは教師にとってはたいへん都合がよいため，幼児の自発性の喪失を，教師が素直になって課題をこなす力と錯覚すると，次々と課題を与えて生活時間の多くをそこに費やすようになる危険がある。これが，倉橋が誘導や課程保育の危険を自覚しつつ行うとしたところに行き着く。生活の流れは家庭に帰ってから就寝するまで続くので，園生活における遊びの条件の充実だけでなく，24時間の生活のバランスを考えてその質が検討される必要があろう。

2．遊びの発達過程

　遊びは，生命現象の現れであるとともに社会化の過程でもある。ある集団が遊びをともにすることで通時性の伝承と共時性の伝承を生みだす。

　毎年，同じ時期にわらべうたがはやったり，闘い独楽や鉄棒の逆上がりがはやったりする。これは通時性の伝承で，周辺から年長の遊びを見たり参加したりした年少の子どもが年長になって繰り広げる世代循環である。一方，5,6人で始めたウッドデッキでの年長のお店ごっこに買い物に来た3歳児が，自分たちの保育室前のテラスでお店ごっこらしき遊びを始める共時性の伝承がある。年長児は売る物をより本物らしく作り，店員役の言葉も本職さながらである。しかし，3歳児は，箱の上にブロックを並べる程度で，店構えも売る物も，売り子の言動も年長とはまったく異なるが，数人が群れて遊ぶ。同様，年長児が竹馬や一輪車に乗っているのを見ると，それらを運んできて自分にはまだ乗れないことを身体が感知すると，引っ張ったり寝かせたりして共時性の伝承を楽しむ。しかし，この子どもたちは年長になると同じように乗り回すという通時性の伝承がみられる。

　共時性であれ通時性であれ，遊びが伝承するには見る，触る，参加する，多様な体験・経験を積み上げる具体的な行為を通すことが必要になる。そこで年齢を問わず交流できる園庭を遊び場として，見る，触る，参加すること

を可能にしていくわけだが、もう一方で、教師は年齢による発達過程を捉えることが、面白さを生みだすための環境の構成に反映される。遊びを直接支配することはできないが、環境を用意することは可能だからである。

鉄棒や一輪車といった身体技術を磨

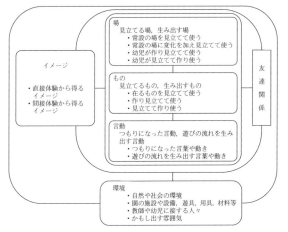

図表3-1-5　遊びの構成要素
（イメージを実現する遊びを中心として）

いていく遊びは年齢と経験差による一人ひとりの発達過程が見えやすいが、ごっこは環境と仲間関係とイメージが媒介となるので、遊び集団が生活と時間を一定程度共有しないと発達過程は捉えにくい。

遊びの発達過程の捉え方は、第1部第3章§2の「遊びと就学前教育の位相」にもみられるが、ここでは指導のあり方と関連させて、子どもが遊びを創造していく発達の過程に視点を置いている。実践現場にいる教師が集団での生活で何を押さえ、環境の構成をしていけば遊びにテーマ性が生まれ、イメージを交流しながら継続し、子ども同士で遊び発展させていくのか、あるいは伝承されるのかを探っている。この遊びの共同研究[51]は、2年保育4,5歳児のイメージを実現する遊び（以下ごっことする）に焦点を当てているが、筆者らは、ごっこの遊びを構成するかたちとして見える三つの基本的な構成要素と、ごっこの発達過程を押さえている。

まず、遊びの構成要素としては、【遊びに使う場】【遊びに使うもの】【遊びの流れを生み出す言葉や動き】の三つである。

【遊びに使う場】としては、晴天であれば庭や花壇、築山、固定遊具空間、

木陰，切り株，タイヤ，水たまりなどを拠点とし，雨天であれば室内に敷物を敷いたり積み木で囲ったりして場をつくる。遊びの拠点は，数人が群れておうちごっこ，基地ごっこなどのテーマを生み出し，継続するための必要不可欠なところで，庭に出るとぶらんこかすべり台でしか遊んでいない場合は拠点がないため遊びの多様性も生まれず，伝承性も失ってしまう場合が多い。

【遊びに使うもの】は屋外であれば木材や竹や木の実，木の葉，石や水といった自然物や雑物，室内であれば見立てて作るための制作材料や雑物などである。石をおにぎりに見立てたり，竹筒を鍋に，棒を箸に見立てたりして使う。戦いごっこの場合には，棒や枝を刀や鉄砲に見立てたり，肥後守が使える園では柳の枝を削って作ったりする。

【遊びの流れを生み出す言葉や動き】は，つもりの言動やイメージを引き出し合う振りである。食事をする，外出する，寝るなどの振り行為が遊びのテーマに沿って言葉や言動により表現される。

この三つの基本的な構成要素は，ものを作るだけという一つの要素が中心となって遊びを成立させているときもあれば，二つ，三つの要素が結びついて成立させている場合もある。この構成要素の結びつき方は，幼児の発達や幼児の遊びに対する欲求の強さ，環境を自由に使えるかどうかの先行経験などに支えられている。また，イメージの豊かさとそれを実現する力や友だち関係によっても支えられている。それがある集団の中で継続することで，遊びが充実し発展することになる。そして，幼児のイメージの豊かさとそれを実現する力は，教師が意図的に提供し，幼児がかかわる絵本，物語，様々な表現活動，遠足や見学などが共通の素地となっている。

遊びに介入しなくても生活の中で教師が意図的に提供する子どもの文化財や造形，音楽表現，行事，生活で発生する諸問題の解決の方法，対話の仕方，ニュースや情報などがごっこを支えているのである。

ごっこが発達につれ変化していく様相を大きく3段階に押さえ，幼児の発達過程とその時期の遊びの指導のあり方を示したものは，次のようである。

〈発達過程 その1〉
　ある場やあるものを見立てたり，簡単な場やものを作ったりし，そこから想起されるイメージを部分的に言動に表して遊ぶ。
　指導のポイント－一人ひとりの幼児が個々に興味をもったことに取り組める場やものが得られるようにし，その中で自分のイメージを表して遊ぶ楽しさが味わえるようにする。

〈発達過程 その2〉
　場やものから想起されたイメージを部分的に変化させ，新しい場やものをつけ加えたり，言動に表したりし，簡単な遊びの流れをつくって遊ぶ。
　指導のポイント－各々の幼児の場の見立てや言動がつながり，遊びの流れを生み出す楽しさが味わえるようにする。

〈発達過程 その3〉
　目的を意識して場やものを作り，それに沿ったイメージを言動に表して遊ぶ。
　指導のポイント－遊びのテーマに沿ったイメージをそれらしく実現する楽しさが味わえるようにする。

　詳細には触れられないのが残念だが，場と仲間と時間と環境，そして部分的にでも共有できる情報・心象風景があり，体験・経験が積み重なっていけば，遊びの発展がみられるということである。これらのうちの何かが欠落すると，遊びは一過性のもので終わりやすい。遊びの拠点がなく，制作の場と拠点とが分離していたり，対立によってドラマが共有されなかったり，あるいは基本的な構成要素の三つが連動しなかったりすると，単発なままで終わりやすい。
　さらに遊びに関しては，園の児童観・発達観，教育課程の組織，環境のありようだけでなく，時代の要請，社会や親のもつ遊び観，国民全体の遊び観も反映される。観察対象5園の3年間の縦断的継続観察の結果，遊びへの取り組みに大きな差異が見られた原因は，これらすべてが複合していた。

高度経済成長期以降，怪我をしないように，けんかをしないように願う親の要求は，園の遊びの場所(トポス)を大人が管理し，けんかやけがをさせない時空間として限定してきた。家庭や地域社会での生活の変化も含めて，自然環境が乏しい就学前教育施設の生活環境はマンネリ化し，子どもの本性に合わなくなってきたのに，子どもを教師の手の内で支配できる室内での保育に傾いていった。さらに，遊べない子どもの増加に対応するために，就学前教育において援助という直接的関与が奨励され実践されればされるほど，遊びの場所(トポス)は，子どもの自己決定，自己選択，自己責任性を失い，子どもは大人に遊ばせてもらうという意味をもつようになっていく。

　そうした意味では，就学前教育施設を遊びの純粋経験が得られる場所(トポス)にすることは所詮，困難な課題であると達観した方がよいともいえる。学校は，教育を施し，地域社会に純粋経験を耕すプレーパークなどをつくり，教育機関が求める発達の有能性と地域社会で純粋経験が得られる生命現象の調和を図ることの方が，相互の役割分担が明確になる。しかし，日本の幼保一元を目指すこども園への保育システム移行は，施設内に留まる時間や期間を子どもの限界を超えるまで延長している。第二次世界大戦後，保育室を中心とした保育が主流をなし，子どもの衝動の発露を押さえることを教育としてきた就学前教育における場所(トポス)が，これから環境だけでなく遊びの物語も大きく変容させることができるのか。今，その不確実性に挑戦しようとする胎動も始まっている。

第2章

エコロジカルな場所(トポス)の風景

§1　生存態様とエコロジカルな共同体

1．知の系の大小深浅をもたらす場所(トポス)

　生きている以上，パトスの知を形成しない人間はいない。しかし，生活や遊びによって獲得するパトスの知の系にも，豊穣で大きい，あるいは単純で小さいといった系の構造の違いがあるに違いない。その系の大小深浅の差は，宇宙内存在としての人間の野生を目覚めさせる自然環境の大小深浅の差に比例するのではなかろうか。パトスの知は，科学知や学問知と違い，環境がアフォードするものを読み取り，意味づける方向で成り立っている身体的・体性感覚的・暗黙的な知である。自然(じねん)である生物としての人間が"身に襲いかかる様々な危険に対処しつつ，濃密な意味をもった空間をつくりだす知"である以上，環境がアフォードするものを読み取り，意味づけ，身に襲いかかる様々な危険，問題を解決する情緒的な物語の経験が得られるかどうかが関係する。その生命現象が知の系を豊穣にしていくのであって，人工的・慢性的な環境の中では，体験，経験のずれがなく意味が固定化してしまう。身体知は，場所や時間と身体行為が常に変化しつつある状況において洗練され，

知識を統合して多様な意味を獲得していくからである。

（1） 大自然がもたらす受苦の位相

　遊びがパトスの知を形成することは第1部第1章で述べてきた。しかし，遊ぶ余裕もなく生活苦に喘いで懸命に生きる人々も，豊かなパトスの知をもっていることを考えると，この知は生きているかぎり生活世界で培われるもので，遊びに限定するものではない。ただ幼年期にかぎっていえば遊びが中心となることは必然である。とはいえ，自発的に自由に遊んでいる状態があれば，パトスの知が形成されていくのかといえば「否」という疑問が残る。都市部の庭に樹木すらない場所で紙やプラスチック玩具に囲まれた子どもも，あるいは近代的な園舎内で高級な玩具や電子機器を使って過ごす子どもも，確かに遊んでいる。遊んでさえいればパトスの知の構造が形成されるのであれば，センス・オブ・ワンダーの世界など必要ないだろう。

　幼児期は植物になぞらえ「根を耕す教育」の時期といわれる。土中の植物の根は，成長根が伸び，茎を太らせ，葉を茂らせてやがて花や実をつけ，個体のもつ自然法則に従ってその構造を形成していくように，パトスの知は，身体的・体性感覚的な知であり，場所と時間・空間を編み合わせて受肉によってもたらされる身体に沈殿して見えない。

　しかし，見えないパトスの知も，花や果実同様，外に現れた姿形を通して見ることができる。ちょうど作物の出来不出来が実りの状態で土壌の適否や雨風の影響がわかるように，川を飛び越える場合に，川幅，川底の深さ，水流の早さや水の冷たさ，周辺の凍てつき，自分の足幅や跳躍力といったすべてを総合させて身体が反応する力に現れる。身体は，環境との相互作用によって空間に動きをつくり身体の力を時間で統一する。利き足で地面を蹴って反対の足で対岸に着地するように，全身が躍動する動きの大きさは，身体が空間を描く力の大きさであり，跳躍から着地までは時間の長さに応じた力の調整になる。大きな動きは力が大きく時間が長くなり，小さな動きは短い時間になり力も小さいというように，運動はすべて球体の範囲内で身体を垂直に，

水平に動かし空間を移動する。その動きと力の大小，動きに伴う時間の長短の関係によって運動は統一される。それは，遊び環境がもたらす身体運動と空間と時間の関係に，パトスの知の大小深浅の差が生じる一つの要因があることを意味する。また，遊具や玩具などかかわる対象が自然や自然物か，人工的な紙やプラスチック製品かで，知覚する現象に差違が発生し，その現象に反応する身体が大小深浅の差をもたらすもう一つの要因になる。自然は常に変化し循環しており，変化に対応した知覚のシステムは，豊富な情報と経験知をもたらしてくれるからである。

(2) エコロジー・トートロジーとは

晩年，ベイトソンは「生物世界と人間世界との統一感，世界をあまねく満たす美に包まれてみんな結ばれ合っているのだという安らかな感情を，ほとんどの人間は失ってしまっている」[1]として，"大きな全体がいつも美を讃える"ことを忘れた人間の愚かさを嘆き，人間の精神にとって「関係の方が先行する。はじめに関係がある」[2]ことを強調する。自然界と区分して人間を何か特別な存在として囲い込んでいる境界を超越して，自然界の大きな部分，生きとし生けるものを結び合わせるパターンに注目し，そこに精神を見るのである。そして「今，まだいかにも頼りないものではあるが，エコロジーの思想が広がりつつある。この思想も，生まれるそばから政治と商業の場に持ち運ばれ，矮小化されてしまっているのが実状ではあるが，ともかくも，今なお人間の心の中に，統一を求める衝動，われわれをその一部として包みこむ全自然界を聖なるものとして見ようという衝動が働いていることは事実である」[3]という。生物学，人類学，精神医学といった様々な分野の認識論であっても，人間の内にある統一的衝動という軸は共通であり，最終的統合の姿を美と見る普遍性は，科学といえども消し去ることはできないところに行き着く。だからこそ，"生きとし生けるものすべてを結び合わせるパターンとは何か"を問い，なぜ学校ではこんな大切なことを教えないのかと問題提起する。

トートロジーとは，この記述と説明を結び合わせている〈恒真性〉である。「Aが真ならば，Bは真である」という命題間の絆が必然的に妥当であるように結びついた命題の全体をさす。この「～ならば」によってつくられた関係の絆が説明に意味をもたらすのであって，意味が捨象された単純な記述や，記述を説明するだけの教育では，真の知を獲得しえないということである。

具体的に彼が机上に置いたカニを学生に説明させた例から，このトートロジーを捉えてみよう。カニは，個体の大小や左右のハサミの違いはあっても，左右対称であり連続的相同で，様々なパターンによって結び合わされており（第1の結びつき），エビとカニも系統発生的な相同がある（第2次の結びつき）。ヒトとウマも同様，種の違いを超えて第1次，第2次の結びつきがある。カニ・エビとヒト・ウマは，形とパターンの関連，大きさなどを超えて第3次の結びつきがあるというように，自然界はメタパターンの概念で捉えることができるとするものである。自然界はどんな生物をとっても第1次～第3次，第4次といった結びつきがある。ベイトソンは，カニを教えてもこの結びつきという真の知を教育が教えていないことへの問題をエコロジー・トートロジーとして提起したのである。生物学の一分野としての生態学を指すエコロジーという言葉も，環境汚染，地球の温暖化等の現実的問題に対応して今では生態学的な知見を反映した文化的・社会的・経済的な思想や活動にも使われ，「地球に優しい」という言葉を生みだした。地球に優しい最先端技術開発に人々が注目し，エコという和製英語やエコロジー運動など様々な分野で使われている。この生態学を基礎として記述と説明される，大宇宙の結びつきに真の知があると考えるのである。

教育や言語が，そのパターンを無視しても，社会環境がそれらを忘れても，自然的宇宙に生きる人間は，生命文化的な存在であり生物的な面をもっていることは自明である。"今なお，人間の心の中に統一を求める衝動が働いている"のは，人間が生物である以上，これからもそうであり続ける。ベイトソンのいう美的統一感覚は，日本人がもっとも尊んできた"一"の美的統一

感覚である。西田幾多郎が，瞬間において知情意合一の意識状態，つまり"一"となる純粋経験を最高のものとしたように，あるいは市川浩が肉から心までを含む生き身としての全体の統一があっての人間であるとしたように，この結びつきに真の知があることを忘れることは，自然的宇宙に生きる人間を忘れることになる。自然と人間，自然と文化といった対の概念で扱う知が，"一"である真の知を切り離してしまうと，人間が自然的宇宙のつながりを生きる存在であることが失われてしまうのである。

このエコロジーの思想を，心理学の用語によって『イマジネーションの生態学』として奔放に描き出したイディス・コップは，次のようにいう。「子供は，自分と願望の対象物との間の距離を，想像による形で埋める。自己と万有の世界との間の，そして，自己と先祖との間のこの心理的な距離こそ，子供時代の想像のエコロジーが，その起源をもつ場所」[4]であり，子どもは子どもの建設的で創造的な遊び，遊びの技巧という小宇宙の中で，その目的を観察することができるという。そして，以下を指摘する。

① 自己認識とアイデンティティの感覚は有機体と環境全体との間の相互作用によってのみ獲得される。
② 「知ること」は，触覚組織および環境との機能的関係から語義の意味と言語組織にいたるまで，すなわち時間的・空間的な宇宙を構成しようとする人間の基本的な手段の諸段階において現れる。
③ 身体の行動組織の最高度の段階としての精神は，意識を満足させるための連続的な探究を示しており，動物の知覚のように人間における意識は"欲求的"行動である。

遊びにおける子どもの世界づくりが，生物的な段階を文化的に超越するうえでの学習過程で，子どもは自然から文化へと進化する。その幼児の進化的希求を抑圧することは，人間と人間との間の，人間と自然との間のエコロジカルな関係，相互依存的な関係・絆・結びつきへの関心の欠如をもたらし，

人類に滅亡をもたらすかもしれないとする見解は，関係を切断する人工的・工業的な社会に警鐘を鳴らした。子どもの宇宙的な感覚，つまり子どもが自分の内的環境を設計し形づくる能力は子どもの全体的環境との協力と相互関係を通して達成できる，とするコップの論理はエコロジーへの新しい視点を提供する。彼女は，謙虚な知性は「認識についての謙虚な態度を要求する。今日では『子供のようになる』ことは，一般に考えられているよりもはるかに鋭い観念なのである。知りたい，もしくは理解したいと望むものになろうとする—（中略）—それは，知らないということを受けとめることなのであり，そこから，喜びに満たされた謙虚さがもたらされる」[5]として，共感する心のある洞察や一体感に人間らしさの源があることを説くのである。

"私たちのエコロジカルな居場所は，魂づくりの谷間"であるという言葉に代表されるように，『イマジネーションの生態学』の訳者黒坂は，「ヒトとして生まれ人間になってゆく過程での個性，精神，自己超越，知性，直観，想像，言語，認識，創造性，健康，学習等と自然・文化環境との相互関係に関して，私たちに再考をうながすコップの深い思索」[6]は，自然・文化環境自体を見直す課題を提供し，今日の環境学にも大きな影響を及ぼしているとする。

このエコロジー・トートロジーの知見は，人間の存在態様である生きる環境と人間の生態とを結びつける。ベイトソンが言うように，街自体がエコロジー・トートロジーという関係の総体を無意識に経験として構成するからこそ，街は子どもの遊びを生産し伝承する場所(トポス)となることが可能なのである。コップも言う。「子供がもつ自然とつながっているというエコロジカルな感覚は，一般に神秘的な経験として知られているものとは異なっている。それは，基本的に審美的であり，また，知りそして生きるという力に内在する喜びで満たされたものである」[7]と。遊びが自然とつながる感覚をつくり，生きるという力の感覚を獲得する原動力である以上，家からつらなる道や丘や林や河原や人のたまり場などが構成された町，人々が生活を遊ぶ町が必要なのである。自然が自然と共生するエコロジカルな感覚抜きに，受苦の喜びを

味わうことはないだろう。

2．つながりあう共同体づくりへの挑戦

　人間の知を構造構成する自然体験や遊び体験の重要性は，幼稚園や保育所等就学前教育だけの問題ではない。人間の飛躍への衝動を満たし，パトスの知を構成する遊びを再考することは，"学校化された社会"の大きな課題でもある。教えるプログラムに人々があまりにも慣れすぎて，子ども自らが学ぶプログラムがつくれない。社会全体が，教えるという大きな労力を費やすことに疲れ果てていながらなお，教えることに安住する構造は簡単には崩せない。結果としてパトスの知の系を縮小せざるをえない環境は確実に増えている。

　こうした中，地域社会が子どもの冒険の場所(トポス)を可能にしなければ，子どもは生きる場所を失うと考えて行動を起こした人々がいる。町が遊びを再生産するつくりになっていてこそ，知の総体の価値が共有される共同体が生まれると考えるのである。ここでは四つの実践研究の歩みを捉えてみよう。

（1）　冒険遊び場づくり

　第二次世界大戦のさなか，デンマークの造園家ソーレンセン教授によってつくられたがらくた遊び場は，イギリスのアレン卿夫人の冒険遊び場運動に拡大し，世界中に様々な形の冒険遊び場が誕生した。スイスの「ロビンソン遊び場」，デンマークの「建設遊び場」，西ドイツの「子ども農場」，スウェーデンの「プレーパーク」など，子どもの冒険遊び場を町づくりのコンセプトにした実践活動が広がっていった記憶も新しい。ベンソンは，「子供たちは，絶えず自分の周辺の世界をさぐり調べまわる偉大な探検家である。これは成長のひとつの節であり，子供自身にとっても社会にとってもこの上なく重要なことである」というが，周辺社会は彼等の成長を助けるより，貧弱で柔軟性のない環境に置いて，小さな探検家が荒し破壊することを阻止する。彼は，

これによって起こる「抑圧の方がもっと重大な問題である。それは青少年の犯罪やけんかや自己疎外や麻薬の常用などという結果を導くだろう」[8]と警告し、冒険遊び場を町づくりの基本に据えるべきと考え、世界中の冒険遊び場を紹介している。その一つに日本の羽根木プレーパーク（東京都世田谷区）も入っているが、そこは「自分の責任で自由に遊ぶ」をモットーにした子どもの世界である。

現在、日本の冒険遊び場は、協会に登録されたもので316か所ほどある。名もない子どもたちの秘密の冒険遊び場も加えれば、もっと多くの数にのぼるだろう。自由に遊ぶためには"事故は自分の責任"という保護者と子ども自身の自覚が必要であり、また準備から片づけ、環境整備、安全確認、情報の収集や発信といったすべてのことに関与しなければならない。この"ねばならない"と考えるのは従来の論理であって、子どもにとっては自己責任で遊べる喜びがあり、親子双方にとっても運営にまで関与できるつながりを実感する時間が得られる。

図表 3-2-1
冒険遊び場の数
(2013年)

北海道	7
東北	9
関東	144
北陸甲信越	12
東海	21
近畿	57
中国	14
四国	8
九州沖縄	44

日本冒険遊び場作り協会

日本初のプレーパークである羽根木プレーパークは、子どもの育つ環境に不安を抱く父母たちによって1975年に誕生[9]して39年になる。廃材やタイヤなどで家や冒険遊び場を作ったり、火を使って煮炊きしたりして自主的に遊ぶ子どもを支える親たちの活動は、紆余曲折を経て"自分の責任で自由に遊ぶ"子どもの世界を実現していったのである。プーレパークの住民運動のリーダーとして、天野秀昭は、「ぼくは地球が壊されていく過程と子どもの中の子ども性が壊されていく過程は、歩をひとつにしていると感じている。全てのものを、人間の手によってコントロールし直そうとするその表れが、『自然』を排除してきた。子どもが子どもとして十分に認められる社会、その実現は、自然の価値も評価する社会の実現に通じる。子どもの叫びは、地球の叫びに近い」[10]として自分の世界の確立に遊びは不可欠だとする。自分

の責任で自由に遊ぶ責任は，行政でも住民団体でもない，子ども自身だとする。子どもが自由に遊ぶのも権利なら，負う責任も子どもの権利なのである。天野のいう遊びの質は，遊び込む「主役の世界をどれだけ深く経験していくか」[11]であり，心という自分の世界が様々に刺激を受け，揺さぶられ育っていくもので，「そのためには，五感を通じた体験が欠かせない。－（中略）－見る，聞く，嗅ぐ，味わう，触る。これらがさまざまに刺激され，それが心に大きく働きかける。つまり，心に響く体験には，センサーである身体そのものが大きく刺激される必要があるのだ」[12]と。

　こうした考えを町づくりの基盤としておくようになるには，民主主義が根底になければならない。つまり，公園は誰のものか，どんな目的で公園をつくるのか，それによって未来にわたり安全で健康な町，健全な社会，創造的な人間が育つ。その合意を行政と市民が創りだす過程が必要である。東京都世田谷6地区にこうした広場がつくられたのも，子どもの遊ぶ権利を尊重し＊，行政と市民との対話によって街の思想を形にしていくという民主主義の過程があったからである。公園は，自然公園法，都市公園法などに基づいて国および地方公共団体が設置，管理する。その環境設計に，親や子どもの希望が汲み上げられ，計画に参画し，話し合い，それぞれが了解したルールづくりによって実現したものである。

　本来，自己責任で遊ぶのが遊びである。しかし，この当たり前のことが多くの市町村では難しいため，行政は公園等の遊具を撤去して責任を回避する方法を取っているところが多い。公園から箱ぶらんこやシーソー，滑り台や回旋塔といった固定遊具や，アスレチックなどの遊具がなくなり，何もない

＊　児童の権利に関する条約　第31条
　　1　締結国は，休息及び余暇についての児童の権利並びに児童がその年齢に適した遊び及びレクリエーションの活動を行い並びに文化的な生活及び芸術に参加する権利を認める。
　　2　締結国は，児童が文化的及び芸術的な生活に十分に参加する権利を尊重しかつ促進するものとし，文化的及び芸術的な活動並びにレクリエーション及び余暇の活動のための適当かつ平等な機会の提供を奨励する。

原っぱか大人の観賞用の庭園になっている。それは都市部だけでなく地方でも同様で，自己責任で自由に遊ぶ場所(トポス)を失った子どもたちは，衝動の発露として繁華街を自由に徘徊したりコンピュータゲームに没頭したりする。逆に，遊びへの衝動も微弱で簡単に諦め，本能を抑制して塾や習い事に通う子どもたちも多い。そこからは，パトスの知を生成したくても，環境との相互依存関係を結ぶことができない，つまり，宇宙とつながる物語を創造できない子どもたちの悲鳴が聞こえてくるようである。

　幼年期に，パトスとロゴスの知を"一"として形成できにくかった子どもが，やがて自我を統一できずに反社会的，非社会的行動に走り，それを矯正するための施設や病院等を多くつくる社会より，遊びが保障されエコ環境との相互作用ができ，子どもたちが健全に育つ町づくり，共同体づくりに社会を変革したのは北欧である。スウェーデンやフィンランドが目指すのは，"税金を払える国民"，つまりは構成員として社会の一躍を担う責任と共同体意識を自覚した国民の育成である。そのためにプレイパークや学校，幼稚園，保育所施設，放課後児童施設を充実させている。人間の未来の生への投資，エコロジー・トートロジーが，健全な国家を建設すると考えるからである。筆者が訪れたヘルシンキの「ビーカプレーグランド」では，牧草地に馬が草を食べ，その脇には池があり，放課後，学童が遊ぶ小屋には藁が天上まで積まれ，ごっこから絵画，運動など，どんな遊びでもできる道具や空間が用意されていた。日中は乳幼児が親子で遊びに来る。その空間には，夏のプールや広場，砂場，木立などがあり，休憩するハウスには飲物があり，いつでも誰でも利用できるようになっていた。税金を払える国民，換言すれば心身ともに健全な国民の生活を守り築くための町づくりに，本来の政事(まつりごと)の意味を置いているのである。

　人間精神の多様な活動を建物や町の形に表現してきた人間は，都市開発の単調さと荒涼さのため，"潜在的可能性の開花に活路を与える道"を閉ざしているとデュポスはいう。「環境因子は，日常生活の大半，とくにこどもの生物学的，心理的成長を根本的に支配するものであるから，都市計画におい

てもっともたいせつなことは，人間が生物学的になにを必要とし，文化的になにを望み，またなにになりたいと願っているかもっとよく知ることである」[13]と。そして「人間の要求に本当に適合する技術的都市環境がつくりあげられなければ，生物学的，心理学的破滅が訪れるのはさけられない」[14]とする。現代科学の発展は，パトスの知の働く複雑性の世界を研究することなく，人間生活が提起している諸問題を避けてきた。科学的成果をおさめるために自然現象と生物は分断され，大宇宙から小宇宙までの自然の系が全体として結びつき働いていることを忘れたのである。

(2) 大自然に生きる教育共同体

内田幸一, 明子夫妻が長野県の飯綱高原に家族で移住し，森の幼児教室「こどもの森幼稚園」(1983年設立, 2005年から法人化)を始めて32年になる。ヨーロッパの自然と生活に学び，シュタイナーの情熱的な教育実践，森の幼稚園に足を運び，人間形成の思想に共鳴して始めた実践である。"自分の将来は見ることはできないが，子どもたちとの関係で私の試みはいつも良い方向へと進み" "子どもたちは，今まさにそこから考えて行動し" "以前のことや失敗のことなど，まったく新しい発想で新たなものへと変化させてしまう" そこに遊びの本質を見て「本当に良いことは子どもをよく見ればわかる」[15]と内田はいう。園舎から机，椅子，遊具にいたるまで，手づくりを心がけた，森を生活の場所(トポス)とする理念は，

- 心をこめる，心がこもる，目に見えない温かさ，愛情を感じる
- 手を動かすこと，何かが生みだされていく喜びと驚き
- 生きているすべての命，つながりの中で，五感を通して感じる

というものである。見えない絆で結ばれる命のつながり, 命の表現である。

戸隠連峰の麓の飯綱高原は，森あり，川あり，湖もあり，冬は大雪に見舞われる。ドイツトウヒの大木がところどころに見られ，マユミや栗，スグリ

図表 3-2-2　こどもの森幼稚園　森の散策地図

平成21年度東海北陸地区私立幼稚園教育研究福井大会資料「自然の中で―森の恵みを力にして―こどもの森幼稚園」

など年間通して花が咲き実のなる木がたくさんある。水芭蕉の花が春の訪れを告げ，ヨモギを摘み団子にしたり野草をおひたしにしたりする。高原の夏は短いが畑で実ったトウモロコシやトマトなどの夏野菜，小川で採ったサワガニや魚も食卓に上る。森の秋の実りは豊富で，子どもが早いか野鳥や野生動物が早いかを競うように木の実を見つけて食べる。また，長い冬は雪が遊びや生活の色合いを一変してくれる。雪の造形や雪を使ったままごと，ソリやスキーなど，他の季節では味わえない生活をもたらしている。森の散策は年間通して行われ，高原一帯を歩きつくすのではないかと思うほど広がりをもっている。リュックに鈴をつけておくのも，熊やマムシが生息する森を歩く知恵である。また，シャベルで排泄物を埋めるのも，自然の生態系を壊さない配慮である。自然の中に人間が入れてもらっているという生活は，子どもの内面を豊かに陶冶している。象徴遊びの姿から，それを捉えてみよう。

小さな木の下で3歳と5歳の女児が1時間ほど遊んでいる。枝につけた月見草の花に手をやり「もう，電気消すわよ」と花のガクを下に向けて寝る。起きると花のガクを上に向ける。

木々に囲まれた空間では4歳児が葉や枝を使ってレストランごっこをしているところにトウヒの枝を水で濡らしてきた男児2人，花火といってそれを振り回す。飛び散る水がなくなると，また水で濡らしに行き「花火ショウ」と言いながらをこれを繰り返す。ごっこの女児は，時折，花火を見ながらごちそうづくりを続けている。

栗の木のある斜面で5歳児6人が木に登っている。一番下の枝別れした木に登った子どもが「1階の家」と言うと，次の枝分かれした木にいる子どもは「2階の家」と話している。見上げるような一番高いところの子どもは「6階の家，高い」と言う。6階の子どもが降りるときは1階から5階までの子どもが降りなければならない。登ったり降りたり階を入れ替えたりしてしばらく遊んだあと，5人は草そりの遊びに傾斜地を走って行く。一人残った女児は何回も上り下りして3番目の分岐した枝まで登ると，「私，すらすら登れるようになった」と言いながらそれを繰り返している。

既製の遊具や玩具に取り囲まれた幼稚園や保育所とは異なる仮用玩具，作業道具，自然物などのモノの象徴化がみられる。月見草の花が電灯に見立てられ，花びらとガクが点灯・消灯を象徴する。また，枝を振り回した水しぶきが火花に見立てられ，栗の木の枝別れした節がビルの階に見立てられるというように，自然物や自然の地形，水や土といった大地が育くんだモノが生活様式として現れている。生い茂った草むらを踏めば，ままごとのござも必要ではないし，背丈ほどある草が周囲を囲み，家囲いの積み木や柵も必要ではなくなる。子どもたちは，そうした大人に見えない場所を選んで遊びを構成していてその選択眼は鋭い。そのため，モノは意味をもったものとして固定化されることなく月見草はかんざしにもブーケにも電灯にもなる。季節と

ともに花景色が変わっていくので固定した意味をもつことが少ないのである。場所も同様，秋は草が枯れ，冬は雪に覆われ，春は草が芽吹き，夏草は背丈を越えるのにあわせ空模様も風も変わる。折り紙でごっこのご馳走を作るとかござや板を敷いてごっこの場を作るということはなく，季節に応じて自然物や起伏ある場が作られ見立てられる。

ヴィゴツキーがいう誘発的性格をもつ「モノ－意味」が季節の巡りとともに多様にあり，「意味－モノ」という構造に切り替わっていく際にも固定化することなく，多様性と弾力性と身体性とを伴っているのである。メルロ＝ポンティが5歳児の危機[*]として二者択一の思考様式を挙げたが[16]，ここには意味が固定化する危機はみられない。その柔軟性がパトスの知の大きさ，深さをつくりだす。

この場所(トポス)でパトスの知として沈殿する空間の大きさと身体運動と時間の感覚はとてつもなく大きい。大自然の中で遊ぶには，歩いたり走ったり登ったりして身体を移動させる空間が広く，大きく，操作するモノも大小・軽重，多様であり，他者の身体や音声を読み取る距離・空間も広く遠い。それだけに指先，足先までの繊細な動きから全身の大きな動きまでを調整し，生き物と他者の動きや音声を感じて反応する感覚が研ぎすまされる。また，傾斜地に立つ栗の木に登ったり，斜面を全身で滑ったり走ったりしても，平地と変わらない身のこなしで駆け回り，空間と自分と他者との関係をつくりだしている。ケイドロも，長靴を履いて森の起伏ある地形を全速力で走り回り転ぶことはない。身体運動の大きさは時間，空間と力の大きさであるが，険しい地形を平地と変わらない運動時間で走り回れるのは，同一時間内での運動の大きさ，巧みさ，敏捷さということになる。

---

[*] 5歳児の危機　メルロ＝ポンティは，幼児期に，権威主義的に幼児を調教しようとする二者択一の二分法が"心理的な硬さ"を生む源泉とする。この善か悪か，白か黒かといった二分法による思考の硬さが生まれる危険を5歳児の危機と表現している。知の形成においてもパトスの知かロゴスの知かの二分法は危険で，これを"一"となすものとして幼児に経験させていくことが肝要であろう。

① 体内時間とリズム

　オクタビオ・パスが「時間はわれわれの外に在るものではないし，時計の針のごとく，われわれの目の前を通り過ぎてゆくようなものでもない——われわれが時間であって，過ぎ去るのは年月ではなく，われわれ自身である」[17]というように，森の幼稚園では宇宙時間と体内時計で時が動く。朝，登園して全員で祈りをし，今日の予定を確認すれば，帰るまで時間がゆったり流れる。木登りからそり滑りへと遊びが変化していくのも個々の遊びへの満足度がもとにある。1時間ほど遊び込むと変化を求めて場を移動しているが，なお継続したい子どもはそれに没頭する。遊びの時間が動くとき，それは太陽の動きと，体内時計が排泄の要求や空腹をもたらしたときである。しかし，全体がまだ昼食への流れにない状況を読むと，幼児は何かしら森にある果実を採ってきて食べている。昼食の汁を煮たかまどの残り火で芋を焼き，午後のおやつにしているが，子どもたちが空腹を感じる体内時計に狂いはない。それがゆったりしているだけに，リズム共振は離れた場にいる幼児にも伝わっていく。火を焚いてスープや焼き芋を作っていても，危ないなど大人の声はない。危ないことは3歳児でも承知していて自分で近寄る範囲を決めるのである。燃える木の状態と火勢と時間と空間の関係性も，リズム共振して感知しているのである。

② 直観と観察眼に裏づけられた知識

　ここで生活していると，叱られることは少ない。空間が広いだけに友だちとの衝突を回避できることも一因だが，人間関係の軋轢より自然が繰り広げる事象の方が知的好奇心を満たし，自分と仲間と自然との3項関係で遊びが進行するからである。幼児にとって地形，気象状況，樹木の成長や結実などは，自分たちの生活と密接な関係があるだけに直観力も磨かれる。葉っぱや樹形を見ただけで何の木かわかる。また，実の大きさや色や形から，熟した状態を捉えて食べる。直観で捉える感覚は，一見，動物的だが，それは五感を駆使した緻密な目測，予測や判断に基づいている。また，レイチェル・カーソンが「雨の日は，森を歩きまわるのにはうってつけ」[18]なのは，森はとっ

ておきの贈り物を子どもたちのために用意してくれるからとするように，一日，歩いて行きつくところまで行く森の散策では，雨風や雪天の日には雨合羽やウェアを着て出かけるが，晴れた日には見られない動植物の生態を発見する。幼児はその不思議に目を輝かせるとともに言葉とつなげた知識として，その現象をイメージ記憶しているので，体験を通したロゴスの知は豊富である。森は，自然を感じ，生き物や自然現象，森を生きる術（すべ）など，本物の知識を形成する宝庫なのである。

③ 生活や遊びから生まれる芸術

幼稚園の生活は，四季折々の自然暦に合わせて祈りと遊びと収穫物を食べたり室内外の掃除をしたりといった暮らしである。日々また新たに暮らしから遊びが生まれ，遊びから文化が生まれている。自然は，それ自体が人間が模して表す芸術であるように，味覚芸術，嗅覚芸術，触覚芸術，聴覚芸術，視覚芸術を生みだす。味覚は素朴である。素材そのものの旬を最高の味とする感覚が培われ，嗅覚は鋭く野の香りを嗅ぎ分ける。棒や葉や花，雪や雨などを遊具としているだけに触覚は鍛えられている。風やせせらぎの音，虫の音色，鳥の声など自然界の音やリズムで聴覚は敏感になり，そして視覚は全体を見て部分を鋭く捉える。

こうした感性が，野の草を生けたり，野にある自然物で装飾品を作ったりして，園内に美的空間を生み出している。その花や枝や実は，温室咲きの整った物ではないが，虫喰いの葉も全体の調和を醸しだして生を謳歌する。また，生活や遊びから紡ぎだされる歌や絵や身体表現や言葉による表現を生みだす。楽譜にある歌が教え込まれるのではなく，でんでんむしのうた，バッタのうたなど，ここで歌われる歌や詩は子どもの経験に基づいた生活そのものの歌である。年3回行われるミュージカルも，生活や遊びの中から生まれ，森の中で何か月も遊ばれるという壮大な舞台における表現である。

④ 循環する実践共同体

こどもの森幼稚園も保護者や地域社会に支えられている。農作物の余剰は子どものおやつになり，10キロ以上も歩く山歩き，親子の雪遊びなども楽

しみなネイチャー活動となっている。また子どもだけでなく親も屋外ミュージカルに燃えてシナリオから演出すべて自分たちで行うなど，生きる時間の楽しみをつくりだしていく。家族以上に家族的だという絆，結びつきがもたらされているのである。他人同士とはいえ，こうした人々の結びつきは，園という場所(トポス)で物語をともに創造して歩む時間をもち，リズム共振して命に対する価値を共有する共同体をつくる。その結びつきが，親や地域の人々の存在態様をつくりだし，園の姿形となっているといえよう。

　こどもの森幼稚園，小学校，中学校を設立した内田は，今，飯綱高原ネイチャーセンターを開設して，休日や祝祭日の自然体験教室を行っている。子どもたちが冒険遊び場をつくったり，湖でカヌーに乗ったり，キャンプをしたり，スキーやクロスカントリーをしたり，星を見たりと様々な体験活動が企画されている。年間通して行っているだけに，子どもの経験も年々累積され，ここで育った子どもたちが高校生になるとボランティアリーダーとなって参加したり，30年前に森の幼稚園で育った子どもたちが社会人となり，結婚し，子どもづれでセンターを訪れたりと，"命"が循環する共同体が生まれている。我が子に自分が経験した世界を用意してやりたいと参加してくるのも，世代を問わず自然とかかわって活力を回復していくのも，幼い頃身体に染み込ませた感じる自己，欲する自己の表れであろう。すべての知を包摂するパトスの知は，生涯をサイクルとして人間の命の回復にその役割を果たしているのである。家なき幼稚園の試みは，後世の現代においてもなお新たな装いでもって保育の場所を問い直す契機となっている。

（3）　園内に自然環境を構成する保育実践共同体

　神奈川県横浜市に「川和保育園」というこじんまりとした，しかし大きなスケールの「子どもと親が行きたくなる園」[19]がある。川和保育園とこどもの森幼稚園には共通する空気がある。それは園が孤立することなく，保護者や地域社会という実践共同体に支えられ，その理念を共有していることである。川和保育園では，遊具づくりから庭づくり，室内の環境づくりに保護者

が企画段階から参加する。理念及び保育方針が次のように掲げられている。

- 保育は，子どもを信じ，わが子をこの環境に置きたいと思う夢から始まる。
- 保育は，職員や保護者，子どもが共同できる，互いの感謝によって織りなされる。
- 保育は，世界平和を願う人々の輪から真・善・美の生活が築かれる。

保育の場所に集う人々の合い言葉となっている相互信頼，共同作業，社会貢献による世界平和である。遊ぶのは子ども自身であるが，最高の環境をつくろうと願う親の意志によって納得いくまで話し合い，形にしていく過程がもう何十年も続いている。文集のタイトル一つ決めるにも深夜まで飲みながら話し合い未明に決まることもあれば，スキーやアイスホッケー，町の散策に保護者も同行して協力する。親や地域社会の協力は，労力だけでなく借地の費用やチェルノブイリ原発被災者への献金費用を生みだすバザーも自主的に行われる保育の共同体である。

【自分で考え自分で遊べ子どもたち】
　自然の中に身体を解き放ち，季節を感じ，いのちの優しさを感じ，自らの感性を研ぎすましていく，そんな子どもの力を信じる。

園長寺田信太郎は，この理念を具現化するのは環境であり人だとして，市街地とは思えない豊かな自然環境と人の輪をつくりあげるのに40年の歳月をかけている。大胆にして緻密な環境を用意しているだけに，子どもは一日中，大人の干渉を受けることなく屋外でよく遊んでいる。園の周囲を囲むように井戸水を汲み上げた川が流れ，水は田んぼや池に引かれる。夏は，庭の中央が大きなジャブジャブ池になって子どもはカヌーを浮かべて遊んだり，水遊びに興じたりする。2歳児でも自分が入れる水深を直観で感じ取ってパ

図表 3-2-3 川和保育園「園庭が育てる，生きる力」

NPO 法人園庭園外での野育を推進する会研修会資料

ンツ一枚になって遊んでいる。水辺は冬でも子どもの興味を引きつけ，2，3歳の小さな子どもは服をめくって入水し遊びに没頭する。井戸水なので外気温より温かく，夏は冷たく心地よいのだろう。

　木々は春夏秋冬の風景をつくりだす。落葉樹は，新緑の木漏れ日から夏には緑深い日陰をつくり外気温を 4，5 度は下げる。見事な紅葉の時期を過ぎると落葉し，庭には太陽がさんさんと降り注ぐ。大木には，ツリーハウスやぶらんこ，縄ばしごなどが手作りで設置されている。城の石垣やロッククライミングの垂直板の下には落下しても安全な措置が施してあり，挑戦する環境に事欠かない。もちろん室内の家具調度は木製で，玩具も最高の質を保障して雨天等の状況に備えている。5 歳児は肥後守（ナイフ），独楽，竹馬など個人で使える道具をもっていて，削って玩具を作りだしたりけんか独楽で闘ったりする。テラスにある囲炉裏には火が焚かれ，火のまわりで物語を聞いたりおしゃべりをしたり，収穫物を焼いて食べたりする。幼い頃，自分の

身体，技能，能力と相談しながら遊びの目的を高めていく積み重ねがあるだけに，自己の目的を達成するまで繰り返し練習する姿には，根性というにふさわしい強い意志が見られる。冬でも素足になって遊び，Ｓケンや竹馬などに興じるときには，好奇心と競争衝動が働いて，男女問わずに闘魂たくましく真剣な表情で勝負をする。

　囲われた敷地の中に，どんなに豊かな自然環境があるといってもそこには一般の社会がない。寺田は，子どもたちを街に連れだす。年長児は二輪車を連ねて博物館に行ったり，近隣の文化施設を訪れたり，毎月アイスアリーナでスケートやホッケーをしたりと行動範囲も広い。そのためには日常の遊びの中で二輪車の運転免許を与えたり，個々の注意力の高まりを確認したりしていく大人の観察眼が必要になる。しかし，子ども自身が己を一番よく知っていることを信じるのも，そこに生活する人々，保護者たちの共通認識である。

　　５歳児が，ロープウェイにチャレンジするだけの力が自分の内にあることを感じたのであろう。３メートルの高台に登り，ロープを両手で握る。時々，握りしめた手の力を抜き，また握るとじっと前方を見つめる。こうして40分，そこに立ちつくして決断しかねている。そして，この日は諦めて下りてくる。その間，周辺にいる友だちや保育者が何か言うわけではない。
　　同様，３歳女児が彼女の身長からすれば３倍以上ある石垣に登ろうとしている。両手の指を石垣の間に入れて足場をさぐり，自分の体重を持ち上げる。足を石垣の隙間にかけ，次に手を上の段にかける。３回繰り返すが，指がずり落ち，地面に落下する。落下した玉砂利の上で両手をさすりながら大泣きする。そして泣きながらふたたび石垣に登っていく。

　空中ロープウェイに乗れるようになりたい願望を実現するためには何か月，あるいは数年の受苦の過程がある。年長児が乗りこなす状況に注目して

憧れをもって見る段階，低地のロープに両手でしっかりつかまり，紐のこぶに尻を乗せて両股で揺れる身体を支え体性感覚を研ぎすまし，身体イメージを描く段階を経て，やがて出発点がある高台に登ってロープをつかみ，飛び乗る決断をする段階，空中を遊泳する段階である。飛翔した自分が手を離したりバランスを崩したりすれば勢いよく落下する危険と隣り合わせで，縄につかまり足をからめ，落下しないようにロープに身体を巻きつけて，急降下するスピードに耐えなければならない。重力と滑車による前方への推進力が働く空中で，身体をロープで支えるこつは，予見し，見てまねて，本人が自得するしかない。飛び乗ろうとする自らの決断の時をじっと待ちながら自分に向き合う時間が何時間でも保障されている。決断するかしないかは自分の身体との相談である。こうしてじっくり自分と向き合う時間を経て，やがて決断し目的を達成するときが必ずやってくる。経験が成熟すると，それは無意識でも乗りこなせる空中遊泳の遊具であるが，習得する過程には自己陶冶の連続が待っている。パトスの知の大小深淵の差をもたらす環境の一つは，この時間・空間（トポス）が大きい場所だといえよう。

　3歳児の挑戦は，無謀とも思える傾斜75度の石垣登りである。両手指で身体の重みを支え，右足を石の隙間にかけて上にわずか垂直移動させ，次に左足を隙間に入れて身体を上に押しあげる。それと同時に右手指がさらに上の石の隙間に差し込まれるという重力に逆らった動きは，両手指と足の力の総合力でかなりの困難を伴う。石垣の斜度と身体の関係を感じる研ぎすました共通感覚と，集中する精神の現れをそこに見ることができる。それは，身体リズムによって調整されている。足が滑りそのリズムが崩れた瞬間，身体は落下する体勢をとるが，ずり落ちることで石垣への衝突と地面の衝撃から身を守りつつ尻餅をついて着地する。身体の不安定さと格闘しているときは泣くことはないが，尻をついて身体が安定すると大泣きをする。

　こうした受苦によって危機をくぐり抜ける身体知としてのパトスの知は，幼年期には特に楽天的な快の方向に向かって常に開かれている。開かれているのは身体の厚みをもって世界の厚みに接しているからで，パトスの知が悲

観的な方向に向かうとき，つまり身体が閉じられているときは，見るもの・見えるもの・見られるものと場所の関係，"地"と"図"の関係も見失われていて生きることが苦痛になる。開かれた身体が楽天的に行為を繰り返し，繰り返しによって筋肉が覚え，ロープウェイや石垣登りを達成していくのである。受苦から快への身体の記憶は，環境と自分の関係を克服する志向性を高め，身体運動を洗練させていく。

　人間は，受苦に対して泣く，怒る，葛藤するなど激情が身体を巡ることによって痛みが半減し，再度挑戦していく衝動がわいてくる。活動動機が内面からわきでてくるのは，時間が子どもたちにあり，泣く自由，諦める自由があるからである。泣いたり怒ったりすることによって痛みを半減させる情動の仕組みは動物に与えられた能力で，感情を露わにすることによって受苦を昇華に向ける。ここに挑戦する過程をつくりだす情動の働きがあり，受苦が大きければ大きいほど，達成した喜びも大きなものがもたらされる。情動は身体の可能性を感じ，受苦を生きる方向へと転換させるシステムにつなぐ臍の緒のような役割を果たしている。つまり，情動が受苦をやわらげ，刻印を強化して志向性を高めていく原動力となっているのである。

　かつてインカの人々が石を投げ合い身体を痛めながらその苦痛をバネとして高度の文化をつくり出したように，アイヌやアボリジニの人々が倭人や白人の攻撃による受苦をバネとして文化を守り抜いたように，苦痛はそれを超越する不屈の魂を身体に植えつけていく。この受苦の過程で人々が獲得しているのは，身体知と情動の統一である。

　川和保育園のように，自分で考え自分で遊ぶ生活は，伝承によって支えられている。自分で状況を判断し，模倣可能な人々の動きに注目して感じる自己・欲する自己がそれを取り入れる。取り入れる困難が大きければ大きいほど，自分の身体を知ることが求められ受苦も大きいが，乗り越え飛翔する面白さも大きいのである。

　子どもたちの身体知が現れるスケールの大きさ，深さ，緻密さは，自然の中における夢や願望の大きさであり，困難の大きさであり，パトスの知の大

きさである。西田によれば，「我々の自己は働くものである」。そして，「働く」ということは「物と物との相互関係」において「一が他を否定し，他が一を否定する，相互否定関係」が「即相互肯定関係と云うことでなければならない」[20]。この独自性を有する「相互否定」「相互肯定」二者の関係が人間を形づくり，生の現象の大小深淵の差をもたらすといえよう。相互否定関係と相互肯定関係か，生命現象をもつ対象との関係か，あるいは生命現象をもたない対象との関係かで位相が異なるのである。

(4) 地域社会を生きる子どもたち

　第二次世界大戦後の混乱の時期，日本の就学前教育の多くは，青空保育から始まった。園庭・園舎どころか食べる物もない日々に，せめて子どもたちに遊ぶ時間と場所を提供したいと考えた人々の善意の行為である。

　東京都北区の「神谷保育園」は，一般家屋を園として使用しているので観賞用程度の箱庭しかない。道路側の戸を開けるとそこが玄関で，部屋へと広がっていく。初代園長だった福光えみ子は，「保育園の囲いの中に，保護という名のもとに閉じ込めて一日暮らす生活はどうしても避けたいと願う。晴耕雨読，お天気さえよければ外へ町の中へと遊び場を広げる工夫をする。

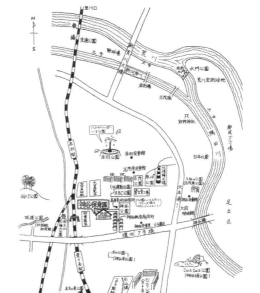

図表 3-2-4　神谷保育園周辺地図

鈴木五郎構成『生活のうたを描く―幼児の美術教育』チャイルド本社，1991，p.140

たまには雨が降っても傘をさして，公園の水たまりをびちゃびちゃ歩くのも大切な生活の中身だと思う。——（中略）——何かその子どもが気に入った遊びを始めたら，なるべく中断しないで持続する方法を採る」[21]として屋外に出かける。玄関を出ると「前の家に，春になると海棠(かいどう)が咲きこぼれる。秋には柿が実り，結構四季の変化が楽しめる。家々の間から青空や夕焼の雲を見上げるのもこと欠かない。三輪車，ままごと道具，ボール，なわとびが三段かごに重ねて入っている。『センセイ，サンリンシャ，ノッテモイイ』『ああ，車に気をつけてね。遠くへいかないでね』と。一方ではビニールござを道端に敷いてお店を広げ始める」。そんな日常である。

　そして，一日の大半を集団で暮らす子どもを「配慮」という言葉で管理し，その行き過ぎに気づかなくなっていく保育を戒めるのである。

　神谷保育園は，1949年に北区労働者クラブ生活協同組合の地域活動として行われる神谷公園の野外保育で，「働く父母と子どもの生活を守る場，就学前教育を行う場」として出発した。当時は戦災で命を失った200体余りが土葬された公園とは名ばかりの荒れ地だった。柵や地べたに車座になって座り，福光によれば「私は毎日子どもたちに物語や民話を語って聞かせた。教材などほとんどなかったけれど，物語の世界は限りなく想像の世界へと導いてくれた。そして，それは遊びの発展へとつなげられた」[22]保育である。荒れた公園を父母と整備して遊び場とし，やっと借りた穴だらけの材木小屋で机を並べたのもつかの間，そこを追われ都バスの廃車を譲り受けて雪や雨の日をしのいだり施設に出かけていって一日を過ごしたりした。点々と遊びの場を求め町を保育の場とした経験があるから，管理教育の行き過ぎに気づくのかももしれない。毎年，荒川の土手に寝転んで渡り鳥が列をなして飛び去る風景を見たり，それを描いたりする。徒歩40分圏内の区内の公園や公共施設が遊び場で，遊び道具を持って行ったり画材を持参して自分の木と決めた絵を春夏秋冬，描いたりする。

　歩くということは時間，空間を身体知として認識する最良の方法である。地域を歩くことで，地域が身体に入る。「空間能力とは，人間の認知的諸能

力の中で一定の領域を占めるものであり－（中略）－問題解決過程においては視空間的な方略を用いるときには関与する能力」[23]とされるからである。また遊びで子どもが滞留する場所は，高所，別所，隠所といわれる。荒川の土手は，高所あり，水辺や砂利の別所あり，草むらなど隠所ありで，四季によって変化する空間である。大人になっても忘れない原風景の場となる可能性が十分ある。この町で生き，将来この町の工場の後を継ぐ子どもたちだからこそ，心に残したい風景だと福光はいう。仙田満は子どもの遊び空間が記憶にどのように残されているかを20歳以上の青年に調査した結果から次のようにいう。

「原風景の遊び場は，自然スペースの38％，オープンスペース28％，道スペース建築的空間スペース各12％，アナーキースペース5％，アジトスペース3％の順であり，自然スペースが多くの人々に強い思い出を残している」[24]と。そして自然スペースでもとくに水，水辺にかかわる空間が圧倒的に多いと。人類誕生の歴史をたどるような結果だが，園庭がないという以前の，人間の原風景づくりという視点において町を遊ぶのである。また，図書館には図書館司書が，美術館にはその道の達人が，歩く道々の工場には旋盤の専門家，パンづくりの職人，豆腐づくりの職人といった，園では雇えない専門家が大勢いる。犬や猫，虫や花，畑や草地等が人とのつながりの中で棲息する。

そうした町の原風景が子どもにとって意味をもつと考えるのである。草花が咲いていればそれを摘んで帰り，室内を飾りまた描く。町を遊び場とする地域の共有財産としての保育園である。これこそ，市民と行政が支えてくれなければ実現できない。安心，安全な町だからこそできる我が町の我が園という場所（トポス）である。

2015年度から始まった日本の保育システム改革によって，園庭のないこども園の増加も危惧される。保育指針で謳う子どもの最善の利益等どこへやら，量的拡大の時期は収容先を増やす施策に追われ，環境の質どころではないというのが現実であろう。

園庭がないということは，神谷保育園のように園外を生活や遊びの場とすることを意味する。しかし，それを市民が歓迎して見守り，行政が支援し，教職員が園外に出る努力をし，保護者が喜びとする，四者が一体とならないかぎり実現できない保育である。市民の苦情があったり，行政の縛りがあったりしたら子どもは町では遊べない。保護者の反対があっても出かけられない。まして教師の優しい配慮という管理意識が強かったら，町は危険だらけで遊びの場とはならないからである。

　本来，町を遊び場とする保育は，就学前教育機関であれ学童保育施設であれ，社会の一員として自己存在を自覚できる利点をもっている。大都市では家なき幼稚園のような森や河原や境内とは違うが，町の人々や公園や公共施設等を保育の場とすることで，園内では得難い経験もできる。そこにも遊びを保障する日本の未来の保育の姿があるといえよう。自然に向き合い遊びを保障する保育は，庭がない，自然がないからできないということではない。筆者らは，庭がない，自然がないと諦めている保育現場・教師たちに，遊びの場を園庭・園外に広げて，もっと自然な生活空間，遊び空間をつくりだす運動をしている。冒険広場づくり，森の幼稚園のネットワーク，野育，そして子どもの遊びを取り戻す多くのNPO法人活動も広がりをみせている。子どもの遊びに人々の関心が寄せられるのも，生命現象の衰退に危機を感じるからであろう。これは，閉塞化した日本の保育を開く一つの道であり，本当の意味で民主主義を成熟に向ける道であると考える。

§2　生命の居場所の回復

1．生命の居場所

　幼児期にパトスの知の大きな系を形成した子どもたちの学童期に違いがあ

るのか，こどもの森幼稚園の園長内田に問うと，こんな話をしてくれた。ある卒業生が小学校でいじめられたが，やがて彼は成人すると自ら塗装会社を興して同じように学校でいじめられたりはじかれたりした人たちを自分の会社で雇用しているという。エコロジカルな環境を生き，対象との深いつながりをもとにパトスの知の系を大きく構成した子どもは今日では少数派であり，学校というロゴス（知識）重視の競争集団に属すれば，学問知や科学知を先入させた多数の子どもたちから排斥されることは十分にありうる。しかし，それを克服して天命を誤らないだけの感性と，受苦を乗り越えるだけの強靱な精神が成人した後も生を支えているとすれば，幼児期に森で獲得したパトスの知の系はしなやかな意志の強さと共存するすべての命に対する正義を表しているといえよう。またある青年は，学校の勉強はあまり振るわないように見えたが，大学に行き海外の最貧国のボランティアに出かけるようになると，現地の人々と共同し，対話して汗を流しているという。文化に染まらない森での暮らしは，命の価値を見極める感性を培ったといえよう。

(1) 園環境がもたらす受苦の位相

現象が発生する場所・空間・時間に幼児教育の原理の実質があると考えると，園環境がもたらす受苦の位相が見えてくる。庭にはぶらんこや滑り台などの固定遊具と1，2本の樹木があり，平坦な広い空間が広がっている園では遊ぶ子どもの姿は庭に見えないが，その分，与える文化財としての図鑑や絵本，遊具や玩具といった教材を豊富に準備して一日の多くの時間を室内で過ごしている。室内も戸外も遊びの媒体となるメディアが何もないような園では，走り回る，戦いごっこなど身体の振りだけで遊ぶといった生活がみられる。園の理念が具現化された環境がもたらす受苦の位相の大きな特徴を，4視点から捉えてみた。

① 身体運動と使用する力

多くの時間を室内で遊ぶ子どもは，床や椅子に座り，積み木やブロック，カプラなどを手先で操作する。折り紙や糊，ハサミを使って工作などをする

図表3-2-5 身体運動が描く球体

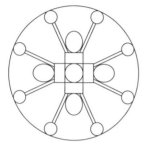

場合も，画用紙に描く場合も，床か椅子に座る姿勢が多く，身体運動は半球体になりやすい。さらに，手の動きは頭の上に伸びることは少なく，胸のまわりに肘から手先の円を描く程度で，手先の技能を必要としても使用する運動の力は少ない。木登りをしたり川飛びをしたり野を駆け回ったりする身体運動が描く球体の動きと力の形からすると，たいへん小さい球体・半球体の形となる。当然，身体運動の球体が小さいということは運動量も時間内で調整する動きの巧みさも少なくなることを意味する。

人間の歩く，走る，飛ぶ・跳ぶ，わたる，くぐる，登る，這う，操作する，引くなどといった基礎的な動きは，幼児期にほぼすべてを獲得する。水平移動，垂直移動や操作運動の球体が小さいということは，動きの獲得が不十分な上にもっている力も開発されないという現象を発生させる。

② 精神的な受苦の洗礼

パトスの知は環境がアフォードするものを読みとり反応していく受苦の連続であり，受苦は快の方向へと身体知をフル稼働させる。室内で安全な人工物を操作対象として，一見守られて遊んでいる子どもたちには，痛みや怖れや畏敬などによる受苦は少ない。しかし，広い空間を選択して遊ぶ子どもと違って狭い室内空間で衝動を発露すれば，衝突が起こり，玩具や場や友達の取り合いが起こる。その喧噪さは，室内であるだけにまわりの子どもたちにも影響するため，「順番に」「仲良く」「一緒に」「決まりです」といった言葉による社会的なルールが適用される。身体の受苦と違って，ここでは衝動を押さえ，問題を発生させないことを良しとする生の衝動に反する受苦，つまり精神的な受苦が待っている。大人のルールが適用されるので社会化が早く促進される反面，本当の意味での自由感は少ない。絶対無の場所は，ルールという社会の決まりが先入して，自由な自己判断の経験は遠のいていく。

③　意味－モノの概念化

　室内のモノはすでに意味をもっているものが多い。枯れ枝や丸太や葉っぱ，石や草などモノを自分流に物として使う屋外と違って，積み木は投げないで構成に使う，絵本は大切に見る，ブロックは散在させないで組み立てて遊ぶ，クレヨンで壁や床には描かない，椅子はひっくり返したり靴で乗ったりしないなど，ものの意味が先にある。その意味を伝達することが教師の指導になっているので，幼児の社会化は進展し，意味が固定化しない子どもより早く発達しているかにみえる。しかし，意味－モノとしての概念が先入した場合，ヴィゴツキーがいう発達の構造とは逆の作用が強化されるため，5歳児になると意味は固定化し，良いか悪いかといった二者択一の危機に遭遇する可能性がある。創造性や発想力，ひらめきといった感性は，社会的な意味によって覆われてしまい，多様性を生みだすことは困難である。

④　直観と観察眼

　直観力が秀でた幼児期に，直観で対象を捉えるより概念で対象を捉えることが先行すると，意味－モノと同様，真実から目をそらすことを教える危険がある。赤いものを問うとポスト，イチゴ，太陽，テントウムシと答える幼児と，イチゴは白い小さな実から薄桃色になり，下は赤く上は白かったというイチゴと自分の物語が語れる幼児では，体験が違う上，観察眼が異なる。太陽は赤と概念化している子どもより，曇り空に淡い白であったり，夕日は橙色であったり，天空では黄金色であったりと気象との関係で感じる色合いが違うはずである。風や雲の動きと皮膚感覚で天気を予想したり天空の色合いの変化を感じたりする感性と，座学による記号や絵によって得た概念形成では，関係性の中にある対象を観察する力や感じる力を減退させる。赤いものを20も30も連想できると，一見，知識が豊富なように思われるが，テントウムシも赤地に7星や黒を地に2星とするものもあるという真実を知る好奇心は生まれにくい。

　このように，大人が決めたプログラムは，大人のもっている意味を伝達する方向に作用しやすい。幼児の体内にもつ時間・空間は本来，宇宙とリズム

共振するものであるが，それが子どもの側ではなく大人の側にあるかぎり，幼児は教師に従うしかない。そこに教育の成果が生まれる一方，大宇宙と共振するリズムは意識内に押し込められるといえよう。遊びは自分の時間をどう使うかを決める自分がいての物語である。その物語を自分で紡ぐことが許容されないことによって，単発な言語，つながりのない経験といった要素を記憶していく危険がある。

(2) センス・オブ・ワンダーの意味

　幼稚園や保育所等の場所を，自然豊かにするといっても，所詮は人工的な自然で，学校という場所（トポス）がもつ環境的イメージを超えられない。それより本物の自然の中に子どもの生活をもっていくことを目指した実践が，徐々にではあるが世界を動かし始めている。世界中の子どもに「センス・オブ・ワンダー＝神秘さや不思議さに目をみはる感性」を授けてほしいと願うレイチェル・カーソンは「この感性は，やがて大人になるとやってくる倦怠と幻滅，わたしたちが自然という力の源泉から遠ざかること，つまらない人工的なものに夢中になることなどに対する，かわらぬ解毒剤になるのです」[1] として，「知る」ことは「感じる」ことの半分も重要ではないとする。「子どもたちがであう事実のひとつひとつが，やがて知識や知恵を生みだす種子だとしたら，さまざまな情緒やゆたかな感受性は，この種子をはぐくむ肥沃な土壌です。幼い子ども時代は，この土壌を耕すとき」[2] とするのである。感じる自己，欲する自己こそ，肥沃な土壌となっていくことがここでも語られている。

　橋詰は屋外でのハウスレス・キンダーガーデンを手本に，家なき幼稚園を構想したとされる。その原型は欧州の人々の生活にあったのではないかと思われる。なぜなら，ヨーロッパの人々は森で過ごす生活が日常にある。「森の民」と呼ばれるドイツ人は，帰宅後や週末，バカンスには家族で深い森を散策したり，乗馬を楽しんだり，湖で過ごしたりする。マウンテンバイクで森をサイクリングする家族も多い。国土の80％以上が平地や丘陵地帯，森林は5割を占める。牧場があり，森の中には素朴な喫茶店や子どもの遊園が

あり，野鳥や鹿，リスなどの動物も多い。春は新緑を楽しみ夏から秋はきのこやベリー採り，冬はそりなどで遊ぶ。のんびりと森の中で過ごす家族の育児には，橋詰が自宅で感じたような喧噪はない。それはドイツだけではない。筆者が見聞したデンマーク，オランダ，ルクセンブルクといった近隣国だけでなく，ルーマニアやブルガリアといった黒海沿岸地域にも及ぶ。スウェーデンでも伝統ある市民団体「野外生活推進協会」の設立が1892年と，人々は屋外での自然と共生する生活スタイルをつくってきたからである。

　日本人はもともと自然神を敬い，自然とともに生きてきた民族で，遊牧民とは異なるが，生活の基本は野外にあったのは欧州と変わらない。野外で家族が一緒に昼食をとり，休憩し，また午後の作業を継続する過程に育児があった。それが現代にどう引き継がれたかの国柄の違いであろう。

　1954年，デンマークで我が子を毎日近くの森に連れて行き遊んでいたエラ・フラタウに子どもを預けた周辺の親たちの自主運営によって，ヨーロッパで最初の「森の幼稚園」が誕生している。それはスカンジナビア半島に広がり，1965年には「森のムッレ教室」が生まれ，今日，その自然教育プログラムはスウェーデン人の5人に1人が体験しているといわれる。ドイツでは，1968年にウルスラ・スーベが有志の親たちと協力してドイツで最初の森の幼稚園を開園し，今日では各地に多数の森の幼稚園が活動している。1990年代の初めまでごくわずかで，世間にはほとんど知られていなかった森の幼稚園が，一躍，脚光を浴びるようになったのは，2人の幼稚園教師が1993年に公認の森の幼稚園を設立し，広報活動を展開してからといわれている。今日，森の幼稚園はドイツ全土で495（2010年）にのぼり[3]，五感を使った自然体験は，環境市民を育てる重要なプロセスとみなされ注目されている。一般の幼稚園でも週1回は森への散歩や乗馬を行っている。

　こうした森の幼稚園では，発達する意味と生きることの意味の統合を図っている。発見する，調べる，考える，表現するといった一連の興味の充足や，自己選択・自己決定・自己責任の体験，本物に出会い自然と共生する感覚，さらに問題を解決する，挑戦するといった能動性，遊びから文化を創造する

センスを磨き，他者を知り己を知る過程を身体内に蓄積する。園，親，地域社会，行政という広がりのある実践共同体が，この意義を共有しているのである。

1961年に設立された「International Playground Association」(国際遊び場協会）は，その後子どもの基本的人権として〈遊ぶ権利〉を保護し，維持し，促進しなければならないという考えのもとに名称が「International Play Association」(子どもの遊ぶ権利のための国際協会）に変わったが，略称は元のまま「IPA」を使い，世界的なネットワークを組んでいる。今では国連のUNESCO, ECOSOC, UNICEFの諮問組織として認定されて活動している。1977年には，国際児童年（1979年）に先立ち，「子どもの遊ぶ権利宣言」（マルタ宣言）がつくられた。子どもにとって遊びが本能的に湧き出る不可欠なものであることを訴え，社会が子どもの遊びに無関心なことを嘆き，子どもを囲い込んで大人と分離する傾向を改善すること，また戦争や暴力や搾取や破壊に晒されている子どもに目を向けること，スポーツで競争を強いる危険など多方面から課題を挙げる。そして，健康，教育，福祉，余暇の分野がそれぞれ，遊びの重要性を認識して恒久的な施策を行うとともに，〈居住環境の整備計画〉も挙げられている。それは，子どもの遊び場やそこへ通じる道を壊すような計画をする際は，子どもや若者がそれを決定する場に参加できるようにすること，新規の計画や再開発の際，子どもの身体や行動範囲を考慮すること，安全な歩道をつくったり，交通処理の方法を工夫したりして，子どもたちが町の中を容易に動き回れるようにすることなどである。

しかしマルタ宣言は，世田谷区に羽根木プレーパーク[4]を誕生させた以外，日本ではまったくといっていいほど省みられなかった。第二次世界大戦後，経済成長を最大目的として乱開発をしてきた中では，たかが子どもの遊びの時間，遊び場，遊び仲間が失われて遊びが衰退したからといって社会までもが病理を生み，活力を失うなど誰が想像したであろうか。

古代のように神遊びによって人間の活力を復活させる共同体があるわけでもなく，江戸時代のような生活即遊びといった心を満たす時間があるわけで

もない。ひたすら労働に駆り立てられ，追われて日常の生活が空洞化する現象が発生していても，今日ではそれを当たり前と感じる感覚がある。「相違」が浮かび上がるのは事象の「特殊性」が浮かび上がり記述されるときである。つまり，野山を駆けめぐって遊んだ筆者らが今という状況に時間を失った人間の特殊性をみても，今を生きる人々にはそれが当たり前の風景になっているわけで，昔が特殊ということになる。その相違にみられる特殊性が浮上するのは，バブル崩壊以降の子どもたちの生活リズムの不調，体力不足，精神的な不安定さ，コミュニケーション能力の欠如などにみられる生の欲求の希薄さ，大人の倫理観の欠如や自殺者数の増加といった社会的病理現象が顕著になってからである。

　そして，21世紀にはいって町という場所(トポス)や生きる時間，共同体という人のつながりに人々の目が向けられるようになってきた。パトスの知を失った社会の病理現象がいかに根深いものか。デカルトの「われ思う，ゆえにわれあり（コギト・エルゴ・スム）」とした近代の知は，意識的自我を自ら根拠づけることによって自立を目指したのであるが，そうはいかなかったという300年ほどの実験の結果を振り返る時が来たのだといえよう。人間という類が類を存続させていく基盤は，「我」ではなく，共同体，固有環境，無意識というパトスの知がロゴスの知を包摂する場所(トポス)の生活や遊びにあったのである。

　西田は，「我々の意識現象とは，無限なる関係の関係，形の形と云ってよい。形相と質料(ママ)との矛盾的自己同一として，世界が世界自身を形成する所，絶対現在が自己自身を決定する所に，生起する」とする。ゆえに「我々の意識作用は単に直線的ではなくして円環的」であり，それゆえに「直観的」「創造的である」とする。「真理の決定せられる所に，直観がなければならない。直観のない思惟は空虚であり，思惟のない直観は盲目的である」[5]と。

　ここが，屋内の人工的な玩具等に囲まれて遊ぶことが多い子どもと，こどもの森幼稚園や川和保育園，神谷保育園のように屋外の自然に囲まれた環境を生きる子どもとの経験内容の違い，換言すれば生活や遊びがもたらすパト

スの知と思惟の位相の違いが生まれるところである。対象がダイナミックに変化する自然の中で暮らす生活は，人間という自然（じねん）を自然と融合させていくことになる。直観とは「時を媒介とするのでなく，時を生むのである」。そして，創造とは円環的なるもの，場所的なるものが，自己自身の内に自己自身を形成する，自己自身を見ると云うことでなければならない」[6]からこそ，受苦や激情という働くものが自己自身を見せるのである。感じさせるのである。

　本来，人間は自然と共生するために受苦を日常としてきた。受苦が大きければ大きいほど，乗り越えていくパトスの知はロゴスの知とつながって大きな系となり，遊びもそれに付随してあった。森や林の生活における遊びは，自然（じねん）である人間が自然と共生し，内に働くものによって自然（じねん）を創発しながらパトスの知の系を拡大していくもので，生きる場所によって構成される知の枠組みが異なるのは当然である。西田のいうように己を知ることが人間の究極の目的であれば，自然に映して自然（じねん）である己を知ることである。それは人間だけの課題ではない。つながりの中を生きる動物のすべてが自然に己を映して生きていることを考えると，文化に自分を映しても生物としての己は見えないのである。

　幼児教育が，資源を消費し，文化を享受するだけのものであったなら，淡いパトスの知しか形成されまい。かといって豊穣なパトスの知を育てようとして，自然環境の代わりに大人が子どもに受苦を与える労働や課業などの環境を与えたのでは類の共感性は失せる。遊びがあっての文化創造であり，自然があっての己との出会いである。こどもの森幼稚園や川和保育園，神谷保育園を人間も含めたエコロジーの場所（トポス）として捉えれば，自然環境もそこに暮らす人間たちも，無意識に経験を成熟させる意識的な存在でいられる。つまり，園環境が無意識に人間の生を発展させ，磨き，機能させる場所（トポス）となって，大地に根を張って大きな知の系を構成しているといえよう。

2．パトスの知を形成する場所(トポス)の復活

幼年期にパトスの知を形成する場所(トポス)や生活を復活させるためには，学校および学校化した社会全体のありようを検討する必要がある。今日の環境学は，町や学校が人間でいられることを受け入れる空間づくりを目指すようになってはきたが，それはほんのわずかで，多くは経済効率第一の無機質な場所としてあるのは変わっていない。

(1) 幼児教育等の場所(トポス)が担う責任とは何か

小学校の校庭は，スポーツ（game）広場の機能はもっていても，遊び（play）を担う場所にはなっていない。また幼稚園や保育所も遊びを中心とした生活を掲げながらも，幼児が夢を実現するための身に迫る危険に対処しつつパトスの知の系を構成するような遊びが大切にされている環境とはいい難い。教師の配慮によって守られ，受苦が取り払われ援助される遊びがある生活である。親によっては保育料を払う以上，子どもの受苦を完全に抜き去ってサービスを提供してくれるほどよい園という認識をしている場合もある。教師や保育士が遊んでくれる，衣服を着替え食べさせてくれる，問題を解決してくれる，友だちをつくってくれる，バスで送迎してくれるなど，子どもたちがサービスを受ければ受けるほどパトスの知は衰退する方向に向かう。しかし，少子化による園児減で経営が困難になるに従い，保育界は同業者の競争を勝ち抜くための熾烈なサービスの闘いを始めた。子どもの製作品すら，保護者の満足が得られるように教師によって作られ，園の評価を上げるといったサービスが日常になっている。その最たるものが塾まがいの知育サービスで，子どもが生得的にもつパトスの知の系を自己拡大する前に，取り出された学問知が教授される状況にある。

パトスの知にロゴスの知を統一するのは，時間と自らの責任において活動できるエコロジカルな空間・環境と人間の行為によって得る純粋経験である。

かつて，学校が終わると子どもは家の仕事を手伝い，地域社会で遊ぶ生活の中で知の大きな系を形成してきた。今日の学校や幼児教育機関が，保護者に預かり時間をサービスすることによって子どもは長時間，施設の中に閉じこめられる。その教育機関・施設内でパトスの知を形成できるのであれば，預ける時間の長さはそれほどの問題とはならない。しかし実利を目的とした教育・保育機関は，もともと，子どもが遊びを充実させパトスの知を形成するという述語的状況をつくりだすには，困難が多い場所である。それは物理的環境も人的環境も「教育」という言葉を冠した善意によって覆われており，教師・保育士たちは善意としてのサービスがまさかパトスの知を剥奪しているとは夢にも思っていないからである。学校や幼稚園等が安易に放課後の遊びを引き受けて教師・保育士の手のうちで遊ばせているかぎり，保護という名のもとに受苦が回避された，形ばかりの遊びが展開される。大人の手のうちに子どもを管理する体制は，善意として行われるだけにやっかいなものである。保護者もまたそれを求めるといった二重構造の枷がはめられた中では，逸脱する勇気ももちにくい。当然，子どもたちは無気力になり社会自体も病んでいく。

　パトスの知を形成するうえでもっとも効果的な幼年期に，自然環境がない学校や幼児教育の機関は子どもを長時間囲い込んで，果たして将来にわたる責任を負うことができるのであろうか。パトスの知を形成できない環境に置かれた子どもが量産される時代は，ベンソンがいうように「青少年の犯罪やけんかや自己疎外や麻薬の常用」という危険と裏腹にある社会になることも，21世紀になって現実のものとして見えてきた。

(2) 日本人の美風の回復

　「わが日本 古より今に至るまで哲学なし」「哲学無き人民は，何事を為すも深遠の意なくして，浅薄を免れず」[7)]としたのは，中江兆民だが，遊びと幼児教育の歴史を様々な角度から紐解いてみると，浅薄な近代化の歪みが"生"の現象にも顕著に現れて，上滑りに流されてきたことを痛感する。中

村雄二郎は「誇りを持つとともにおのれにきびしかったかつての日本人の美風は，いったい何処へ行ったのであろうか。身についた哲学とは，なによりもそのような美風の回復に役立つものでなければならないであろう。そういう意味で，私たち日本人一人ひとりがいまやまさに〈正念場〉に立たされている」[8]とする。

　パトスの知の回復もまさに人間の生の正念場にあることを考えると，一つには腹を据えて，どんなに親が忙しかろうと幼稚園等の施設内に長時間，子どもを置かない試みに挑戦してみることである。ある親たちは，祖父母や近隣の人々による家庭保育を実現するだろう。ある親たちは，パトスの知を形成できる子どもの遊び場づくりを子どもと行政とともに企画して汗を流すだろう。またある親たちは，家業や生活を手伝わせてともに働くことを実践するだろう。そうした一人ひとりの親の意識が子どもに生活や遊びによるパトスの知を形成させ，将来に対する親の責任を全うすることになる。教師や保育士がどんなに長時間，施設内で子どもを見たところで，パトスの知を形成しそびれた子どもの将来に対する責任などもてるものではない。教育・保育という名に隠れて，責任をもてない分野まで請け負うことこそ罪である。

　ドイツでは朝が早い。6時には保育所が開き8時過ぎには学校や仕事が始まり，食べていない子どもは保育所や学校で朝食をとる。しかし午後1時には子どもが家庭に帰っていく。1～3時頃には親も帰ってきてレンガ塀の修理や庭の手入れ，料理の仕込みなどを子どもとともに行ったり，団欒や音楽などの趣味を楽しむ時間をもったりしている。親が帰ってくるまでの2～3時間ほど，地域社会にも音楽や演劇，手工芸といったサークル活動が用意されており，子どもは自発的に参加して親の干渉を受けることなく自分の生活をつくっていく。オーストラリアの幼稚園も，保育時間は半日で，それも保護者が月，水，金の3日とか，2日とかを選べるようになっている。主として保護者が我が子をパトスの知が形成できる環境において，経験を成熟させていく時間としている。家事や労作を手伝ったり，公共施設に行ったりして，子どもは親の働く姿を見て，自分が為すことを悟っていくのである。

日本でもかつて，子どもの時間，子どもの冒険の場，子どもが仕事に参加する共同体があった。戦中の学童疎開，敗戦直後の食糧難の時代ですら学校や幼稚園・保育所等の施設内に長時間子どもを置かなかったことを思えばできないことではない。家庭や共同体の仕事，伝承活動，子どもの冒険遊び場，労働体験の場，表現芸術の場などを創出する市民を行政が支える構造によって，この混沌の中から新しい環境が生まれてくるに違いない。

コンピュータ社会は，外在化できる記憶を機器が担うことを可能にし，人間の記憶をメモリー（記憶装置）によって代替した。そうなると記憶しておかなければならない知とは何かという問題が発生する。従来の学校知は，メモリーの記述の仕方を反復練習し刻印することを主としてきたが，それは機器が担うとすると，幼稚園や学校等で身につける知とはいったい何かという問いが生まれる。それは本稿がテーマとしてきたパトスの知によるロゴスの知の包摂という豊穣な知の形成である。中村は「ひとは経験によって学ぶ」意味のギリシャ語の言いまわしは「痛みを感じることがものを学ぶことだ」という意味になるという。つまり「行為がその人の真の経験になるためには，否応なしにそれが自分の身につくような痛みを感じなければならないし，痛みを感じれば，忘れようと思っても，忘れられるものではない」[9]。無理に覚えなくても想起的記憶（表象的記憶）は本性にしたがって過去を蓄積する。「精神はその栄養源である知覚から物質を借り，その自由を刻印した運動の姿で物質に返すのである」[10]とベルグソンがいうように，"精神は知覚の現象から身体を借りて自由を刻印した受苦の知として運動の姿で身体に返す"から，強い刻印が潜在的に記憶として残るわけで，教育・保育はそれを担うという知の転換が必要になる。

そのためには，想起的記憶としての物語が生まれる時間と行為による刻印がなされる時間的・空間的環境が，学校空間に求められる。

対策の二つめとして，乳児期から学童期の放課後の遊びを幼稚園や保育所，学校が担うのであれば，その近接地をエコロジカルな冒険遊び場に変えるしかない。

スウェーデンやフィンランドのブレイグランドや世田谷区の冒険遊び場，こどもの森，川和保育園や神谷保育園がそうであるように，そこには子どもの自由と責任があり，大人の手を必要とするときはいつでも相談にのってくれるリーダーがいる。こうした場所(トポス)で遊びが伝承され，地域社会を担う子どもが育つ土壌となっていく。また，この時間に関与できない親たちは，経済的な支援をし，整備のための労力を提供して子どもの遊び場を支えていく。学校の近隣環境がエコロジー・トートロジー（結び合わせているもの）としてあることが，立地条件になるような環境の再構築である。

少なくとも1小学校区に1施設以上，こうした子どもの時間を保障し，共感性を培う環境があることが求められよう。子ども園が増設され，幼稚園の預かり保育が8割（2012年，私立94.2％，公立59.7％；文部科学省「平成24年度幼児教育実態調査」p.23）を超えたということは，学童の放課後の居場所が大きな課題となっているということである。今日，学童保育児の急増によって，遊び場もない狭い空間に子どもが溢れている。夏期，冬期などの小学校の休業期間には，行くところのない子どもたちが芋を洗うような状態でひしめいて，いざこざ，けんか，物の破壊，虚無といった時間を過ごしている。10歳といったら腹が据わり精神が動じないだけのパトスの知がロゴスの知を統一している時期であるはずが，子どもたちは満たされない本能をもて余しているのである。校庭開放，園庭開放という程度の開放策では，子どもの飛翔の欲求は満たされまい。

(3) 地域社会が学校を包摂する崇高な理念

地域社会で異世代の人々と交わりながら自由に遊び，労作を手伝い，エコ環境を学び，共同して町づくりに参画する生活が，近代学校が描いた新教育運動の本質であったはずである。町や村の道普請や農作物の収穫の手伝い，それぞれの土地の伝統的な染め織物づくり，伝承芸能の稽古など，それらも子どもにとっては遊びであり労作の手伝いであって，社会が子ども期を大人と分断しなければ，パトスの知を形成する場は学校以外のどこにでもあり，

また学校もその一部になる。

　日本にまだ学校がない時代，国家制度を考えた幕末の佐藤信淵[11]は，古代中国の周唐以来の士農工商制では万民に行き届かないとして新たに「草，樹，礦（鉱），匠，賈，傭，舟，漁」の八つの職業に区分し，これを本事府（農業），開物府（鉱業・林業），製造府（工業），融通府（商業），陸軍府，水軍府の六府によって管轄する構想を描いた。そして，「一民に一業を賜」わるとし，二万石有余の土地に一小学校を建て，近傍の村々に各教育所を建てて童子および衆民を教育すると考えた。そして学校の門前に融通府，製造府，水軍府等の官署と，農家，樹家，礦（鉱）家以外の五民を置いて商民は毎日田舎を巡行して交易をする。また小学校の配下の近隣の村々に，廣済館，療病館，慈育館，遊児廠，教育所を建てて童子および衆民を教育すると考えた。遊児廠は小児が遊楽する堂で，偏土では高一万石（1石＝一反＝およそ1000 m² 前後）に20か所程度あるとよいとする。衣類，穀物すべて官が担い，ここに通ってくる子どもは4,5歳〜7歳（数え）までで，慈育館からくる子どもだけでなく一般家庭の子どもも遊ばせることができるとするものである。教育所は8歳以上の子どもの読み書きの場であり村民の学びの場や祭事の場であり，裁判の場である。祭事には酒肴が設けられて村民が酒を飲み歓呼歌舞して楽しみを尽くす場所として構想されている。つまり，教育所は，村のすべてを執り行う場所であり，8歳以上の子どもの読み書きが行われるのはその一部分にしかすぎないという構想である。

　学校等が，学習だけでなく学童保育と遊び機能を兼ね備えている図式に近いように思われるだろうが，学校が社会機能の不足を補うのではなく，1石という広さ＝米の収穫量に見合った村民・市民のための遊び場や教育所が，読み書きというリテラシーの伝達を担って，学びが全体の中の部分に組み込まれているという国家構想である。つまり，結びつきのある場所（トポス）での生活があってこそ，パトスの知が"地"となって"図"である学問知と融合する構造になるような，共同体のありようといえよう。

　今日の学校は，子どもの知の枠組みを拡大するために，農業や漁業体験，

職場体験，街の探検といった様々なカリキュラムを組んで体験学習を取り入れている。これらは本来，社会が率先することであって，学校が行えば行うほど自発する環境が用意されるのではなく教師によって活動が用意され与えられる。それにより子どもは，内から感じるのではなく，感じることを教えられるというおかしな現象に見舞われる。

対策の三つめとして，どんなに学校が社会とつながろうとしても部分である学問知の場所(トポス)が全体であるパトスの知の場所(トポス)を包み込むことはできない。むしろ，パトスの知が科学知や学問知をも包摂する大きな系であるように，社会が学校という場所(トポス)を包み込む構造に転換していくことが自然であろう。

それによって，大人と子どもを区分し子どもを支配下に置いてきた社会が，つながりの社会へと転換する。それをつなぐものの一つとして遊びがある。なれあいの「裸の王様」状態であった大人社会が子どもの眼によって注視され，是正され，大人に恥を自覚化させるとともに，子どもにも真の品格，崇高とは何かを学ぶ機会を与えることになるだろう。

中村が「人類社会の業ともいうべき諸問題，人間を脅かす難問が次々に襲いかかってきている。そうしたなかで〈崇高〉は，それらに対して立ち向かうための，たしかな拠り所になるだろう」[12]というように，社会変革のもっとも強力な武器は「崇高」かもしれない。その崇高について中村はカントの『判断力批判』から，重要なものとして次の3つをとり上げた[13]。

- 美がすぐれて形式（かたち，形態）にかかわるのに対して，崇高は，形式をもたない無限定性がその特徴であり，
- 崇高の感情は，「対象への反発をとおし，不快を介してのみ得られる」ものであり，
- 「熱情や無感動のようなもの」も理念や理性と結びついた心の高揚や満足感を与えるので，やはり崇高の感情に属する

というように，当たり前となった常識を問い直すのは直観である。直観が

判断停止(エポケー)をして真を浮き上がらせるその根底には，この〈崇高〉があるに違いないと思うのである。

【引用・参考文献】

〈第1部第1章 § 1〉
(1) J. ホイジンガ／里見元一郎訳『ホモ・ルーデンス』河出書房新社，1974，p.14
(2) 中村雄二郎『臨床の知とは何か』岩波書店，1992，p.9
(3) 中村雄二郎『術語集—気になることば』岩波書店，1984，pp.148-149
　　　アリストテレス／山本光雄編／出隆訳「形而上学8巻」『アリストテレス全集』岩波書店，1968，pp.270-288
(4) 中村雄二郎 前掲書（3），pp.187-188
(5) アンリ・ベルグソン／田島節夫訳『物質と記憶』白水社，1999，pp.178-183
(6) 中村雄二郎『問題群』岩波書店，1988，p.2
(7) R. カイヨワ／清水幾太郎・霧生和夫訳『遊びと人間』岩波書店，1970，p.55
(8) 中村雄二郎 前掲書（2），p.9
(9) 木田元編著『ハイデガー「存在と時間」の構築』岩波書店，2006，p.40
(10) ハイデッガー／溝口競一・松本長彦・杉野祥一・セヴェリン・ミュラー訳「現象学の根本諸問題」『ハイデッガー全集第24巻』創文社，2001，p.5
(11) 同上，p.6
(12) 磯部裕子・青木久子『脱学校化社会の教育学』萌文書林，2009，p.92
(13) ハイデッガー 前掲書（10），p.7
(14) 同上，p.8
(15) 同上，p.28
(16) ハイデガー／桑木務訳『存在と時間 中』岩波書店，1961，p.18
(17) エドモント・フッサール／細谷恒夫・木田元訳『ヨーロッパ諸学の危機と超越論的現象学』中央公論社，1995，p.383
(18) 同上，p.94
(19) 同上，p.61
(20) 同上，p.61
(21) 同上，p.62
(22) 同上，p.89
(23) 同上，p.93
(24) 同上，p.288
(25) 同上，p.235

(26) 同上, p.108
(27) 同上, p.144
(28) 同上, p.145
(29) 同上, pp.178-179
(30) 同上, p.475
(31) 同上, p.273
(32) 三木清『三木清全集第11巻』岩波書店, 1967, p.183
(33) 三木清『三木清全集第19巻』岩波書店, 1968, p.582
(34) M. メルロ＝ポンティ／滝浦静雄・木田元訳『行動の構造』みすず書房, 1964, p.276
(35) M. メルロー＝ポンティ／竹内芳郎・小木貞孝訳『知覚の現象学1』みすず書房, 1967, p.176
(36) M. メルロー＝ポンティ／竹内芳郎・木田元・宮本忠雄訳『知覚の現象学2』みすず書房, 1974, p.47
(37) M. メルロー＝ポンティ 前掲書 (35), p.235
(38) M. メルロー＝ポンティ 前掲書 (36), p.55
(39) 市川浩著・中村雄二郎編『身体論集成』岩波書店, 2001, p.9
(40) 同上, p.9
(41) 同上, p.10
(42) 同上, p.11
(43) 同上, p.13
(44) 西田幾多郎「働くものから見るものへ」西田幾多郎著・安倍能成ほか編『西田幾多郎全集第4巻』岩波書店, 1965
(45) 佐々木正人『アフォーダンス―新しい認知の理論』岩波書店, 1994, p.81
(46) 市川浩著・中村雄二郎編『身体論集成』岩波書店, 2001, p.129
(47) 同上, pp.130-131
(48) 栗本慎一郎・養老孟司・澤口俊之・立川健二『脳がわかれば世の中がわかる』光文社, 2004, p.77
(49) J.J. ギブソン／佐々木正人・古山宣洋・三嶋博之訳監訳『生態学的知覚システム』東京大学出版会, 2011, p.57
(50) 中村雄二郎『かたちのオディッセイ』岩波書店, 1991, p.4
(51) 同上, pp.205-206
(52) 同上, p.212
(53) 同上, pp.212-213

(54) 同上，p.213
(55) 小林宗作「総合リズム教育概論；幼な児の為のリズムと教育」岡田正章監修『大正・昭和保育文献集第4巻』日本らいぶらり，1978，p.220
(56) 梅原猛『空海の思想について』講談社，1980，pp.77-78
(57) オクタビオ・パス／牛島信明訳『弓と竪琴』国書刊行会，1980，p.75
(58) 市川浩 前掲書（46），p.11

〈第1部第1章 § 2〉
（1）貝原益軒著・石川謙校訂『養生訓・和俗童子訓』岩波書店，1961，p.243
（2）森有正『生きることと考えること』講談社，1970，pp.53-55
（3）同上，p.109
（4）同上，p.49
（5）西田幾多郎『善の研究』岩波書店，1950，pp.23-24
（6）同上，p.30
（7）同上，p.153
（8）同上，p.15
（9）同上，p.24
（10）同上，p.22
（11）同上，p.41
（12）西田幾多郎「自覚について」『西田幾多郎キーワード論集：エッセンシャル・ニシダ 即の巻』書肆心水，2007，p.80

〈第1部第2章〉
（1）高野潤『インカを歩く』岩波書店，2001
（2）ペドロ・ピサロ，オカンポ，アリアーガ／旦敬介・増田義郎訳注「ペルー王国史：ペルー王国の発見と征服」『大航海時代叢書第2期16』岩波書店，1984
（3）臼田甚五郎・新間進一・外村南都子・徳江元正校注訳「神楽歌・催馬楽・梁塵秘抄・閑吟集」『新編日本古典文学全集42』小学館，2000
　　武田祐吉編『神楽歌・催馬楽』岩波書店，1935，pp.74-76
（4）五来重『踊り念仏』平凡社，1998
（5）同上，p.223
（6）同上，p.226
（7）アイヌ民族博物館編『アイヌの歴史と文化』アイヌ民族博物館，1994

北海道教育庁生涯学習部文化課編『アイヌ古式舞踊調査報告書』北海道文化財保護協会，1992
(8) 大月書店編集部編『猿が人間になるについての労働の役割：他10篇』大月書店，1965，p.20
(9) 増川宏一『遊戯―その歴史と研究の歩み』法政大学出版局，2006，p.8
(10) 酒井欣『日本遊戯史』建設社，1933
(11) 臼田甚五郎・新間進一・外村南都子・徳江元正校注訳 前掲書（3）
(12) 同上，p.281
(13) 綛野和子『日本文化の源流をたずねて』慶應義塾大学出版会，2000
(14) 喜多村筠庭著／長谷川強・江本裕・渡辺守邦・岡雅彦・花田富二男・石川了校訂『嬉遊笑覧（一）』岩波書店，2002，p.322
(15) 喜田川守貞／高橋雅夫編著『守貞謾稿圖版集成』雄山閣，2002
参考：喜田川守貞著・宇佐美英機校訂『近世風俗志（守貞謾稿）（一）〜（五）』岩波書店，1996〜2002
(16) 喜田川守貞著・宇佐美英機校訂『近世風俗志（守貞謾稿）（二）』岩波書店，1997，p.369
(17) 同上，p.197
(18) 同上，p.77
(19) 喜田川守貞著・宇佐美英機校訂『近世風俗志（守貞謾稿）（五）』岩波書店，1996，p.81
(20) 同上，p.84
(21) J.ホイジンガ／里見元一郎訳『ホモ・ルーデンス』河出書房新社，1974，p.66
(22) 喜多村筠庭著／長谷川強・江本裕・渡辺守邦・岡雅彦・花田富二男・石川了校訂『嬉遊笑覧（三）』岩波書店，2004，p.261
(23) 同上，p.261
(24) 滝川政次郎『遊行女婦・遊女・傀儡女―江口，神崎の遊里』至文堂，1965
(25) J.ホイジンガ 前掲書（21），p.1
(26) 同上，p.14
(27) 世阿彌作／野上豊一郎・西尾實校訂『風姿花傳』岩波書店，1958，p.69
(28) 同上，p.23
(29) 同上，p.97
(30) 白洲正子『世阿弥―花と幽玄の世界』講談社，1996，p.94
(31) 世阿彌 前掲書（27），p.54

(32) 同上，p.104
(33) 久松潜一・西尾實校注『歌論集・能楽論集（世阿弥「花鏡」日本古典文學大系65）』岩波書店，1961，p.319
(34) 世阿彌 前掲書（27），p.85
(35) 岡倉天心著・桶谷秀昭訳『英文収録 茶の本』講談社，1994
(36) 同上，p.14
(37) 同上，p.26
(38) 同上，p.35
(39) 新田一郎『相撲の歴史』山川出版社，1994，p.47
 岩本活東子編「相撲伝書」『燕石十種第5巻』中央公論社，1980

〈第1部第3章 §1〉
（1）ジャック・アンリオ／佐藤信夫訳『遊び』白水社，1974，p.47
（2）柳田國男「子ども風土記」『柳田國男全集第12巻』筑摩書房，1998，pp.368-369
（3）酒井欣『日本遊戯史』建設社，1933，pp.17-18
（4）小高吉三郎『日本の遊戯』羽田書店，1943
（5）臼田甚五郎・新間進一・外村南都子・徳江元正校注訳「神楽歌・催馬楽・梁塵秘抄・閑吟集」『新編日本古典文学全集42』小学館，2000，p.295
（6）本城屋勝『わらべうた研究ノート』無明舎出版，1982，p.34
（7）小泉文夫編『わらべうたの研究―共同研究の方法論と東京のわらべうたの調査報告』わらべうたの研究刊行会，1969
（8）本城屋勝 前掲書（6），pp.40-88
（9）柳田國男 前掲書（2），p.408
（10）喜田川守貞著・宇佐美英機校訂『近世風俗志（守貞謾稿）（四）』岩波書店，2001，p.316
（11）R.カイヨワ／清水幾太郎・霧生和夫訳『遊びと人間』岩波書店，1970，p.85
（12）多田道太郎『遊びと日本人』筑摩書房，1974，p.155
（13）山住正己・中江和恵編注「小児必用養育草」（香月牛山）『子育ての書1』平凡社，1976，p.357
（14）日本保育学会編『幼児保育百年の歩み』ぎょうせい，1981
（15）ジャック・アンリオ 前掲書（1），p.159
（16）上笙一郎『日本子育て物語―育児の社会史』筑摩書房，1991
（17）柳田國男 前掲書（2），p.401

(18) 式亭三馬著・中村通夫校注「浮世風呂」『日本古典文學大系第63』岩波書店，1957，p.139
(19) 西村清和『遊びの現象学』勁草書房，1989，p.249
(20) E.H.エリクソン／近藤邦夫訳『玩具と理性―経験の儀式化の諸段階』みすず書房，1981，p.43
(21) ヴィゴツキー，レオンチェフ，エリコニン他／神谷栄司訳『ごっこ遊びの世界―虚構場面の創造と乳幼児の発達』法政出版，1989，pp.235-252
(22) 青木久子ほか「幼稚園における遊びの指導の在り方に関する研究」東京都立教育研究所紀要第33号，1989
(23) 青木久子・磯部裕子『脱学校化社会の教育学』萌文書林，2009，p.181
(24) ヴィゴツキー，レオンチェフ，エリコニン他 前掲書（21），p.250
(25) 同上，p.252
(26) 清水満・小松和彦・松本健義『表現芸術の世界』萌文書林，p.133
(27) 同上，p.119
(28) 同上，p.121
(29) 多田道太郎 前掲書（12），p.226
(30) 奥田勲・表章・堀切実・復本一郎校注訳「連歌論集・能楽論集・俳論集」『新編日本古典文学全集88』小学館，2001，p.513，p.575
(31) 槌田満文編『明治東京歳時記』青蛙房，1968
(32) 同上，p.49
(33) 同上，p.85
(34) 同上，p.118
(35) 厚生労働省『第6回21世紀出生児縦断調査』2007
(36) 無着成恭編『山びこ学校』岩波書店，1995，p.51
(37) 同上，pp.135-136
(38) 同上，pp.157-158

〈第1部第3章 § 2〉
（1） 青木久子『教育臨床への挑戦』萌文書林，2007，pp.22-44
（2） フレーベル／岩崎次男訳「人間の教育Ⅰ」梅根悟，勝田守一監修『世界教育学選集9』明治図書出版，1960，p.50
（3） 山田敏『遊び論研究―遊びを基盤とする幼児教育方法理論形成のための基礎的研究』風間書房，1994

（ 4 ）井口阿くり・可兒德・川瀬元九郎・髙島平三郎・坪井玄道『体育之理論及實際』國光社，1906，pp.335-346
（ 5 ）貝原益軒著・石川謙校訂『養生訓・和俗童子訓』岩波書店，1961，p.216
（ 6 ）和田實「拙著幼兒教育法に関する批評に就いて」フレーベル會編『婦人と子ども』第 9 巻第 9 号，フレーベル會，1909，p.17
（ 7 ）ジャック・アンリオ／佐藤信夫訳『遊び』白水社，1974，p.60
（ 8 ）J. ホイジンガ／里見元一郎訳『ホモ・ルーデンス』河出書房新社，1974，pp.21-27
（ 9 ）和田實「実験保育学」岡田正章監修『大正・昭和保育文献集第 10 巻』日本らいぶらり，1978，pp.76-82
（10）M.J. エリス／森楙・大塚忠剛・田中亨胤訳『人間はなぜ遊ぶか』黎明書房，1977，p.199
（11）デューイ／宮原誠一訳『学校と社会』岩波書店，1957，p.48
（12）中村五六・和田實合著『幼兒教育法』岡田正章監修『明治保育文献集第 9 巻』日本らいぶらり，1977，p.160
（13）ヴィゴツキー，レオンチェフ，エリコニン他／神谷栄司訳『ごっこ遊びの世界―虚構場面の創造と乳幼児の発達』法政出版，1989，p.30
（14）中村五六・和田實合著 前掲書（12），p.161
（15）ジャン・ピアジェ／大伴茂訳『遊びの心理学―幼児心理学第 2』黎明書房，1967，p.12
（16）増川宏一『遊戯―その歴史と研究の歩み』法政大学出版局，2006
（17）エドムント・フッサール／細谷恒夫・木田元訳『ヨーロッパ諸学の危機と超越論的現象学』中央公論社，1995，p.92
（18）中村五六・和田實合著『幼兒教育法』学校法人和田実学園，2007，p.137
（19）同上，pp.131-132
（20）倉橋惣三「就学前教育」『倉橋惣三選集第 3 巻』フレーベル館，1965，pp.381-445
（21）山田敏 前掲書（ 3 ），pp.73-75
（22）倉橋惣三「玩具教育篇」岡田正章監修『大正・昭和保育文献集第 8 巻』日本らいぶらり，1978，pp.193-195
（23）同上，pp.181-380

〈第 2 部第 1 章〉
（ 1 ）ベネッセ教育総合研究所「第 2 回放課後の生活時間調査」，2013
（ 2 ）武藤盈写真・須藤功聞き書き『写真で綴る昭和 30 年代農山村の暮らし』農山漁村

文化協会，2003，pp.20-21
（3）小川博久「『遊び』の『伝承』における教育機能と近代学校における教育機能（教授—学習過程）の異質性—伝承芸能の内弟子制度における意図的『伝承』との比較を通して」『教育方法学研究第10集』筑波大学，1993，pp.15-31
（4）小川博久「日本子ども社会学会第13回大会資料『遊び』構成論の構築に向けての試論」2006
（5）堂本真実子「子育て実践共同体としての『公園』の構造について—『正統的周辺参加』論による分析を通して」『子ども社会研究14号』，日本子ども社会学会，2008，pp.75-90
（6）小川博久，菊池里映「保育における幼児の遊び理解のあり方—集団の遊び文化をどう記録するか」『児童学研究：聖徳大学児童学研究紀要第8号』聖徳大学，2006，p.95
（7）倉橋惣三『幼稚園真諦』フレーベル館，1976
（8）S.D.ハロウェイ／高橋登・南雅彦・砂上史子訳『ヨウチエン—日本の幼児教育，その多様性と変化』北大路書房，2004
（9）小川博久「子どもの遊び論の戦後の展開の特色～子どもの遊び論の観念性を生み出した要因をめぐって～」『教育方法学研究』第15集，東京教育大学教育方法談話会，2006，pp.19-41
（10）同上
（11）文部省編『幼稚園教育要領解説』フレーベル館，1999，pp.28-29
（12）同上，p.16
（13）同上，p.23
（14）戸田雅美『保育をデザインする』フレーベル館，2004
（15）山田敏『遊び論研究』風間書房，1994
（16）同上，pp.4-5
（17）矢野智司『意味が躍動する生とは何か』世織書房，2006，p.117
（18）津守真『保育の体験と思索』大日本図書，1980，p.4
（19）文部科学省『幼稚園教育要領』フレーベル館，2008，p.14

〈第2部第2章〉
（1）文部科学省『幼稚園教育要領』2000，厚生労働省『保育所保育指針』2000
（2）「World Declaration about the right and the joy to learning through Play」「OMEPニューズ」（Vol.43 No.2 2010.11　OMEP日本委員会事務局）

（3）阿部彩『子どもの貧困―日本の不公平を考える』岩波書店，2008
（4）小川博久『保育援助論』萌文書林，2010
（5）杉原隆・森司朗・吉田伊津美・近藤充夫「2002年の全国調査からみた幼児の運動能力」『体育の科学』，第54巻第2号，杏林書院，2004，pp.161-170
（6）鳥取大学地域学部すくすくコホート鳥取「日本の子どもの発達コホート研究」2010
（7）矢野智司「生命原理としての遊びと保育の課題」日本保育学会会報第140号，2008，p.2
（8）Lave,J. & Wenger,E., (1991) *Situated learning Legitimate peripheral participation*, Cambridge University Press.
（9）同上，p.14
（10）同上，p.49
（11）同上，p.53
（12）髙木光太郎「正統的周辺参加論におけるアイデンティティ構築概念の拡張―実践共同体間移動を視野に入れた学習論のために―」『東京学芸大学海外子女教育センター研究紀要第10集』東京学芸大学，1999，p.4
（13）Lave, J. & Wenger, E. 前掲書（8），p.40
（14）同上，p.40
（15）倉橋惣三『幼児の心理と教育』1931，p.70
（16）Lave, J. & Wenger, E. 前掲書（8），p.50
（17）小川博久「『遊び』の『伝承』における教育機能と近代学校における教育機能（教授―学習過程）の異質性―伝承芸能の内弟子制度における意図的『伝承』との比較を通して」『教育方法学研究第10集』筑波大学，1993，pp.15-31
（18）Lave, J. & Wenger, E. 前掲書（8），p.85
（19）オフィシハル製作『わこう村　和光保育園の子どもたち―子どもが主役のコミュニティ保育―』2014（DVDは，小学館『新・幼児と保育』2014年6/7月号に特別付録として添付）
（20）小川博久『遊び保育論』萌文書林，2010
（21）Lave, J. & Wenger, E. 前掲書（8），p.78

〈第2部第3章〉
（1）大宮勇雄「日本保育学会課題研究委員会提出資料」2013
（2）日本保育学会課題研究委員会第64回大会課題研究委員会企画シンポジウム報告

「質の高い遊びとは何か？」『保育学研究』第 49 巻 3 号，日本保育学会，2011，pp.291-300
（ 3 ）小川純生「遊び概念―面白さの根拠―」『東洋大学経営研究所論集』第 26 号，東洋大学経営研究所，2003，pp.99-119
（ 4 ）M.チクセントミハイ／今村浩明訳『フロー体験　喜びの現象学』世界思想社，1996，p.8
（ 5 ）河邉貴子「子供が生み出す遊びの面白さ」『幼稚園じほう』全国国公立幼稚園長会，1996 において掲載した事例を改編
（ 6 ）西村清和『遊びの現象学』勁草書房，1989
（ 7 ）福島真人「解説　認知という実践―『状況的学習』への正統的で周辺的なコメンタール」ジーン・レイブ，エティエンヌ・ウェンガー／佐伯胖訳『状況に埋め込まれた学習』産業図書，1993，p.156
（ 8 ）菊池里映「保育場面において遊びを捉える保育者のまなざし―"遊び集団を捉える"ことを困難にしているものは何か」『教育方法学研究　日本教育方法学会紀要第 31 巻』日本教育方法学会，2006，pp.25-36
（ 9 ）G.H.ミード／船津衛・徳川直人編訳『社会的自我』恒星社厚生閣，1991，p.9
(10) 大宮勇雄『学びの物語の保育実践』ひとなる書房，2010，p.120
(11) 河邉貴子「子供が生み出す遊びの面白さ」『幼稚園じほう』全国国公立幼稚園長会，1996，において掲載した事例を改編
(12) 例えば以下の 3 点など
　　福田秀子・無藤隆・向山陽子「園舎の改善を通しての保育実践の変容Ⅰ～研究者と保育者によるアクションリサーチの試み」『保育学研究』38 (2)，日本保育学会，2000，pp.87-95
　　石倉卓子「幼児の育ちに必要な園庭環境の検討～表現行為を可能にする自然材と道具の関係性～」『保育学研究』50 (3)，日本保育学会，2012，pp.18-28
　　高田憲治「自然と触れ合う環境づくりの実践と課題～子どもと自然と保育者の動的・相対的な実践研究～」『保育学研究』41 (2)，日本保育学会，2003，pp.93-103
(13) 河邉貴子『保育記録の機能と役割』聖公会出版，2013，pp.175-205
(14) 河邉貴子「指導と評価に生かす保育記録の在り方」文部科学省『初等教育資料 10 月号』東洋館出版社，2014，p.94

〈第 3 部第 1 章〉
（ 1 ）矢野智司『幼児理解の現象学』萌文書林，2014

(2) モーリス・メルロ＝ポンティ著／クロード・ルフォール編／中島盛夫監訳／伊藤泰雄・岩見徳夫・重野豊隆訳『見えるものと見えざるもの』法政大学出版局，1994，p.226
(3) 村上隆夫『メルロ＝ポンティ』清水書院，1992，p.188
(4) 中村雄二郎『臨床の知とは何か』岩波書店，1992，p.106
(5) グレゴリー・ベイトソン／佐藤良明訳『精神と自然―生きた世界の認識論』思索社，1982，p.17
(6) 中村雄二郎 前掲書（ 4 ），p.107
(7) M. メルロ＝ポンティ／竹内芳郎・小木貞孝訳『知覚の現象学 1 』みすず書房，1967，p.323
(8) M. メルロ＝ポンティ／朝比奈誼ほか共訳「間接的言語と沈黙の声」M. メルロ＝ポンティ／木田元編『メルロ＝ポンティ・コレクション 4 』みすず書房，2002，p.38
(9) 村上隆夫 前掲書（ 3 ），pp.140-141
(10) M. メルロ＝ポンティ 前掲書（ 8 ），pp.49-50
(11) 西田幾多郎「永遠の今の自己限定」『西田幾多郎キーワード論集：エッセンシャル・ニシダ 即の巻』書肆心水，2007，p.368
(12) 同上，p.373
(13) M. メルロ＝ポンティ 前掲書（ 2 ），p.190
(14) 同上，p.191
(15) ミヒャエル・エンデ／大島かおり訳『モモ』岩波書店，1976，p.211
(16) 良寛作／谷川敏朗著『校注 良寛全詩集』春秋社，2007，p.240
(17) 東基吉「幼稚園保育法」岡田正章監修『明治保育文献集第 7 巻』日本らいぶらり，1977，pp.204-205
(18) 同上，p.286
(19) 同上，p.287
(20) 橋詰良一「家なき幼稚園の主張と実際」岡田正章監修『大正・昭和保育文献集第 5 巻』日本らいぶらり，1978，pp.25-26
(21) 同上，p.15
(22) 同上，pp.26-27
(23) 同上，pp.28-29
(24) フレーベル／岩崎次男訳『人間の教育 1 』明治図書出版，1960，p.10
(25) 橋詰良一 前掲書（20），p.75
(26) 同上，p.76

(27) 同上，pp.97-98
(28) 上笙一郎・山崎朋子『日本の幼稚園』理論社，1965，pp.108-109
(29) 橋詰良一 前掲書（20），p.77
(30) 同上，p.97
(31) 同上，p.218
(32) 同上，p.197
(33) 東京女子高等師範学校附属幼稚園編・日本幼稚園協会発行「系統的保育案の実際」岡田正章監修『大正・昭和保育文献集第6巻』日本らいぶらり，1978，p.4
(34) 同上，p.329
(35) 中村五六・和田實 合著「幼児教育法」岡田正章監修『明治保育文献集第9巻』日本らいぶらり，1977，p.158
(36) 同上，pp.307-334
(37) 松本市立松本幼稚園百年誌刊行会編『松本市立松本幼稚園百年誌』松本市立松本幼稚園，1987
(38) 文部省「保育要領」民秋言編『幼稚園教育要領・保育所保育指針の成立と変遷』萌文書林，2008，p.38
(39) 同上，p.43
(40) 全国幼稚園施設協議会編『幼稚園のつくり方と設置基準の解説』フレーベル館，1957，pp.22-23
(41) 同上，pp.23-24
(42) 小川博久『遊び保育論』萌文書林，2010，p.93
(43) 文部省『小学校指導書 生活編』1989，p.15
(44) 東京都立教育研究所・生活科委員会「生活科の授業の創造に関する基礎的研究 生活科研究報告書」1989
(45) 稲垣忠彦『総合学習を創る』岩波書店，2000，pp.72-73
(46) 文部科学省「幼稚園施設整備指針」2010
(47) 東基吉 前掲書（17），p.287
(48) 文部省「保育要領」民秋言編『幼稚園教育要領・保育所保育指針の成立と変遷』萌文書林，2008，p.33
(49) 青木久子ほか「環境の諸条件と教育の内容・方法に関する研究」『都立教育研究所5教研-16』1994-1995，pp.11-12
(50) E.H.エリクソン／仁科弥生訳『幼児期と社会1』みすず書房，1977，p.327
(51) 東京都立教育研究所幼児教育研究部「平成元年度幼稚園における遊びの指導の在

り方に関する研究―イメージを実現する遊びを通して―」東京都立教育研究所，1990

〈第3部第2章 § 1〉
（1） グレゴリー・ベイトソン／佐藤良明訳『精神と自然―生きた世界の認識論』思索社，1982, p.24
（2） 同上，p.181
（3） 同上，p.24
（4） イディス・コップ／黒坂三和子・滝川秀子訳『イマジネーションの生態学―子供時代における自然との詩的共感』思索社，1986, p.80
（5） 同上，pp.155-156
（6） 同上，p.209
（7） 同上，p.29
（8） アービット・ベンソン／大村虔一・大村璋子訳『新しい遊び場』鹿島出版会，1974, p.11
（9） 羽根木プレーパークの会編『冒険遊び場がやってきた！』晶文社，1987
（10） 天野秀昭『子どもはおとなの育ての親』ゆじょんと，2002, p.70
（11） 同上，p.56
（12） 天野秀昭『よみがえる子どもの輝く笑顔』すばる舎，2011, p.58
（13） ルネ・デュボス／野島徳吉・遠藤三喜子訳『人間であるために』紀伊國屋書店，1970, p.206
（14） 同上，p.208
（15） 内田幸一『長ぐつをはいた天使たち』銀河書房，1991, p.146
（16） M. メルロ＝ポンティ／木田元・滝浦静雄訳「幼児の対人関係」M. メルロ＝ポンティ著／木田元編『メルロ＝ポンティ・コレクション 3』みすず書房，2001
（17） オクタビオ・パス／牛島信明訳『弓と竪琴』国書刊行会，1990, p.72
（18） レイチェル・カーソン／上遠恵子訳・森本二太郎写真『センス・オブ・ワンダー』新潮社，1996, p.18
（19） 佐々木正美監修・寺田信太郎ほか『子どもと親が行きたくなる園』すばる舎，2010
（20） 西田幾多郎「場所的論理と宗教的世界観」『西田幾多郎キーワード論集：エッセンシャル・ニシダ 即の巻』書肆心水，2007, p.21
（21） 鈴木五郎構成『生活のうたを描く』チャイルド本社，1991, p.142
（22） 同上，p.143

(23) 空間認知の発達研究会編『空間に生きる』北大路書房，1995，p.147
(24) 同上，p.160

〈第3部第2章 § 2〉
（ 1 ）レイチェル・カーソン／上遠恵子訳・森本二太郎写真『センス・オブ・ワンダー』新潮社，1996，p.23
（ 2 ）同上，p.24
（ 3 ）東方真理子「森の幼稚園における自然と触れあうことの意味」『東京大学大学院新領域創成科学研究論文』2012，p.9
（ 4 ）大村璋子『子どもの声はずむまち』ぎょうせい，1994
（ 5 ）西田幾多郎「自覚について」『西田幾多郎キーワード論集：エッセンシャル・ニシダ 即の巻』書肆心水，2007，pp.108-109
（ 6 ）同上，p.95
（ 7 ）中江兆民／井田信也校注『一年有半・統一年有半』（改版）岩波書店，1995，p.31
（ 8 ）中村雄二郎『正念場―不易と流行の間で』岩波書店，1999，p.vii
（ 9 ）同上，pp.7-8
(10) アンリ・ベルグソン／田島節夫訳「物質と記憶」『ベルグソン全集第2巻』白水社，1999，p.276
(11) 佐藤信淵／島崎隆夫校注「混同秘策」「垂統秘録」『日本思想大系45』岩波書店，1977
(12) 中村雄二郎 前掲書（ 8 ），p.15
(13) 中村雄二郎『術語集Ⅱ』岩波書店，1997，p.108

【索引】

〈ア　行〉

アイヌ……………………………… 45
遊びの意味作用………………… 65
遊びの面白さ………… 3, 5, 127
遊びの構造……… 63, 64, 65, 67, 69, 160
遊びの質………… 147, 148, 149
遊びの商業化…………………… 83
遊びの伝承……………………… 63
遊びを育てる……… 114, 164, 172
遊ぶ権利………………………… 256
遊ぶことの意味作用…………… 64
アンリオ………… 64, 73, 94, 109
家なき幼稚園……… 194, 195, 196, 197, 199, 204
異次元の世界………………… 78, 79
市川浩………………………… 20, 25
一日の生活……………… 215, 217
一切即遊び……………………… 53
ヴィゴツキー………………… 238
歌舞い…………………………… 48
歌や舞い………… 40, 43, 44, 46
運動的自己組織化……………… 21
エコロジー…… 227, 228, 229, 230
エコロジー・トートロジー…… 228, 230, 234, 263
判断中止（エポケー）………… 15
面白い………………… 154, 198
面白さ…… 64, 86, 102, 139, 150, 151

〈カ　行〉

賭事………………………… 86, 87
家族………………………… 81, 82
カーソン・レイチェル…… 239, 254
かたち………………… 27, 29, 50
神遊び……… 43, 44, 45, 47, 48, 51, 54, 56
神谷保育園……………… 247, 248
仮の世…………………… 48, 56
川和保育園……………………… 241
玩具………………… 101, 102, 108
玩具がもつ意味作用…………… 66
関係の相互性………………… 5, 8
観察学習………………… 118, 140
嬉遊笑覧………… 51, 53, 64
教育共同体…………………… 235
共時性の伝承………………… 220
共時的…………………………… 2
共振……… 27, 28, 29, 50, 102
共通感覚………… 32, 36, 74
共同体…………… 82, 89, 141
共同体としての家族…………… 81
協同的活動…………………… 167
協同的な学び………… 166, 167
虚構的遊びの構造……………… 75
空間俯瞰的（な視点）…… 175, 176
倉橋惣三…… 105, 107, 108, 123, 138, 200, 201

経験················ 33, 96, 129, 130
経験的遊戯························ 97
経験の差違層······················ 35
経験の成熟·········· 31, 32, 33, 34
兄弟姉妹······················ 85, 86
系統的保育······················ 204
系統的保育案········ 200, 203, 205
形　態(ゲシュタルト)·················· 18, 19, 187
言語··················· 186, 187, 188
現象学的還元···················· 11
構築環境························ 121
5歳児の危機···················· 238
ごっこ······ 162, 163, 164, 165, 168
ごっこの構造················ 72, 73
言葉···························· 185
子ども期の確立·················· 93
こどもの森幼稚園········ 235, 240, 241
コミュニティー················ 146

〈サ　行〉

差異相··························· 35
茶道························ 58, 59
3項関係··········· 64, 65, 66, 239
自覚、自省、自衛、互助、互楽······ 194, 200, 204
自己が自己自身を限定する····· 189, 190
自己課題の多層性·········· 169, 171
自己組織化··············· 20, 25, 68
自己組織化の論理················ 96
実践共同体··········· 136, 137, 141, 154, 164, 241
児童の権利に関する条約········ 131, 233
"地"と"図"······ 18, 19, 63, 184, 185, 246
自由遊び··················· 200, 204
十全的参加················ 138, 141
受苦····· 4, 19, 24, 26, 226, 246
受苦の位相······················ 251
純粋経験····· 35, 36, 37, 38, 191
正念場························· 261
身体図式····· 17, 18, 19, 23, 187
相撲(すまふ)························ 60
相撲··························· 61
生活科····················· 210, 211
生活世界·········· 12, 13, 14, 188
生活本位······················ 106
正統的周辺参加············ 138, 139
生命現象····· 5, 8, 9, 19, 30, 31, 63, 69, 183
生理的自己組織化················ 21
世界・内・存在·················· 11
世界観（として）の哲学······ 9, 10, 11
世界内存在······················ 17
想起的記憶····· 33, 183, 184, 186, 191, 262

〈タ　行〉

大小深淵の差··············· 227, 247
体内時計······················· 239
知覚システム··················· 26
中間的認識··················· 6, 23

超越論的現象学…………11, 13, 15
通時性の伝承……………………220
通時的……………………………2
停滞………………………157, 158
テーマ……………161, 163, 165
デカルト……………………14, 15
伝承の構造………………………94
天地の間…………………193, 197
天地は真の保育室………192, 213
闘争の構造………………………67
トートロジー…………………228
場所……24, 28, 50, 76, 81, 182, 183, 245, 249, 259
場所(トポス)の象徴化……………75

〈ナ 行〉

中村雄二郎………4, 5, 7, 27, 28, 186, 261, 262, 265
西田幾多郎………24, 35, 37, 38, 257
日本遊戯史…………………46, 68
人間関係…………………121, 122
能……………………………56, 57

〈ハ 行〉

遠近法的展望(パースペクティヴ)……17, 18, 19, 185
ハイデガー…………………9, 10, 11
発達課題…………………219, 220
パトス……………………………16
パトスの知………3, 4, 5, 6, 16, 24, 25, 26, 27, 29, 30, 32, 36, 183
パトロギー……………………15, 16

ハロウェイ……………………124
言行為(パロール)………………………188
フォークロア……2, 112, 183, 201
フッサール……11, 12, 13, 14, 15
フレーベル………91, 92, 98, 103
フロー体験……………………151
フロー理論……………………154
文化的実践……………………172
ベイトソン………………187, 227
保育要領………………………215
ホイジンガ…………3, 53, 75, 95
包括………………………………25
冒険遊び場………………231, 232
包摂………………18, 25, 27, 29

〈マ 行〉

三木清……………………………15
身知り………………20, 21, 23, 24
身知りの知………………………22
身分け……20, 21, 22, 23, 24, 30
結びつき……………228, 229, 241
メルロ=ポンティ……17, 18, 184, 185, 187, 188, 190
物語………………………187, 187
モノやコト………158, 159, 160, 161, 174
模倣的遊戯………………………98
守貞謾稿………………52, 54, 64

〈ヤ 行〉

屋根のない保育室………207, 208
遊園……………………………193
遊技取調………………………92, 93

遊事生命……………………… 2, 93
誘導…………… 104, 201, 202, 203
幼稚園教育要領…… 123, 126, 130,
　133, 204, 206, 209
幼稚園施設整備指針……… 212, 213
幼稚園設置基準………………… 206

〈ラ　行〉

言語(ランガージュ)……………… 186, 187, 188
リズム共振……… 64, 70, 81, 239
リズム振動………………… 28, 63
リズムと共振……………………… 49

リズムの共振…………… 33, 36, 80
梁塵秘抄………………………… 47
レイヴとウェンガー……… 136, 137
練習的遊戯………………… 98, 99
ロゴス……………………………… 16
ロゴスの知………… 7, 24, 25, 29

〈ワ　行〉

和田實……… 94, 97, 98, 99, 100,
　101, 103, 104, 202
わらべうた……………………… 70

〈本巻著者〉　　青木久子（あおき　ひさこ）

〈執筆分担：第1部，第3部〉

〈学歴・職歴〉
　青山学院大学大学院修士課程修了（教育学）。国家公務員から東京都公立幼稚園教諭，東京都教育庁指導部・都立教育研究所指導主事，同統括指導主事，国立音楽大学教授兼同附属幼稚園長等を歴任。現在，文京学院大学大学院客員教授，青木幼児教育研究所主宰。実践研究・研修支援，執筆等を中心に活動している。

〈専門領域等〉　幼児教育学　教育実践研究　発達臨床心理士

〈所属学会〉　日本保育学会　日本教育学会　日本発達心理学会　日本臨床発達心理士会

〈主な著書〉『よりよい保育の条件』（共著，フレーベル館，1986）／『生きる力を育てる保育』全3巻（共著，世界文化社，1999）／『子ども理解とカウンセリングマインド』（共著，萌文書林，2001）／『子どもに生きる』（単著，萌文書林，2002）／『環境をいかした保育』全4巻（編者，チャイルド本社，2006）／『教育臨床への挑戦』（単著，萌文書林，2007）／『幼年教育者の問い』（共著，萌文書林，2007）／『脱学校化社会の教育学』（共著，萌文書林，2009）／『領域研究の現在〈言葉〉』（共著，萌文書林，2013）

〈本巻著者〉　　河邉貴子（かわべ　たかこ）

〈執筆分担：第2部〉

〈学歴・職歴〉
　東京学芸大学教育学研究科修士課程修了(幼児教育学)。東京都公立幼稚園教諭，都立教育研究所指導主事，立教女学院短期大学准教授兼同附属幼稚園天使園園長を経て，現在聖心女子大学文学部教育学科教授，博士（教育学）。

〈専門領域等〉幼児教育学，教育実践研究

〈所属学会〉日本保育学会・日本乳幼児教育学会・日本体育学会

〈主な著書〉『5歳児の遊びが育つ』（責任編集，フレーベル館，1990）／『保育内容　健康の探求』（編著，相川書房，2000）／『子ども理解とカウンセリングマインド』（共著，萌文書林，2000）／『河辺家のホスピス絵日記』（共著，東京書籍，2000）／『遊びを中心とした保育〜保育記録から読み解く援助と展開』（単著，萌文書林，2005）／『ドキドキきらきらグングン』（単著，聖公会出版，2006）／『子どもごころ』（単著，春秋社，2006）／『今日から明日へつながる保育』（共監修，萌文書林，2009）／『保育記録の機能と役割〜保育構想につながる「保育マップ型記録」の提言』（単著，聖公会，2013）／『改訂新版　河辺家のホスピス絵日記』（共著，聖公会出版，2014）／『幼児期における運動発達と運動遊びの指導』（共編著，ミネルヴァ書房，2014）／『心をとめて　森を歩く』（共著，聖公会出版，2015），その他。

〈シリーズ編者〉 青木久子
青山学院大学大学院修士課程修了
幼稚園教諭より，東京都教育庁指導部 都立教育研究所統括指導主事，国立音楽大学教授 兼 同附属幼稚園長職等を歴任。
現在，青木幼児教育研究所主宰。

磯部裕子
聖心女子大学文学部教育学科卒業
8年間幼稚園教諭職を経，青山学院大学大学院後期博士課程満期退学。
現在，宮城学院女子大学児童教育学科 教授。

〈装幀〉レフ・デザイン工房

幼児教育 知の探究 8
遊びのフォークロア

2015年11月25日　初版発行 ©

著　者　　青木久子
　　　　　河邉貴子
発行者　　服部直人
発行所　　株式会社 萌文書林

検印省略

〒113-0021　東京都文京区本駒込 6-25-6
TEL(03)-3943-0576　FAX(03)-3943-0567
URL:http://www.houbun.com
E-mail:info@houbun.com

落丁・乱丁本はお取替えいたします。

印刷／製本　シナノ印刷（株）

ISBN978-4-89347-108-6　C3037